대원불교
학술총서

17

대원불교
학술총서

17

불교경제학

· · ·

음울한 학문인 경제학에
빛을 비추다

· · ·

클레어 브라운(Clair Brown) 지음

박찬국 옮김

· · ·

운주사

사랑과 자비를 베풀어준 가족과 친구들
그리고 태곳적부터 생명을 양육해 온 어머니인 대지에
이 책을 바친다.

일러두기

본문에서 ( )의 주는 저자에 의한 것이고 〔   〕안의 주는 독자들의 이해를
돕기 위해 옮긴이가 삽입한 것이다.

발간사

오늘날 인류 사회는 4차 산업혁명을 통해 완전히 새로운 세상을 맞이하고 있습니다. 전통적인 인간관과 세계관이 크게 흔들리면서, 종교계에도 새로운 변혁이 불가피하게 되었습니다. 이런 상황에서 대한불교진흥원은 다음과 같은 취지로 대원불교총서를 발간하려고 합니다.

첫째로, 현대 과학의 발전을 토대로 불교를 현대적으로 재해석할 필요가 있습니다. 불교는 어느 종교보다도 과학과 가장 잘 조화될 수 있는 종교입니다. 이런 평가에 걸맞게 불교를 현대적 용어로 새롭게 이해할 수 있도록 하려고 합니다.

둘째로, 현대 생활에 맞게 불교를 이해할 필요가 있습니다. 불교가 형성되던 시대 상황과 오늘날의 상황은 너무나 많이 변했습니다. 이런 변화된 상황에서 부처님의 가르침을 제대로 이해할 수 있도록 하려고 합니다.

셋째로, 불교의 발전과정을 종합적으로 이해할 필요가 있습니다. 북방불교, 남방불교, 티베트불교, 현대 서구불교 등은 같은 뿌리에서 다른 꽃들을 피웠습니다. 세계화 시대에 부응하여 이들 발전을 한데 묶어 불교에 대한 총체적 이해가 가능하도록 하려고 합니다.

대원불교총서는 대한불교진흥원의 장기 프로젝트의 하나로서 두 종류로 출간될 예정입니다. 하나는 대원불교학술총서이고 다른 하나는 대원불교문화총서입니다. 학술총서는 학술성과 대중성 양 측면을 모두 갖추려고 하며, 문화총서는 젊은 세대의 관심과 감각에 맞추려고 합니다.

본 총서 발간이 한국불교 중흥에 조금이나마 기여할 수 있기를 바랍니다.

불기 2568년(서기 2024년) 5월

(재)대한불교진흥원

옮긴이 서문

오늘날 세계가 직면하고 있는 가장 큰 문제들은 환경위기와 국가 간 빈부격차와 각 국가 내에서의 계층 간 빈부격차일 것이다. 클레어 브라운 교수는 이 책『불교경제학 *Buddhist Economics: An Enlightened Approach to the Dismal Science*』에서 전통적인 자유주의 경제학은 이러한 문제들을 해결할 수 없다고 보면서 불교경제학을 그 대안으로 제시한다.

　전통적인 자유주의 경제학은 삶의 질이 1인당 GDP에 달려 있다고 본다. 이러한 관점에서는 무한하고 무분별한 경제 성장이 사람들의 삶의 질을 향상시키는 유일한 방법으로 간주된다. 그러나 이렇게 무한하고 무분별한 경제 성장은 환경위기와 빈부격차를 초래할 뿐 아니라 사람들이 부를 획득하고 소비하는 데 몰두하게 만든다.

　불교경제학의 관점은 인간들뿐 아니라 국가들도 서로 의존하고 있다고 보며, 인간과 자연도 상호 의존하고 있다고 본다. 또한 불교의 관점에서 부의 획득과 소비는 인간이 행복을 얻기 위한 하나의 수단에 불과하다. 불교는 행복은 부의 획득과 소비보다는 다른 인간들 및 자연과의 공생과 사랑을 통해서 주어진다고 본다. 그렇다고 해서 불교가 물질적 풍요 자체를 부정하는 것은 아니다. 다만 부에 대한 집착을 부정할 뿐이다.

　클레어 브라운은 불교경제학의 관점에서 자유주의 경제학을 비판하면서 환경위기와 빈부격차의 해법을 모색한다. 클레어 브라운은 경제정책의 목표를 GDP의 증대에서 찾지 않고 삶의 질의 증대, 환경보호 그리고 빈부격차의 해소에서 찾는다. 클레어 브라운은 정부가 이 세 가지를 정책목표로 설정하고 언론이 그것들에 대한 여론을 형성하게 되면 기업과 개개인들의 행동에 변화가 일어날 것이라고 본다.

브라운 교수의 『불교경제학』은 출간과 함께 이 책에 대한 많은 서평이 나올 정도로 큰 주목을 받았다. 경제가 현대사회에서 갖는 비중을 고려해 볼 때 불교의 관점에서 경제를 고찰하는 연구서들은 많지 않다. 이러한 연구 상황에서 브라운 교수의 『불교경제학』은 큰 의의를 가지고 있다. 이 책은 경제학이나 불교에 대한 깊은 이해를 갖지 않는 사람들도 부담 없이 이해할 수 있을 정도로 평이하면서도 명쾌하게 서술되었다.

2024년 3월

박찬국

저자 서문

경제학은 우리가 어떻게 살고 얼마나 행복한지에 영향을 미친다. 경제학이 이렇게 우리의 삶과 미래에 강력한 영향을 미치더라도, 사람들 대부분은 경제학을 무시하는 경향이 있다.

지구 온난화와 소득 불평등이라는 전 세계적으로 가장 크게 이슈가 되고 있는 두 가지 문제를 살펴보자. 유엔 기후 과학자들은 지구와 우리의 삶의 방식을 파멸에서 구할 수 있는 시간이 얼마 남지 않았다고 경고한다. 오늘날 미국의 소득 불평등은 도금 시대(鍍金時代, Gilded Age)[1] 당시와 동일할 정도로 극심하다. 경제학자들은 정치적 혼란과 함께 불평등이 계속 증대할 것으로 예측한다.

이 두 가지 문제는 모두 경제학의 영향을 크게 받는다. 그것들을 극복하기 위해서는 우리의 경제체제, 우리의 삶, 우리에게 무엇이 중요한지에 대해 철저하게 다시 생각할 필요가 있다. 우리는 자연과 조화롭게 사는 법을 배우는 것과 함께 우리 서로가 조화롭게 사는 법을 배워야 한다.

---

1 〔역주〕 미국에서 남북전쟁이 끝나고 급속한 산업화가 진행되었던 대호황 시기를 가리킨다. 구체적으로는 1877년부터 20여 년 동안을 가리킨다. 이 말은 마크 트웨인과 찰스 워너가 쓴 풍자소설 *The Gilded Age: A tale of Today*의 제목에서 유래했다. 이 당시 미국의 대자본가들은 정경유착과 독점으로 막대한 부를 쌓았으며 금박을 입힌 으리으리한 저택에서 살았다.

나는 캘리포니아 대학교 버클리 캠퍼스에서 평생 경제학자로 재직했다. 그리고 10년 동안 불교도로 살았다. 나는 경제학 교수이자 불교를 배우는 학생으로서, 자유시장 경제학이 현실 세계의 문제들로부터 단절되어 있다는 문제에 대해 상당 기간 고민해 왔다. 이러한 단절이란 한탄할 만한 것이다. 엄청난 경제적 불균형과 환경파괴의 위협이 존재하는 시대에 소수의 부유층과 혜택 받는 다수의 사람이 있지만, 사람들 대부분은 빈곤으로 고통을 받고 있다. 이러한 사태는 분명히 무언가 잘못된 것이다.

자유시장 경제학은 시장이 최적의 결과를 낳으며 사람들이 만족스러운 삶을 누릴 수 있는 자원을 가지고 있다는 전제에 입각해 있다. 국민의 복지를 측정할 때 경제학은 소득과 소비에만 초점을 맞추고, 오늘날 사람들의 삶을 규정하는 많은 중요한 문제를 무시한다.

이런 이유로 나는 물건의 생산보다 사람을 더 중시하고 호화로운 삶보다도 의미 있는 삶을 더 찬양하는 불교는 경제학에 어떤 식으로 접근할 것인가라는 의문을 품게 되었다.

불교의 관점에서 경제학을 어떻게 재구성할 것인가에 대한 영감을, 나는 버클리의 티베트 불교 닝마(Nyingma)파[2] 학원에서 자비롭고 지식이 풍부한 교사들과 함께 불교를 공부하면서 처음으로 얻었다. 그러던 중 우리 집에서 멀지 않은 곳에 티베트 불교 명상실이 열렸다. 남편과 나는 그곳에 들러 티베트 불교 승려인 아남 툽텐 린포체(Anam Thubten Rinpoche)의 강연을 듣고서 그와 함께 수행을 시작했다. 상호

---

2 〔역주〕닝마파는 티베트 불교의 4대 학파 중 가장 오래된 것이다.

의존, 자비, 올바른 생계(정명正命)와 같은 불교의 핵심 개념들을 받아들이면서, 나는 "붓다라면 경제학 입문을 어떻게 가르칠까?"라는 의문을 품게 되었다.

4년 전, 이러한 의문을 풀기 위해 버클리 대학 2학년 세미나에서 불교경제학을 가르치기 시작했다. 이 수업은 부분적으로는 주제에 대한 나 자신의 사상을 개척하는 의미도 있었다. 학생들은 불평등, 행복, 지속 가능성이라는 문제들을 열심히 파고들었다. 학생들은 내가 이미 막연히 느끼고만 있던 것을 분명히 파악하는 데 도움이 되었다. 이는, 경제학을 전공하거나 불교 수행을 하지 않고서도 우리는 불교가 모든 사람의 복지와 행복을 위해 인간의 정신과 경제를 어떻게 결합할 수 있는지에 대한 대화에 참여할 수 있다는 것을 의미한다.

욕망에 의해 지배되고 환경 악화, 불평등, 개인적 고통이란 문제들을 해결할 준비가 되어 있지 않은 〔오늘날의〕 경제에 대한 대안을 찾는 경제학자들의 합창에 나도 불교도이자 경제학 교수로서 동참한다.

행복해지기

사람들은 무엇으로 행복하게 되는가? 이러한 질문은 자유시장 경제학과 불교경제학 사이에 존재하는 핵심적인 차이와 관련이 있다. 즉 두 경제학은 인간의 본성에 대해 전적으로 다른 견해를 제시한다. 불교경제학에 따르면, 인간에게는 자기 자신을 중시하는 면도 있지만 관대하고 이타적인 면도 있다. 붓다는 모든 사람이 한없는 욕망과 불만족과 같은 정신 상태로 인해 고통을 받는다고 가르쳤다.

달라이 라마는 우리가 충분히 소유하고 있지 못하다고 느끼는 것과 더 많이 소유하고 싶어 하는 것은 우리가 추구하는 대상들이 정말로 원할 만한 가치가 있어서가 아니라 우리 자신의 정신적 착각에서 비롯된다고 말한다.[3] 붓다는 우리의 마음 상태를 변화시킴으로써 고통을 끝내는 방법을 가르쳐 주었다. 즉 의미 있는 삶을 통해 행복을 발견할 수 있다는 것이다.

자유시장 경제학에서는 인간의 본성은 자기중심적이며, 사람들은 소득과 삶의 호화로움을 극대화하기 위해 자기 자신에 대해서만 관심을 갖는다고 주장한다. 자유시장 경제학에 따르면, 새로운 신발을 사거나 비디오 게임을 하는 등의 구매와 소비가 당신을 행복하게 한다. 하지만 이 경우 우리는 곧 새로운 신발에 싫증을 느끼고 게임에 실망하고 새로운 쇼핑에 나서게 될 것이라는 사실을 잊고 있다. 이러한 욕망의 무한한 순환 속에서 우리는 지속적인 만족을 찾지 못한 채 계속해서 더 많은 것을 원하게 된다. 자유시장 경제학은 건강한 세상에서 의미 있는 삶을 살 수 있는 지침을 주지 못하며, 세계 각지에서 벌어지는 전쟁, 소득 불평등, 환경의 위협과 같은 문제들에 대해 아무런 해결책도 제시하지 못한다.

반면에 불교경제학은 더 나은 세상을 만들기 위해 개인의 삶과 경제를 재구성하는 데 필요한 지침을 제공한다. "행복해지려면 자비를 실천하라."라는 말이 "많이 소유할수록 좋다."라는 말을 대체한다.

---

3 The Dalai Lama tells us: Dalai Lama, *The Art of Happiness, 10th Anniversary Edition: A Handbook for Living* (New York: Riverhead, 2009), 95.

"모든 사람의 행복은 서로 연결되어 있다."라는 말이 "자신의 이익을 극대화하라."라는 말을 대체한다. "인간과 자연의 복지는 상호 의존적이다."라는 말이 "공해는 개인이 무시할 수 있는 사회적 비용이다."라는 말을 대체한다.

시간이 얼마 남지 않았다

기후 과학자들은 우리에게 이렇게 경고한다. 환경 피해에 대해 거의 관심이 없는 오늘날의 소득 중심 세계에서 탄소 배출량을 획기적으로 줄이는 경제로 전환할 시간이 얼마 남지 않았다고. 전 세계 과학자들은 인간의 활동이 어떻게 지구 온난화를 초래하고 있으며, 그것이 오늘날 우리의 삶에 어떤 해를 끼치고 있는지에 대한 보고서를 꾸준히 발표하고 있다. 그러나 사람들 대부분은 너무 바쁜 나머지 그것에 귀를 기울이면서 행동을 취하려 하지 않는다.

　2015년 1월 어느 주말에 내용이 크게 다른 두 개의 기사가 나왔다. 하나는 유명한 과학 저널인 『사이언스 *Science*』지에 실린 기사로, 우리의 환경에 대한 위협으로 인해 우리의 삶이 위험에 처해 있다는 내용을 담고 있었다. 다른 하나는 『뉴욕 타임즈』에 실린 기사로, 개인이 소유한 호화 요트의 정비를 위해서는 전문 승무원이 필요하고 수백만 달러의 비용이 든다는 내용을 담고 있었다.

　『사이언스』의 기사에 따르면, 18명의 과학자로 구성된 국제 연구팀이 지구의 안정성 유지를 위해서는 9개의 생물 물리학적 프로세스가 필수적인데, 그중 4개가, 즉 생물권 보전 시스템(멸종률), 생물 지구화학적 흐름(인-질소 순환), 토지 시스템 변화(경작과 도시화에 의한 삼림 벌채), 기후변화(대기 중 이산화탄소 농도)가 인간의 활동에 의해 위험에 처했다는 사실을 발견했다. 『뉴욕 타임즈』는 세계에 존재하는 초호화 요트 약 5,000개의 1/5 이상이 최근 5년 동안의 세계 금융 불황기에 구입되었다고 보도했다.[4] 아마도 『사이언스』의 기사보다는 『뉴욕 타임즈』 기사에 더 많은 사람이 관심을 가졌을 것이다. 지나친 소비가 지구에 가하는 재앙적인 피해에 대해 우리 모두가 잘 알고 있음에도 불구하고 소비는 계속해서 사람들을 매혹하고 증폭되고 있다. 물질주의적 욕망으로 인해, 우리는 '여섯 번째 멸종'이라고 불리는 현재 진행 중인 종의 멸종이라는 사태에 직면해 있다.[5]

불평등도 똑같이 극심해지고 있다. 많은 국가에서 불평등이 극적으로 심화되었다.[6] 1970년대 중반 이후 소득과 부의 증가분이 상위 1% 계층에 몰리면서 대다수 가족은 거의 혜택을 받지 못했다. 경제학자들은 불평등이 경제 성장을 늦추고 사람들의 행복감을 감소시킨다고 경고했다.[7] 그러나 2008년의 세계 금융위기에 이어진 대불황기에

4 The *New York Times* article reported: Christopher F. Schuetze, "Superyachts to the Rescue," *New York Times*, January 16, 2015.

5 〔역주〕2015년 *Nature Communications*에 실린 한 연구논문은 "현재 지구는 여섯 번째의 대량 절멸기에 있으며, 인류를 포함한 모든 종이 위기에 처해 있다."라고 경고했다.

6 Anthony Atkinson, Thomas Piketty, and Emmanuel Saez, "Top Incomes in the Long Run of History," *Journal of Economic Literature* 49 (1), 2011, 3–71, series maintained in the World Top Incomes Database, http://topincomes. parisschoolofeconomics.eu/news/the-top-incomes-database-new-website/

7 Atkinson et al., JEL (2011); Stiglitz (2012); Frank (2007).

일반 국민은 강력한 금융업계가 초래한 위기의 대가를 대신 치렀다. 정부의 구제 금융으로 금융업계는 잘 살아남았다.[8] 미국에서 구제 금융을 위해 납세자들은 210억 달러를 지불했지만, 수십억 달러의 임금을 잃었다.

소득 불평등은 모든 나라가 동일하지는 않다.[9] 일부 국가(미국, 영국, 인도, 중국)에서는 다른 국가(많은 유럽 국가와 일본 포함)에 비해서 소득 불평등이 크게 확대되었다. 이러한 불평등은 불가피한 것이 아니다. 그것은 정부 정책의 결과이며 국가가 선택한 것이다. 예를 들어 덴마크와 스웨덴은 누진세제와 복지 프로그램을 통해서 모든 사람에게 보건 의료, 육아 지원, 교육을 제공하고 있으며, [실업자가 되었을 때와 같은] 어려운 때에 안전망을 제공하고 있다. 이에 반해 미국은 세제의 누진도가 낮고, 안전망은 불충분하며, 민간 기업이 보건 의료와 육아 지원을 맡고 있다.

마찬가지로 기후 과학자들은 지구 온난화를 야기하는 이산화탄소 배출의 원인인 화석 연료의 사용은 정부가 내리는 많은 선택의 결과라는 사실을 입증했다. 미국은 기업, 특히 화석 연료 업계와 금융업계가 강력한 정치력을 행사하여 지구 온난화와 불평등을 악화시켰다. 각국은 지구 온난화와 불평등을 초래하는 정책을 도입하기로 선택할 수도 있고, 원한다면 정반대의 정책을 선택할 수도 있다.

---

8 Oxfam International, "Wealth: Having it All and Wanting More," January 2015.

9 Anthony B. Atkinson, Thomas Piketty, and Emmanuel Saez, "Top Incomes in the Long Run of History," *Journal of Economic Literature* 49 (2011): 3-71. doi: 10.1257/jel.49.1.3.

'불교경제학'이라는 용어는 슈마허(E. F. Schumacher)가 1973년에 출간한 『작은 것이 아름답다: 인간 중심의 경제학 *Small Is Beautiful: Economics as if People Mattered*』에서 처음으로 사용했다. 슈마허는 장시간 노동과 자원의 고갈 등 소득증대만을 지나치게 추구하는 것에 수반되는 문제들을 예측했다. 그는 물질적 재화의 증대보다도 개인의 성품 발달과 인간을 중시하는 시스템을 주창했다. 슈마허의 관점에서 불교경제학의 목표는 '최소한의 소비로 최대의 행복을 누리는 것'이다.

나의 접근 방식은 1973년에는 예상할 수 없었던 오늘날의 현상들을 설명할 수 있는 방식으로 슈마허의 불교경제학 개념을 확장하고자 한다. 이와 함께 나는 서로를 배려하는 삶, 즉 지속 가능한 시스템에서 세계의 자원을 글로벌하게 공유하는 의미 있는 삶이 가능하도록 경제를 조직화할 것을 주창한다. 붓다는 참된 행복은 외부 세계, 즉 명성이나 소비, 친구나 권력에서 생기지 않는다고 가르쳤다. 우리가 알려지지 않은 거대한 것(the great unknown)[10]을 수용하고, 모든 사람에 대한 자비심을 품고 삶의 모든 순간을 소중히 할 때 참된 행복은 우리 내면에서 생기게 된다.

우리는 개인의 차원과 국가의 차원 모두에서 실패하고 있다. 우리는 깨어나 행동을 취해야 한다. 그렇다고 해서 우리가 편안하고 즐겁고 충만한 삶을 포기하고 출가하여 가사袈裟를 입을 필요는 없다. 우리는 경제 시스템을 다시 프로그래밍함으로써 우리가 가치 있다고 생각하

---

10 〔역주〕 대자연의 흐름을 가리키는 것 같다.

는 것을 창조하고 측정하고 평가할 수 있다. 그리고 지구를 보호하면서 모두에게 의미 있는 삶을 가능하게 하는 효율적인 경제를 개발할 수 있다. 불교경제학이 그 길로 우리를 안내할 수 있다.

불교경제학은 불교도(또는 경제학자)만을 위한 것이 아니다

버클리 대학에서 2학년 세미나를 가르치면서 깨달은 것이지만, 불교도가 되지 않고서도 경제학에 대한 불교적 접근을 얼마든지 받아들일 수 있다. 단지 인간의 본성은 온화하고 자비롭다는 달라이 라마의 믿음[11]과 경제학이 선을 위한 힘이 될 수 있고 자기중심적인 물질주의를 뛰어넘는 것이 될 수 있다는 생각만 받아들이면 된다.

친절과 자비를 촉구하는 것은 불교만이 아니다. 그리스도교, 이슬람교, 힌두교, 유대교 모두는 각각에 고유한 황금률, 즉 "무엇이든지 남에게 대접을 받고자 하는 대로 너희도 남을 대접하라."라는 가르침을 갖고 있다. 달라이 라마가 가르치듯이, "모든 종교는 인간의 향상, 사랑, 타인에 대한 존중, 고통의 나눔을 강조한다."[12] 모든 주요 종교는 사람들이 지속적인 행복을 성취할 수 있도록 돕는 것을 목표한다.[13] 불교와 불교 이외의 종교들 사이의 주요 차이점은 불교는 자기 외부에 존재하는 신을 상정하지 않는다는 점이다. 그 대신, 불교에서는 각

---

11 Dalai Lama, *The Art of Happiness, 10th Anniversary Edition: A Handbook for Living* (New York: Riverhead, 2009), 54.

12 http://www.spiritualityandpractice.com/books/excerpts.php? id=16195.

13 Dalai Lama, *Ethics for the New Millennium* (New York: Riverhead, 1999), 20.

개인을 신성한 존재로 보며, 우리 각자는 완전한 참된 자기이자 사랑과 자비와 지혜의 무한한 원천인 불성을 갖고 있다고 본다.

전 세계의 많은 사람이 불교에 관해 읽거나 불교 수행을 시도한 적이 있을 것이다. 수행이 자신에게 적합하지 않다고 생각한 사람들조차도 여전히 불교의 기본적인 가르침들에는 동의할 것이다. 예를 들어, 베스트셀러 작가인 그레첸 루빈(Gretchen Rubin)은 『행복 프로젝트 *The Happiness Project*』에서 이렇게 썼다. "지금 이 순간의 찬란한 아름다움을 즐기고 자신보다 타인의 행복을 우선하기 위해, 천박하고 덧없는 것들을 멀리하면서 초월적이고 영원한 것으로 향할 수 있는 방법을 찾아야만 했다. 이러한 영원한 가치는 너무나 자주 일상의 소란과 이기적인 고민 가운데 파묻혀 버린다." 이런 종류의 가르침을 신봉하고, 열린 마음과 탐구하는 마음으로 삶에 접근하는 사람이라면 누구나 불교경제학으로부터 배울 것이 있을 것이다.

사람들이 서로 의존하고 자연과 상호 의존한다는 것은 우리의 행동이 획일적으로 되어야 하거나 〔사회나 다른 사람들에〕 영합해야 한다는 것을 의미하지 않는다. 우리는 삶을 영위하는 데 도움이 되는 독특한 개성을 포기할 필요는 없다. 〔다른 사람들과 자연과〕 결합해 있다는 것은 삶의 소중한 순간순간을 자각하고, 우리의 감정과 다른 사람들에 대한 우리의 영향을 자각한다는 것을 의미한다. 불교에서 우리는 두려움, 죄책감, 수치심, 탐욕, 질투, 증오 등과 같은 일상적인 습관을 반복하는 자신의 자아에 의해 내몰리지 않도록 우리의 참된 본성과 접촉하려고 한다. 우리 자신과 타인을 끊임없이 비교하는 판단, 더 많은 것을 한없이 갈구하면서 소유물과 인간관계에 집착하는 것, 우리가 자신의 생활 방식에 의해 다른 사람들과 자연에 야기하는 고통에 대한 무지, 이 모든 것이 고통을 유발하고 우리를 불행하게 만든다. 만약 우리가 하루의 모든 순간에 자기 자신을 알아차리고 주변의 사람들과 세상에 깨어 있다면, 과거에 대한 후회와 미래에 대한 걱정은 사라지게 된다. 우리는 순간의 마법에 눈을 뜨게 되고, 고통이 사라지는 것과 함께 행복을 발견하게 된다.

자기중심적이고 물질주의적인 세상에서 불만을 느낄 때, 우리는 일시적인 기분전환이나 찰나적이거나 단기간의 행복을 가져다줄 수 있는 전략을 사용한다. 우리는 새 옷을 쇼핑하러 가거나 아이폰(iPhone)으로 새 게임을 하거나 좋아하는 TV 쇼를 본다. 이에 반해 불교의 세계에서는 고통을 느끼고 있는 사람은 고통을 유발하는 감정과 환상이 사라지도록 조용히 앉아 있거나, 고통을 이해해 줄 수 있는 친구에게 이야기하거나, 가족과의 식사를 즐길 것이다. 불행이나 불만의 감정을 피하는 대신에, 무슨 일이 일어나고 있는지를 자각하면서 인생에서 의미 있는 것을 즐길 수 있는 방법들을 찾는다. 매 순간은 스스로 만든 고통에 빠져 낭비하기에는 너무 소중하다. 우리는 소비주의에 의존하지 않고 최대한 삶을 즐기기 위해 자각적인 인식을 사용할 수 있다.

마음챙김 명상 실천하기

개인적인 차원에서 많은 사람이 마음챙김 명상을 수행하면서 도움을 받고 있다. 몸을 이완하고 마음을 고요히 하고 마음을 열며 아무런 판단도 내리지 않으면서 순간을 의식한다. 사람들은 일반적으로 의자나 방석에 앉아 마음챙김을 수행한다. 그러나 천천히 걷거나 요가를 하거나 양궁을 쏘면서 현재의 순간을 최대한으로 사는 사람들도 있다.

21세기에 들어와 마음챙김 명상은 미국 전역에서 선풍을 일으켰다. 마음챙김 명상에 관한 특집을 냈던 주요한 잡지들에는 『퍼레이드 *Parade*』(2015), 『타임 *Time*』(2014), 『내셔널 지오그래픽 *National Geographic*』(2005), 『사이언티픽 아메리칸 *Scientific American*』(2014)이 있다. 마음챙김 명상법은 하버드 의과대학 소식지[14]에서 찬사를 받았으며, 뇌 활동을 증가시키는 등 건강상의 이점이 있는 것으로 밝혀졌다.[15] 캘리포니아 대학 버클리 캠퍼스에 있는 GGS 센터(The Greater Good Science Center)는[16] 명상이 뇌에 어떻게 더 행복감을 느끼게 하는지를 보여주는 짧고 멋진 두 개의 동영상을 제작했다.[17] 여러분도 동영상을 시청해 보면 느끼는 바가 있을 것이다. 많은 사람이 마음챙김 명상을 하면 더 행복해진다는 사실을 체험했다.[18] "내가 우리로" 변화되

---

14 The Harvard Medical School HEALTHbeat email newsletter of June 14, 2014, provides a mindfulness meditation exercise in four steps and has a booklet: *Positive Psychology: Harnessing the Power of Happiness, Mindfulness, and Inner Strength*.

15 Berkeley Wellness online, "Meditation for Your Brain and Body," April 4, 2016.

16 〔역주〕 행복과 의미 있는 삶이란 무엇인가를 주로 연구하는 연구소.

17 Shauna Shapiro, "How Meditation Changes the Brain," Greater Good Science Center video, 6:09. Posted June 2014; Rick Hanson, "How to Change Your Brain," Greater Good Science Center video, 4:06. Posted December 2013.

18 Ronald D. Siegel, *The Mindfulness Solution: Everyday Practices for Everyday Problems* (New York: Guilford Press, 2010).

고 자신이 믿는 것이 참된 현실이 아니라는 사실을 알게 되면서, 자신이 고립된 자아가 아니라 세상과 연결되어 있다고 느끼게 된다.

특정 연구에 따르면, 승려들이 명상 수행을 통해서 뇌의 우측 섬들과 이것들의 전대상前帶狀 피질(anterior cingulate cortice) 두 측면의 뇌 활동이 증가하면서 그들의 뇌 기능이 변화되었다고 한다.[19] 또한 신경가소성(神經可塑性: neuroplasticity)이 발생하여, 장기간 불교 명상을 한 사람들의 뇌는 기능뿐 아니라 구조도 변화되었다는 보고도 있다.[20]

마음챙김 명상 수업은 다양한 형태로 그리고 다양한 수업료로 진행된다. 그러나 집에서도 마음챙김 명상을 할 수 있다. 편안한 의자나 소파에서 등을 곧게 펴고 손을 무릎에 얹은 채 조용히 앉아 보라. 콧구멍으로 오고가는 숨에 집중하라. 호흡에 집중하면서 어깨의 긴장을 풀고 몸 전체의 긴장이 풀어지는 것을 느껴 보라. 생각을 내려놓아라. 생각이 떠오르면 그 생각을 따라가거나 판단하지 말고 그것이 지나가게 하라. 조용히 앉아 삶에 대한 망상이 사라지게 하라. 어제는 이미 지나갔으니 과거에 대한 어떠한 후회도 모두 내려놓아라. 해야 할 일들을 기록한 예정표도 잊어버리라. 미래는 아직 오지 않았기 때문이다. 순간의 소중함을 즐기라. 평화로움에 깊이 빠져 보라.

내가 진행하는 불교경제학 세미나에서는 세미나를 할 때마다 5~10

19 Christof Koch, "Neuroscientists and the Dalai Lama Swap Insights on Meditation," *Scientific American*, July 1, 2013.

20 Richard J. Davidson and Antoine Lutz, "Buddha's Brain: Neuroplasticity and Meditation," NIH Public Access Author Manuscript, *IEEE Signal Process Mag.*, September 23, 2010.

분간 마음챙김 좌선 시간을 갖는다. 학생들은 마음챙김 좌선이 가장 심오한 수업 중 하나라고 생각한다. 나는 학생들에게, 스트레스가 심한 상황에 처할 때마다 고통을 완화하고 더 명료하게 생각할 수 있도록 조용히 앉아 마음을 가라앉히는 연습을 하라고 제안한다.

레포트 제출 마감일이 다가오자 조안이라는 학생이 나에게 그녀의 컴퓨터가 문제가 있다는 장문의 이메일을 보냈다. 그 끝에는 이렇게 적혀 있었다. "저는 멘붕에 빠졌습니다. 오늘 조금 늦게 레포트를 보내도 괜찮은지 알고 싶었습니다. 말씀드린 것처럼, 레포트는 완료했습니다. 새 충전기만 구하면 보내드릴 수 있을 것 같아요!"

나는 이렇게 답해 주었다.

"긴장을 풀고, 호흡을 하세요.

아무 문제가 없다는 것을 알아두기 바랍니다.

리포트는 컴퓨터가 잘 작동하게 될 때 제출해도 좋습니다."

조앤이 답장을 보내왔다. "이메일을 보낸 직후에, 스트레스 받는 일이 생기면 5분 동안 앉아 있으라는 선생님의 말씀이 떠올랐어요. 그렇게 했더니 정말 훨씬 기분이 좋아졌어요!"

나는 매일 20분에서 30분 정도 명상을 한다.[21] 명상은 내가 나 자신과 접촉하면서, 끈질긴 에고(ego)와 비판적인 생각들, 그리고

---

21 마음챙김 좌선에 관한 책들과 테이프들의 저자들은 많다. 내가 가장 좋아하는 저자들은 Pema Chödrön, Ronald Siegel, Jack Kornfield, Jon Kabat-Zinn, and Thich Nhat Hanh이다.

이것들에 수반되는 스트레스와 고통을 떨쳐버리는 데 도움이 된다. 좌선을 하는 동안에, 나의 마음은 휴식을 취하게 되고 균형을 회복하게 된다. 당신도 시도해 보기 바란다. 매일 5분에서 10분 정도 앉아 있는 것부터 시작하라. 자신이 어떻게 느끼고 생각하는지를 살펴보라. 일단 긴장을 풀고 마음을 가라앉히는 법을 배웠다면, 지하철이나 해변, 공원의 산책로나 집 등 어디에서나 앉아도 좋다.

변화를 일으키는 데 동참하자

많은 사람이 더 의미 있는 삶을 살기를 원하고 지구를 구하기 위한 행동을 취하고 싶어 한다. 무엇이 우리의 발목을 잡고 있을까?

나는 크게 세 가지가 우리를 방해한다고 생각한다.

첫째는 우리의 '바쁨'이다. 우리 중 누구도 해야 할 일들의 리스트에 있는 모든 일을 할 시간을 충분히 갖고 있지는 않다. 일, 가족, 친구, 커뮤니티는 모두 우리에게 중요하다. 이것들은 우리의 시간과 재능을 요구하고 에너지를 소모한다. 이 책이 여러분이 바쁜 일상의 연속에서 벗어나 참으로 중요한 일에 의미 있는 방식으로 집중하는 방법을 생각해 보는 데 도움이 되길 바란다.

둘째, 우리의 부정. 자유시장 경제학에서 불교경제학으로 전환하려면 용기와 결단이 필요하다. 의미 있는 삶을 사는 방법을 배우게 되면, 많은 사람이 성공적인 삶에 대해 가졌던 통념은 타격을 입게 된다. 기후변화에 제대로 대처하기 위해서는, 많은 사람이 소중하게 여기는 두 가지 개념인 자유시장과 끝없는 진보라는 두 가지 개념을 의문에 부쳐야 한다. 문제들을 부정하는 것도 그것들과 함께 살아가는 한 가지 방법이기는 하지만, 장기적으로는 효과가 없다.

셋째, 우리의 무지다. 우리의 반복되는 생활 방식의 폐해를 깨닫고 우리의 생활 방식이 다른 사람에게 해를 끼치고 지구를 망치고 있다는 사실을 깨닫기 위해서, 우리는 스스로를 교육하고 생활 방식을 바꿔야 한다. 이것은 큰 결단을 요구하는 일이지만, 우리 자신과 타인들에 대한 우리의 도덕적 책임이다. 불교경제학은 그렇게 할 때 우리가 더 행복하게 된다고 말한다.

위의 세 가지 요인은 당신이 이 책을 읽는 것을 방해할 수도 있다. 당신은 너무 바빠서, 이 책을 읽고 자신에게 중요한 것이 무엇인지를 생각하지 못하고 생활 방식을 변화시키기 위한 조치를 취할 수 없을지도 모른다. 당신은 자유시장 경제가 옳다고 생각하면서 이 책을 벽에 던져버릴지도 모른다. 당신은 지구를 구하는 일은 다른 사람에게 맡기고, 많은 소비물자를 소유하고, 사회적인 지위를 우선시하면서 무지 속에서 사는 것을 선호할지도 모른다.

그러나 당신은 그 이상의 것을 찾고 있을지도 모른다. 나는 자연과 조화를 이루며 의미 있는 삶을 갈망하는 많은 사람을 이미 만났다. 나는 이 책을 그들을 위해, 즉 그러한 삶에 대해 더 많은 것을 배우고 싶어 하는 사람들을 위해 썼다. 소비를 넘어 자비심으로 다른 사람들과 연결되고 자연과 조화롭게 존재하는 것은 우리에게 달려 있다. 이제 시작해 보자.

1장 왜 전체론적인 경제 모델이 필요한가?

"현대 세계에는 이기심의 추구라는 자유시장의 원리가 사회에
어떤 식으로 유해하게 작용하는지를 보여주는 많은 사례가 있다."
　　－ 케임브리지 대학 교수 조앤 로빈슨(Joan Robinson) 교수, 1977년

"(인간의 삶과 실질적인 자유보다는) 소득과 부를 가장 중요한
것으로 보면서 '경제적인' 것에 집중하는 전통적인 실천 윤리 및
경제정책 분석과는 달리, 여기에서 사용하는 방법론은 사실적인
기반 자체에 집중한다."
　　－ 노벨 경제학상 수상자 아마르티아 센(Amartya Sen), 『자유로서의 발전』

삶을 살 가치가 있게 만드는 것은 무엇인가? 경제학자들에게 물어보
라. 그들의 대답은 그들이 경제가 작동하는 방식을 어떻게 보고 경제적
성취를 평가하는 기준을 무엇으로 보느냐에 따라서 달라진다. 자유시
장 경제 모델에서는 한 개인이 얼마나 잘 사는지는 '효용'(만족도)으로
측정된다. 그리고 이는 다시 소득에 의해서 측정된다. 한 국가가
얼마나 잘 사는지도 시장에서의 총생산량 또는 총소득에 의해 측정된
다. 자유시장 경제학은 소득이 얼마나 빨리 증가하는지에 따라 한

국가의 성취를 판단하지만, 해당 국가에서 소득이 어떤 식으로 분배되는지는 무시한다.

불교경제학에서 사람들은 서로 의존하는 동시에 자연과 서로 의존하는 것으로 파악된다. 따라서 각 개인이 얼마나 잘 사는지는 사람과 지구의 고통을 최소화한다는 목표를 향해서 모든 사람과 환경이 얼마나 잘 기능하는지에 따라 측정된다. 모든 사람은 기본적인 영양을 섭취하고 건강 관리와 교육을 받고 안전과 인권을 보장받음으로써 쾌적한 삶을 영위할 수 있는 권리를 갖는 것으로 간주된다. 어떤 국가가 얼마나 잘 사는지는 모든 주민이 얼마나 잘 살고 생태계가 얼마나 건강한지를 기준으로 하여 측정된다.

간단히 말해서 자유시장 모델은 1인당 평균 소득과 국가 생산량의 증가에 초점을 두면서 번영을 측정한다. 이에 반해 불교 모델은 모든 사람이 누리는 삶의 질과 자연에 초점을 두면서 번영을 측정한다.

이 단순명쾌한 답변은 경제학적 설명에 수반되는 일반적인 유보사항들을 고려하지 않고 있다. 더 깊은 이해를 위해서는 두 가지 접근 방식을 비교하고, 각 모델이 세상이 작동하는 방식에 대해 어떻게 가정하는지를 비교할 필요가 있다.

자유시장 모델은 시장이 경쟁적이고 최적의 사회적 성과를 산출하기 위해 완벽하게 작동한다고 가정한다. 사람들은 완전한 정보를 가지고 합리적인 결정을 내린다. 기업은 가격을 결정할 수 있는 힘을 갖지 못하기 때문에, 이윤은 낮은 경쟁 수준 이상으로 상승할 수 없다. 시장이 가격을 결정하므로 공급은 수요와 일치하며, 국가 경제는 초과 이윤뿐 아니라 사용되지 않는 노동이나 자본도 없이 원활하게 기능한다. 모두가 공정하게 대우받는다.

이러한 가정은 사람들이 돈을 현명하게 사용하고 그들의 구매에 만족한다는 믿음에 기초해 있다. 개인이 구매하기로 선택한 것은 무엇이든 최적의 것이다. 이는 각 개인은 자신에게 무엇이 가장 좋은지를 알고 있기 때문이다. 자유시장 모델은 개인주의와 자기중심적 자유 그리고 보다 많이 구매하는 것에 높은 가치를 부여한다. 한 잔을 더 마시든, 신발을 한 켤레 더 사든, 전자 게임을 한 번 더 하든, 저녁으로 패스트푸드를 먹든, 무엇이든 마음대로 하라. 배고플 때 진열대에서 물건을 집어드는 것이나 클릭 한 번으로 온라인 광고 상품을 구매하는 것과 같은 '충동구매'는 다른 어떤 결정과 마찬가지로 합리적이다. 사람들은 일관되고 현명하게 결정을 내리기 때문에, 그들의 가치관은 광고나 회사에서 겪었던 기분 나쁜 일에 흔들리지 않는다.

게다가 자유시장 경제학은 불평등에는 관심이 없기 때문에, 돈이 없어서 시장에서 '투표'하지 못하는 사람들, 즉 영향력이 없는 사람들의 복지는 무시한다. 시장은 쓸 돈이 있는 사람들에게만 상품과 서비스를 제공한다. 가난한 사람은 많은 시장에 참여할 수 없다. 이에 반해 부자는 소비를 지배하기 때문에 시장을 지배한다. 신선한 과일이나 의사의 진료를 아무리 절실히 필요로 하더라도 사람들은 비용을 지불할 수 있을 경우에만 그것들을 제공받을 수 있다.

우리는 불교경제학과 자유시장 경제학이 사회복지 개선을 위한 경제정책들을 판단하는 데 매우 다른 기준을 사용한다는 것을 알고 있다.[1] 자유시장 경제학은 경제 상태를 나타내기 위해 파레토 최적

(Pareto optimality)이라는 간단한 규칙을 사용한다. 파레토 최적이란 어떤 사람의 복지를 향상시키기 위해서 적어도 다른 한 사람의 복지를 희생해야만 하는 경제 상태를 가리킨다. 제안된 정책은 그 정책으로 인해 누구도 손해를 입지 않고서도 이익을 얻는 일부 사람들이 있다면 파레토 개선 테스트를 통과하게 된다. 이와 정반대로 불교경제학은 전체론적으로 최적의 성과를 구현하기 위해 노력한다. 따라서 어떤 정책이 고통을 얼마나 최소화하는지를 그 정책을 평가하는 기준으로 삼는다. 빈곤하고 여유가 없는 사람들이 겪는 고통을 줄임으로써 우리는 모두의 복지를 향상시킨다.

부자에서 가난한 사람으로의 소득이전所得移轉은 자유시장 모델에서는 경제적 성과를 개선하지 않는 것으로 간주된다. 따라서 억만장자인 빌 게이츠가 배고픈 아이 제인에게 일 달러를 기부해도 그것은 파레토 개선이 아니다. 제인은 형편이 더 좋게 되었지만, 빌은 형편이 더 나쁘게 되었기 때문이다. 자유시장 모델에서는 부자의 지출도 가난한 사람의 지출도 사회복지에 똑같이 기여하는 것으로 간주된다.

그러나 불교 경제 모델에서는 부자의 소득이 가난한 사람에게 이전될 경우 경제적 성과가 개선되는 것으로 간주된다. 이는 모든 사람의 복지는 서로 연결되어 있기 때문이다. 소득이 증대되면 가난한 사람들은 기본적인 재화와 서비스를 구입할 수 있게 된다. 이를 통해서 그들의 고통은 완화되고, 그들은 자신의 건강과 교육 수준 그리고 자녀들의 미래를 개선시킬 수 있다. 이에 반해 부자들은 그들과 다른

---

1 Atkinson (2009); Hendren (2014).

1장 왜 전체론적인 경제 모델이 필요한가? **33**

사람들과의 괴리감을 조성하는 사치품의 소비를 줄이게 된다. 이렇게
해서 모든 사람의 복지가 향상된다. 철학자 피터 싱어는 사치품을
구매하는 돈이 한 개인의 생명을 구하는 데 사용될 수 있다면 사치품을
구매하는 것은 정당화될 수 없다는 논리에 근거하여, 세계적인 규모의
소득이전을 주장한다.[2]

시카고학파 경제학자들의 핵심인 자유시장 모델[3]은 1970년대부터
20세기 말까지의 경제사상을 지배했다. 평등과 정의란 문제는 뒷전
(또는 사회학 분야)으로 밀려났다. 결국, 자유시장 경제학은 '자유로운'
경쟁 시장에 대한 어떠한 간섭도 사회를 악화시킬 뿐이라고 주장한다.
경제학은 평등과 정의의 문제를 무시하면서 평균 소득을 극대화하는
데 주로 중점을 두었다.

보수적인 정치인들은 자유시장 모델이 갖는 장점을 여전히 옹호하
고, 학생들 역시 여전히 경제학 입문에서 그것에 대해 배운다. 그러나
경제학자들은 이 모델에서 벗어나, 경제적인 정의에 새롭게 초점을
맞춘 모델들을 포함하여 보다 현실적인 세계관에 기초한 다양한 모델
을 사용한다.

경제학에서 도덕성이란 문제는 최근 반세기 동안 관심을 받지

---

2 Peter Singer, *Famine, Affluence, and Morality* (New York: Oxford University
Press, 2015).

3 A. B. Atkinson, "Economics as a Moral Science," *Economica* 76 (October
2009): 791-804; doi: 10.1111/j.1468-0335.2009.00788.x; Michael J. Sandel,
"Market Reasoning as Moral Reasoning: Why Economists Should Re-engage
with Political Philosophy, *Journal of Economic Perspectives* 27 (Fall 2013):
121-40. doi: 10.1257/jep.27.4.121.

못했지만, 이제는 상황이 달라지고 있다. 불평등, 빈곤, 차별에 대한 연구가 다시 각광을 받고 있는 것이다.[4] 획기적인 연구들에서, 조지 애컬로프(George Akerlof), 앵거스 디턴(Angus Deaton), 폴 크루그먼 (Paul Krugman), 토마 피케티(Thomas Piketty), 엠마누엘 사에즈 (Emmanuel Saez), 아마르티아 센(Amartya Sen), 조셉 스티글리츠 (Joseph Stiglitz)와 같은 세계 최고의 경제학자들이 보다 공평하고 정의로우며 지속 가능한 경제 시스템을 만들기 위한 정책을 주장한다. 오늘날 앤서니 앳킨슨(Anthony Atkinson), 사무엘 보울즈(Samuel Bowles), 제프리 삭스(Jeffrey Sachs)는 경제학에 도덕성을 통합해야 한다고 분명하게 주장하면서 그 방법을 설명한다.

불교경제학은 이러한 보다 광범한 모델들을 기반으로 하고 있고, 다음과 같은 모델들을 포함하고 있다. 즉 **정보의 비대칭성**(정보는 완전하지 않다), **행동경제학**(소비자는 '합리적'인 의사 결정자가 아니다), **상대적 소득 가설**(개인 선호는 사회적인 규범에 따라 달라지고 자신의 소득과 다른 사람의 소득을 비교하는 것에 따라 달라진다), **이타주의**(사람들은 다른 사람들을 배려하면서 그들에게 일어나는 일에 마음을 쓴다), **시장 실패**(기업은 오염에 대한 비용을 지불하지 않으며 대부분의 산업은 경쟁적이지 않고 소수 기업의 지배를 받는다), **인간의 잠재능력**(일상생활에서 발휘되는 사람들의

---

4 A. B. Atkinson, "Economics as a Moral Science," *Economica* 76 (October 2009): 791-804; doi: 10.1111/j.1468-0335.2009.00788.x; Michael J. Sandel, "Market Reasoning as Moral Reasoning: Why Economists Should Re-engage with Political Philosophy, *Journal of Economic Perspectives* 27 (Fall 2013): 121-40. doi: 10.1257/jep.27.4.121.

능력이 그들의 행복을 결정한다), **도덕적 해이**(금융회사는 실패의 위험을
부담하지 않고 이익을 거두어들인다) 등이다.

불교 모델은 경제학의 이러한 확장에 기반하여 자유시장 모델과는
매우 다른 결론에 도달하고 다른 정책을 제시하게 된다. 사실, 불교경
제학은 경제가 어떻게 해서 번영, 정의, 지속 가능성을 실현하게
되는지를 설명하는 것과 관련하여 자유시장 모델과 정반대되는 입장
을 취한다. 우리가 소유하려는 것이 무엇이든 무조건 더 많은 것을
원하면서 더 많이 소유하는 것이 항상 좋다고 생각하는 입장을 버리게
되면, 경제적 성과를 전체적으로 측정할 수 있다. 불교경제학은 환경
보호, 인간 정신의 상태, 모든 사람의 삶의 질을 고려한다. 일단
우리가 이러한 가치들을 포함하여 경제 성장을 측정하기 시작하면,
우리는 행복에 관한 새로운 척도를 갖게 될 것이다. 이러한 척도는
세상을 변화시키는 데 지침이 된다.

이 책은 일부 경제학자에게는 엄밀함이 부족하고 일부 불교도에게
는 규범(법, dharma)이 충분하지 않을 것이다. 하지만 나는 그들을
위해 이 책을 쓴 것이 아니다. 오늘날 존재하는 최고의 경제학적
사고와 불교의 가르침을 바탕으로, 번성하는 생태계를 갖는 지구에서
모두를 위한 의미 있는 삶을 추구하는 전 세계 사람들 사이의 대화를
확대하는 것이 나의 목표다.

번영, 공정, 지속 가능성을 제공하고 고통을 종식하는 글로벌 경제
를 어떻게 만들 것인지에 대한 대화에 각계각층과 다양한 분야의
사람들이 참여하기를 바란다. 그리스도교인, 유대교인, 힌두교인,
무슬림 또는 그 외 종교의 신자든 무신론자든 모두가 나와 함께 읽고

경제학이 어떻게 삶을 더 의미 있고 정의롭고 지속 가능하게 만드는데 도움이 될 수 있는지를 생각해 보기 바란다.

우리 모두가 자연과 조화를 이루면서 번영하고 자비를 실천하면서 함께 살기를 기원한다.

2장 불교경제학이란 무엇인가?

"경제학의 이상은 (인류에게) 참된 개인적·사회적 성장을 위한 기회를 제공하는 역할을 하는 것이어야 한다. 경제학은 단순히 이기적인 욕구를 충족시키고 사람들 사이의 경쟁을 조장하고, 무수한 생태계를 갖는 지구 전체에 대규모적으로 불균형과 불안을 초래하기 위한 도구가 되어서는 안 된다.

우리의 윤리—그리고 그것에서 자연스럽게 흘러나오는 행동—는, 우리가 누구인지를 결정하고 우리가 사는 사회의 종류와 우리의 환경 조건을 결정하는 인연들에 기여한다."

— 파유토(Payutto), 『불교경제학』[1]

먼저, 불교의 영적인 접근 방식을 경제학의 지적인 접근 방식과 통합한다는 어려운 문제와 대결해 보자. 사실, '불교경제학'이라는 용어 자체가 모순적인 표현으로 보인다. 불교는 영적인 것이지 개념적인 것이 아니다. 그러나 경제학은 개념들의 체계다.

상대적 진리와 궁극적 진리를 구분하는 불교적 관점은 이러한

---

1 Ven. P. A. Payutto, "Buddhist Economics: A Middle Way for the Market Place," *Urban Dharma* (1994): 3, 11.

수수께끼를 푸는 길을 열 수 있다. 켄체 린포체(Khyentse Rinpoche)의 가르침처럼, 상대적 진리는 마음챙김, 비폭력, 명상, 채식주의와 그 외의 많은 일상적인 수행을 포함하지만, 궁극적인 진리는 개념화할 수 없으며 설명할 수 없다. 상대적 진리는 일상생활에서 유용하다.

궁극적인 진리가 아니더라도 상대적 진리는 일상생활에 유용하고, 그것을 연구하는 것은 큰 도움이 될 수 있다.[2] 이 책에서 나는 상대적 진리를 일상생활에서 불교적 지침으로서 사용한다.

경제학에 대한 불교적 접근 방식을 구성하는 세 가지 요소

경제 시스템을 구축하는 데 사용되는 불교의 핵심 가르침은 상호 의존이다. 불교는 우리 모두가 하나이고, 우리의 상호 의존은 자연과 모든 존재에까지 미친다고 가르친다. 상호 의존은 개인이 행복한 삶을 영위할 수 있는 길을 열어줄 뿐만 아니라 모두를 위한 풍요롭고 지속 가능한 삶을 지원하는 정책들을 만드는 데도 도움이 된다. 우리는 모두 행복하게 살고 싶어 하는 동일한 기본적인 동기를 공유하고 있다. 이러한 사실은 우리를 동등하고 평등하게 만든다.

불교경제학에서 상호 의존은 세 가지 방식으로 표현된다. 첫 번째는 자신과 타인의 삶의 질을 향상시키기 위해 자원을 사용하는 것이다. 두 번째는 모든 활동에서 자연과 환경을 배려하는 것이다. 세 번째는 지역적으로나 전 세계적으로 고통을 줄이고 자비를 행하는 것이다.

첫 번째 상호 의존은 자아(ego)의 극복을, 즉 자신의 이익(이기심)을

---

2 UC Berkeley에서 Dzongsar Khyentse Rinpoche의 가르침, July 19, 2015.

2장 불교경제학이란 무엇인가? **39**

극대화하려는 욕구의 극복을 강조한다. 자신의 이익을 극대화하려는 욕구는 자유시장 경제학의 핵심이다. 힌두교와 같은 동양의 다른 철학들도 보편적인 연결을 강조하며 분리된 자기라는 정신구조의 극복을 강조한다. 흄과 니체 등, 일부 서양철학의 접근 방식도 분리된 자아의 부정이나 최소한의 자아 개념이라는 유사한 관점을 공유한다.

두 번째 상호 의존은 환경과의 결합과 관련이 있다. 자연과의 상호 의존 때문에 우리는 현재와 미래에 우리가 사용하는 모든 자원의 가치와 우리가 환경에 미치는 모든 피해도 측정할 필요가 있다. 우리는 환경을 해칠 때 우리 자신을 해치게 된다. 자유시장 경제학은 사람들과 기업이 공기, 물, 토지를 오염시켜도 대가를 지불할 필요가 없다고 가르치지만, 공해는 이제는 더 이상 '자유재(무료로 사용할 수 있는 재화)'로 간주되지 않는다.

1971년에 현대 생태학의 창시자인 배리 커먼너(Barry Commoner)는 이러한 상호 의존을 생태학의 네 가지 법칙 중 하나라고 말했다. 그는 이렇게 말한다. "모든 것은 다른 모든 것과 연결되어 있다. 모든 생명체에게는 하나의 생태계가 존재한다. 따라서 한 생물에 영향을 미치는 것은 모든 생물에 영향을 미친다."[3]

환경과 인간이 서로 결합되어 있다는 사실을 고려하게 될 때, 우리는 이산화탄소 배출 감소나 멸종 위기종의 보호 또는 강·호수·지하수의 보전과 관련된 정책들을 판단할 때 기존의 비용 편익 분석과는 다른 경제적 가치 평가를 사용하게 된다. 자유시장 경제학에서는 모든

---

3 Barry Commoner, *The Closing Circle: Nature, Man, and Technology* (New York: Random House, 1971).

종류의 환경 피해는 그로 인한 편익이 적어도 비용만큼 크다면 용인될 수 있다고 본다. 현세대가 미래 세대에게 미칠 피해의 가치를 비용 계산에 포함시키기를 원하지 않는 한, 미래 세대에게는 발언권이 주어지지 않는다. 그러나 사람들은 근시안적이고 공공재에 대한 비용을 지불하는 것을 싫어하는 경향이 있기 때문에, 일반적으로 환경 보호의 이점을 과소평가하고 환경 보호를 위한 비용은 과대평가한다. 이러한 편향성으로 인해, 경제 분석은 강에 댐을 건설하고 만을 오염시키고 산호초를 파괴하는 것을 용인하게 되는 경향이 있다.

반면에, 불교경제학에서는 오염되지 않은 대기, 생물 다양성과 같은 자연 생태계 못지않게 미래 세대도 우리 자신만큼이나 중요하게 여긴다. 경제학 용어로 표현하자면, 불교 모델은 자연 생태계는 **강력한 지속 가능성**을 필요로 하며 반드시 보호되어야 한다고 주장한다. 자유 시장 경제학에서는 천연자원(자연 자본)의 사용이 생산 과정에서 기계(인공 자본) 또는 인적 자본의 사용과 서로 교환될 수 있다고 가정하는 **약한 지속 가능성**의 입장을 취한다. 이러한 근시안적인 접근 방식은 생태계의 파멸을 초래할 수 있다.

불교경제학이 말하는 세 번째 상호 의존은 한 사람의 고통이 모든 사람의 고통과 연결된다는 것을 의미한다. 이러한 고통의 순환에는 우리가 입는 옷이나 우리가 먹는 음식, 우리가 가지고 노는 기기器機를 만드는 사람들처럼 우리가 한 번도 만난 적 없는 사람들까지 포함된다. 중국의 공장에서 하루 10시간씩 일하는 열 살짜리 소녀가 만든 첨단 운동화를 싼값으로 사면서 '남의 일'이라는 핑계를 대는 것은 더 이상 허용될 수 없다. 이제 우리는 건강하고 편안한 삶을 사는 데 필요한 기본적인 재화들조차 부족한 극빈 가정이 우리가 사는 도시 건너편에 살든 지구 반대편에 살든, 그들의 고통에 관심을 가져야 한다.

상호 의존을 고려할 때, 우리는 강력한 의무감을 느끼게 된다. 우리는 더 이상 우리 자신을 분리된 존재로 보지 않으며, 자신의 행복만을 극대화하기 위해 노력하지도 않는다. 우리는 자신의 고통에서 스스로를 해방시킬 뿐 아니라 다른 사람의 고통을 덜어주는 데 도움을 준다. 개인은 국가 및 세계와 결합되어 있다. 개인과 지역사회의 목표는 모두의 행복을 증진한다는 하나의 목표와 일체가 된다.

이 모든 것은 이상주의적이고 실현 불가능한 것처럼 들릴지도 모른다. 불교경제학과 우리의 물질주의 문화를 조화시킬 수 있는 방법을 과연 찾을 수 있을까? 새로운 가치를 포용하는 방식으로 현대의 경제 시스템을 재구성할 수 있을까? 두 질문에 대한 나의 대답은 '그렇다'이다. 이 책에서 나는 불교경제학의 개인적 차원, 즉 우리 스스로 의미 있고 행복한 삶을 창조하는 방법과 사회적 차원, 즉 우리 정부가 지속 가능한 방식으로 모든 사람에게 혜택을 주는 정책을 지원하는 방법에 초점을 맞추고 있다.

불교경제학은 경제학이 '음울한 과학'이라는 상태에서 벗어나게 하려고 한다. 1849년 토머스 칼라일(Thomas Carlyle)이 이 용어를 처음 사용한 이래, 오랜 세월 동안 경제학은 소수의 사람들만이 자신의 욕구나 기본적인 필요를 충족시킬 수 있다고 주장하는 희소성의 과학으로 여겨졌다. 실제로 세계 경제는 사치스러운 생활을 하는 일부 부유층을 제외하고는 사람들 대부분에게 너무 적은 것을 제공한다. 하지만 글로벌 경제가 꼭 이런 식으로 작동할 필요는 없다. 우리의

세계 경제는 번영, 정의, 지속 가능성을 통해 모두에게 행복을 제공할
수 있으며, 또한 제공해야 한다.

행복

우리 모두는 행복을 원한다! 하지만 행복을 찾기 위해 노력하다 보면,
직장, 가족, 친구의 요구에 시달리는 느낌을 받기도 한다. 우리는
외모에 대해 걱정하고, 방금 저지른 실수에 때문에 초조해하며, 할일
들의 끝없는 리스트가 머릿속을 맴돌기도 한다. 걱정, 초조, 후회.

　행복을 발견하기가 왜 이렇게 어려운 걸까? 행복감은 너무나 빨리
사라지기 때문에 우리 중 많은 사람은 오래 지속되는 행복이 과연
가능한지조차 확신하지 못한다. 행복은 왔다가 사라진다.

　자유시장 경제에서 행복은 쾌락을 누리고 고통을 회피하는 것을
의미한다. 이 경우 사람들은 돈을 벌고 기분을 좋게 만드는 물건을
구매함으로써 적어도 그 순간에는 행복하게 되는 것을 목표한다.
이러한 **쾌락적인 행복**은 지금 당장 우리가 누리는 삶의 만족도에
대한 주관적인 판단에 의해 측정된다.

　불교경제학은 다른 접근 방식을 취한다. 그것은 행복이 자아실현과
가치 있고 도덕적인 삶에서 비롯된다고 주장했던 아리스토텔레스와
의견을 함께 한다. 잘 알려져 있듯이, 이 **에우다이모니아로서의 행복**
(eudaimonic happiness)[4]은 사람들이 자신의 잠재력을 최대한 개발하고

---

4 〔역주〕에오다이모니아는 흔히 행복이라고 번역되지만, '잘 사는 삶' 내지 '성공적인
　삶'으로 번역하는 것이 아리스토텔레스가 말하는 의미에 더 적합하다고 할 수
　있다.

타인과 공동체를 위해 봉사하는 삶을 사는 것에 기초한다. 아리스토텔레스는 "완전한 덕에 따라 살고 물질적인 재화를 충분히 갖춘 사람은 행복하다. 그의 행복은 단기간이 아니라 생애 전체에 걸쳐서 지속된다."라고 가르친다.[5] 그는 또한 "관조하는 삶이야말로 가장 행복한 삶이다."라고 말한다.[6]

붓다는 우리 자신과 타인의 고통을 덜어주는 방법을 가르쳤고, 달라이 라마는 이러한 방법을 의미 있고 즐거운 삶을 사는 방법으로 해석했다.[7] 달라이 라마는 물질적 이득은 "우리가 구매하는 물건 자체가 우리가 필요로 하는 모든 만족을 제공할 수 있다."[8]라는 잘못된 가정에 기초하고 있다고 경고하면서, "참된 행복은 내면의 평화를 특징으로 하며 다른 사람과의 관계 속에서 생겨난다."[9]라고 말했다.

불교경제학에서는 윤리적으로 행동하려고 노력하는 사람은 다른 사람의 경험들이나 행복에 대한 기대를 망치지 않아야 한다고 주장한다.[10] 예를 들어, 말이나 행동으로 다른 사람을 화나게 하거나 죄책감, 두려움, 수치심, 탐욕 또는 기타 정신적으로 유독한 감정들(불교 용어로는 **번뇌**)을 느끼게 할 때, 우리는 다른 사람들에게 해를 끼치게 되는

---

5 Aristotle, *The Nicomachean Ethics*, Oxford edition. Book 10, p. 18.

6 같은 책, 193.

7 Dalai Lama, *The Art of Happiness*. 이 책 전체가 연관이 있다. 1부에서는 개요를 제공한다.

8 Dalai Lama, *Ethics for the New Millennium* (New York: Riverhead, 1999), 16.

9 같은 책, 99.

10 같은 책, 61.

것이다.

쾌락적 행복은 우리의 물질주의적이고 목표 지향적인 경제와 잘 합치된다. 우리는 큰 부, 큰 권력, 멋진 섹스, 메이저 대회 우승이 지속적인 행복을 가져다줄 것이라고 믿으면서, 그것들을 좇는다. 소비, 승진, 불륜을 통해 우리는 최고의 기분을 느낀다. 그러나 그 최고의 기분은 곧 사라지기 때문에 우리는 다시 최고의 기분을 찾아나선다. 우리의 정신 습관으로 인해 우리는 불행해지고 삶에 불만을 갖게 된다. 우리의 마음은 욕망이나 집착, 증오나 공격성, 망상, 교만, 시기라는 '다섯 가지의 **번뇌**'에 사로잡히게 된다.

내면의 행복을 발견하는 것은 불교경제학의 목표 중 하나다. 불교에서는 외부의 자극에 대한 갈망("저걸 가져야 해!" "이 게임에서 이겨야 해!" "1등을 해야 해!")과 외부의 힘에 대한 혐오감("저건 참을 수 없어!" "물리쳐야 해!" "없애버려!")으로 반응하는 정신 습관을 버려야만 참된 자유와 평화를 얻게 된다고 주장한다. 대신 불교에서는 마음을 가라앉혀, 산책을 하면서 아름다운 것들을 알아차리고, 음식을 먹으면서 즐기고, 친구들과 더 친밀하게 소통하라고 말한다.

고통에 대한 우리의 태도는 행복에 대한 두 가지 접근 방식의 차이를 잘 보여준다. 쾌락적 행복을 얻으려면 고통을 피해야 한다. 따라서 고통을 잊기 위해 우리는 쇼핑을 하거나 술을 마신다. 불교경제학에서는 고통은 삶의 일부라는 사실을 인정한다. 따라서 불교경제학은 부엌칼에 살짝 베인 상처든 사랑하는 사람의 죽음이든 고통스러운 사건들에 어떻게 반응하느냐가 중요하다고 본다. 불교 수행자들은 한 걸음 더 나아가, 고통을 마음챙김, 즉 판단하지 않고 어떤 순간을 알아차리고 즐기는 것을 연습하고 수련하는 계기로 간주한다.

불교 경전인 『두 개의 화살에 관한 경』(箭經)[11]은 고통에 마음챙김으로 대응하는 방법을 보여준다. 화살에 맞으면, 신체적 또는 정신적 고통이 생긴다. 그 고통에 정신이 혼란에 빠지고 통증을 한탄하는 것으로 반응하면, 우리는 두 번째 화살, 즉 정신적 고통의 화살에 맞게 된다. 두 번째 화살은 우리 자신의 부정적인 반응이 만들어낸 것으로서 더 큰 고통을 유발한다. 그러나 첫 번째 화살에 대한 우리의 반응이 인내심과 침착함을 유지하는 것이라면 두 번째 화살은 없을 것이다. 위대한 스승 샨티데바(Shantideva)는 이렇게 썼다.

"불행이 닥쳤을 때 치유책이 없다면
낙담할 이유가 있을까?
그것을 어찌할 도리가 없다면
우울해하는 것이 무슨 소용이 있겠는가?
나는 그런 것들에 초조해하지 않을 것이다.
그러한 태도는 불행을 악화시킬 뿐이다."[12]

불교경제학은 고통을 겪는 것을 본질적으로 고귀한 것으로 보지 않는다. 우리가 고통이나 죄책감으로부터 직접적으로 얻을 것은 아

---

11 "두 개의 화살에 관한 이야기: 육체적 고통은 피할 수 없지만, 정신적 고통은 선택 사항이다." *Wisdom through Mindfulness* (blog), January 15, 2012.

12 Shantideva, *The Way of the Bodhisattva* (Boulder, CO: Shambala, 2008), 16.

무것도 없다. 우리는 언제나 경험을 통해 배울 수 있고, 누군가에게 해를 끼쳤다면 수정할 수 있다. 이는 고귀한 행위이며 행복을 가져다 준다.

불교경제학에서 개인의 행동

붓다의 네 가지 고귀한 진리[사성제: 고집멸도]는 불교경제학에서 개인의 행동에 대한 지침이 된다. 붓다는 이렇게 설했다. (1) 모든 존재는 고통을 겪는다[고제]. (2) 우리의 고통은 우리의 무지와 욕망에서 비롯된다[집제]. (3) 우리는 고통을 끝낼 수 있다[멸제]. (4) 팔정도는[13] 고통 없이 살 수 있는 길을 보여준다[도제]. 붓다는 사람들이 자신의 참된 본성과 단절되어 있기 때문에 불필요한 고통을 겪고 있으며, 분리 의식과 망상을 버림으로써 고통을 끝낼 수 있다고 말했다.

  팔정도에는 경제 활동과 직접적으로 관련된 세 가지 상호 연관된 활동, 즉 바른 행동(정업), 바른 생계 활동(정명), 바른 노력(정정진)이 포함된다. 서로 순환하는 성격을 갖는 팔정도에서 각 활동은 다른 일곱 가지 활동을 뒷받침하기 때문에, 모든 활동은 우리 일상생활의 일부다. 세 가지 경제 활동이 함께 작용하는 방식은 다음과 같다. **바른 행동**은 자신이나 타인에게 해를 끼치지 않고 마음챙김과 자비심으로 매사에 임하는 것을 의미한다. 바른 행동은 올바른 생계 활동과도

---

13 부처님의 팔정도는 바른 견해(正見), 바른 사유(正思), 바른 말(正言), 바른 행동(正業), 바른 생계(正命), 바른 노력(正精進), 바른 마음챙김(正念), 바른 정신 집중(正定)이다. http://buddhism.about.com/od/theeightfoldpath/a/ eightfoldpath. htm을 참조.

연결되어 있다. 바른 생계 활동은 다른 사람에게 해를 끼치지 않고 생계 수단을 확보하면서 자신의 좋은 자질을 키우는 것이다. 바른 행동과 바른 생계 활동은 **바른 노력**의 일부다. 바른 노력은 관대함, 자애, 지혜와 같은 건전한 자질을 발전시키고 그 반대인 불건전한 성질(탐욕, 분노, 무지)을 없애는 것이다.

우리가 일상생활에서 타인을 배려하고 고통을 덜어주며 물질적 소유에 집착하기보다는 행운을 함께 나누는 한, 우리 개인의 개성과 생활 방식은 불교경제학에서 중요한 위치를 차지한다. 일시적인 행복을 얻기 위해 충동적으로 물건들을 사는 것에 몰두하는 대신, 우리는 해변의 조개를 바라보고, 봄의 야생화를 즐기고, 동네를 뛰어다니는 개를 보고, 다양한 색과 형태를 음미한다! 음악을 듣고 연주하는 것을 즐긴다. 집에서는 그림을 그리거나 도자기를 만든다. 가족과 친구들을 위해 맛있는 식사를 요리한다. 인간의 본성에는 자기중심적 (이기적이고 자신을 돌보는) 충동과 타인중심적(이타적이고 타인을 돌보는) 충동이 모두 존재한다. 인간의 본성이 어느 정도 자기중심적이고 어느 정도 이타적인지에 대한 의견은 다양하다. 경제학자들은 인간의 본성이 이기적이라고 가정하는 경향이 있지만, 보울스(Bowles)는 인간이 집단의 생존을 위해 오랜 시간에 걸쳐 도덕적인 감정들과 함께 협동적인 본능들을 발전시켰다고 주장한다.[14] 인간이 어느 정도까지 이기심이나 도덕적 감정에 따라 행동하는지에 대해 의견의 일치를 볼 필요는 없다. 중요한 것은 사람들이 자기 자신뿐 아니라 타인도

---

14 Samuel Bowles, *The Moral Economy: Why Good Incentive Are No Substitute for Good Citizens* (New Haven: Yale University Press, 2016), chapter 2.

48

돌보고자 하는 욕구와 책임감을 갖는다는 사실에는 우리 모두가 동의한다는 것이다. 우리는 개인적으로 생계 수단을 벌고 심지어 부자가될 수도 있지만, 이를 위해 다른 사람이나 지구를 희생해서는 안된다.

불교의 수행을 통해서 우리는 스스로가 만들어내는 부정적인 감정들, 즉 나중에 후회하게 될 말과 행동을 하게 만들면서 마음을 흐리고고통을 유발하는 감정들에 사로잡히지 않고 자신만의 독특한 개성을즐길 수 있다. 이러한 부정적인 정신 습관은 우리를 불행하게 만들뿐만 아니라 주변 사람들에게 해를 끼치는 사회적 불화의 씨앗이되기도 한다. 불교에서 부정적 감정들을 다루는 방법은 앉아서 마음챙김 명상을 하면서, 생각들이나 감정들에 사로잡히거나 산만해지지않고 그것들을 흘러가게 하는 것이다. 이를 통해 우리는 현재 순간의아름다움을 더 잘 인식하게 되고, 미래에 대해 심하게 걱정하거나과거에 대해 자책하는 것을 그만두게 된다. 수행을 쌓게 되면, 우리는온종일 모든 활동에서 마음챙김을 더 많이 하게 된다.

불교경제학은 마음챙김이 완전히 발달한 삶에서 비롯되는 참된행복과 돈과 끝없는 욕망에서 비롯되는 일시적인 행복을 구분한다.불교경제학의 목표는 모든 존재의 고통을 최소화하고 모든 사람의행복과 안녕을 보장하는 것이기 때문에, 우리는 자신의 수입을 극대화하려고 하지 않는다.

이것이 여러분의 일상적인 삶에 어떤 의미가 있을까? 당신은 더이상 옷장과 집을 온갖 물건으로 채우지 않고, 기분이 우울할 때쇼핑몰에 달려가거나 온라인 쇼핑몰을 검색하지도 않는다. 불교경제학 수업에서 학생들은 자신들의 삶에서 어떻게 하면 소비를 줄일 것인지를 탐구했다. 학생들은 가끔 쇼핑하는 것을 좋아했기 때문에, 물건을 적게 사면서도 결핍감을 느끼지 않을 방법을 궁금해 했다. 한 학생은 세일 중인 신발들을 구경하는 것이 재미있어서, 신발장에 넣어둘 뿐인 신발을 하나도 더 사지 않아서 기분이 좋았다고 말했다. 월급날에 쇼핑하는 것이 취미인 또 다른 학생은 옷 대신 특별한 매니큐어 한 병을 구입했다. 필요하지도 않고 거의 사용하지도 않는 물건을 더 이상 구입하지 않는다면,[15] 우리의 삶은 옷장이 옷으로 넘치는 삶(자유시장)에서 마음챙김의 삶(불교적인 삶)으로 전환한다. 우리는 여전히 새로운 것을 구입하면서 행복해 하고 물질적인 것을 즐길 수 있지만 더 이상 그것에 집착하지 않는다. 소비는 당신이 누리는 다면적인 삶의 한 측면에 지나지 않는다.

경제학 입문을 수강한 사람이라면, "불교경제학은 (개인과 기업에 초점을 맞춘) 미시경제학적 접근법인가, 아니면 (국가 경제에 초점을 맞춘) 거시경제학적 접근법인가?"라고 질문할지도 모르겠다. 불교경제학에서는 미시적인 것과 거시적인 것이 서로 연결되어 있으며 삶의 질을 높이기 위해 서로 융합한다. 개인은 자신뿐 아니라 모든 사람의 행복을 추구한다. 그리고 마음챙김에 기반한 이러한 추구는 지속가능한 세계에서 국가의 건강한 존속에 기여한다.

---

15 Juliet Schor, *The Overspent American: Why We Want What We Don't Need* (New York: Harper Perennial, 1999).

공동체와 국가적 접근

불교경제학에서 번영은 어떤 종류의 구매든 구매가 수반되지 않는 활동들은 무시되는 자유시장 경제학에서처럼 시장의 재화와 서비스 (GDP: 국내총생산)와 동일시되지 않는다. 가족 및 친구들과 저녁을 먹고, 조용히 앉아 주변 환경을 즐기고, 좋은 책을 읽는 것 등의 활동을 자유시장 경제학에서는 우리가 이러한 활동을 얼마나 즐겼는 지가 아니라 구매한 재화와 서비스에 따라 가치를 평가한다.

불교경제학에서 소득은 개인의 번영을 측정하는 데 사용되는 한 가지 요소일 뿐이다.[16] 더 중요한 것은 개인이 의미 있는 삶을 창조하기 위해 자원을 어떻게 사용할 수 있는가라는 것이다. 가장 중요한 것은 개인의 '역량', 즉 자신이 가치 있게 여기는 삶을 어느 정도 실현할 수 있는가, 그리고 일상적으로 얼마나 잘 살고 있는가라는 의미의 능력이다. 가족의 역량에는 건강, 교육, 기본적인 재화(예: 음식, 주거, 교통), 일상을 흥미롭고 편안하며 안전하게 만드는 기타 재화와 활동, 그리고 지역사회 및 국가적인 정책에 자유롭게 참여할 수 있는 능력이 포함된다. 우리의 역량이 인간관계, 재능, 잠재력을 최대한 개발할 수 있는 토대가 된다.

16 불교경제학은 개발 경제학자들, 특히 아마르티아 센(Amartya Sen)과 그의 역량들 에 관한 연구(*Development as Freedom*, Knopf, 1999), 생태 경제학자들 (Herman Daly)의 연구, 그리고 아남 툽텐(Anam Thubten)이 *Magic of Awareness* (Snow Lion Publications, 2012)에서 가르친 불교에 기반을 두고 있다. 또한 피터 다니엘스(Peter Daniels)가 "Climate change, economics, and Buddhism－Part 1: An integrated environmental analysis framework."에서 제시하고 있는 불교경제학 접근법을 위한 훌륭한 분석틀을 참조하기 바란다.

국가 경제의 성과를 평가하기 위해서 불교경제학에서는 기회에 대한 균등한 접근을 포함하여 국민 전체에서 복지가 얼마나 잘 분배되어 있는지를 중시한다. 국가의 제도와 서비스는 일상생활에서 사람들의 활동을 돕고 안전망과 치안을 유지하기 위한 것이다. 불교경제학은 또한 오염과 환경 악화를 개선하는 등 사회가 미래 세대에게 물려줄 생태계 유산까지 포함하여 삶의 질을 고려한다.

두 개의 화살에 관한 이야기를 국가 경제에 적용해 보자. 자유시장에서 이윤 동기라는 강력한 첫 번째 화살이 발사되어 소수의 사람들을 부자로 만든다. 그러나 그것은 많은 사람과 환경에 해를 끼친다. 두 번째 화살은 많은 물건을 살 수 있는 충분한 돈을 벌기 위해 열심히 일하지만 다람쥐 쳇바퀴 같은 일을 하면서 덧없는 행복을 찾으려는 사람들을 겨냥한다. 그런 다음 사람들은 첫 번째 화살을 자세히 살펴보면서, 이윤을 위한 경쟁으로 운영되는 경제의 지속 가능성에 의문을 품게 된다. 그리고 자유시장 경제학의 한계를 이해하게 되면서, 두 번째 화살을 자신에게 쏘는 것을 멈추고 불교경제학을 개발하고 실천하기 시작한다. 소득 추구가 더 이상 삶의 유일한 목표가 되지 않는다. 이제 '행복 추구'는 건강한 생태계 안에서 모든 사람이 의미 있는 삶을 창조하는 것을 의미한다. 불교 경제는 첫 번째 화살을 쏜 궁수까지 포함한 모든 사람의 삶을 개선할 수 있다.

국가 경제는 세계 경제에 통합되어 있다. 세계 경제와 관련해서도 자유시장 경제학과 불교경제학은 우리를 다른 길로 인도한다. 자유시장 경제학은 국제 무역을 통해 어느 한 국가도 손해를 보지 않고 모든 국가의 소득을 높일 수 있다고 가르친다. 이러한 결론은 '비교우위'라는 개념에 기초해 있다. 비교우위설에 의하면 두 나라의 자원과 자본의 차이로 인해 특정 재화를 생산하는 다른 방법을 사용하게 되면서 분업이 행해지게 되는 결과, 무역을 통해 두 나라의 국민소득이 높아지게 된다. 예를 들어, 자본 집약적인 기계를 만드는 선진국이, 노동 집약적인 원단을 만들고 옷을 재봉하는 신흥국과 무역을 하게 되면 두 나라 모두 이익을 얻을 수 있다.

이 모델은 한때는 잘 작동했을지 모르지만, 고도로 기계화된 오늘날의 세계 경제에서는 노동력이 저렴하더라도 많은 국가에서 동일한 자본, 동일한 자동화 방식 및 동일한 컴퓨터 애플리케이션을 사용한다. 동일한 자동화된 생산 공정을 사용하면, 인건비가 생산 원가에서 차지하는 부분은 작기 때문에 세계적인 분업을 통해 얻을 수 있는 비용 이점이 거의 없게 된다. 개발도상국은 이미 선진국이 장악하고 있는 시장에 처해 있다. 무역을 통한 이득은 해당 국가의 글로벌 교섭력을 반영하기 때문에, 다시 한번 부유한 국가들의 힘이 가난한 국가들의 힘을 능가하게 된다. 그 결과 1990년대 북미자유무역협정 (NAFTA) 하에서의 멕시코처럼, 개발도상국이 미국과 자유무역협정을 체결한 후 소득이 감소하는 사례들이 생기게 된다.

에너지 사용과 관련하여 자유시장 경제학과 불교경제학의 차이가 잘 드러난다. 대부분의 경제학자들은 공해에 대한 과세에 긍정적이다. 그러나 화석 연료를 생산하고 소비하는 자유시장에서는 에너지 회사가 석유와 석탄 채굴에 수반되는 대기 오염과 추가적인 환경 파괴에 대한 비용을 지불할 필요가 없다. 그 결과 소비자에게 부과되는 에너지 가격에는 환경 비용이 포함되지 않게 되어, 사람들은 가스와 석유를 낭비하게 된다. 또한 자유시장 경제는 경쟁을 중시한다는 선전에도 불구하고, 에너지 산업에서는 경쟁이 치열하지 않다. 2014년에 『포춘 *Fortune*』지에서 발표한 500대 기업의 상위 6개 중 1위인 월마트를 제외하고는 5개가 석유회사였다.[17] 에너지 회사들은 가격과 비용에 대한 통제력을 이용해 연간 1,000억 달러에 가까운 고수익을 올렸으며 이익률은 약 25%에 달했다.[18] 그런 다음 이러한 막대한 수익을 바탕으로 특별 세금 감면과 유리한 규제를 위해 의회에 로비를 벌여 수익을 더욱 높인다. 또한 소비자는 운전으로 인한 이산화탄소 배출에 대한 비용을 지불할 필요가 없기 때문에, 많은 미국인은 매년 평균 1만 2천 마일 이상을 운전하면서 대기를 오염시키고 있음에도 불구하고 가스를 많이 배출하는 SUV와 픽업트럭을 구입한다.

불교경제 모델에서는 사용된 모든 자원의 전체 가격이 모든 상품과 서비스의 시장 가격에 포함된다. 가스 가격에는 흔히 탄소세라고 불리는 환경오염세가 포함되며, 이는 가스 소비로 인한 환경 피해에 대한 사회적 비용과 동일하다. 마찬가지로 중요한 것은 연비가 좋지 않은 자동차를 운전하는 것은 지구에 해를 끼치는 행위라는 점이다. 사람들은 가스를 많이 배출하는 자동차 대신 에너지 효율이 높고 공해가 적은 자동차를 소유하는 것에 만족한다. 전기차를 소유하는 것은 소유자가 기후변화에 관심이 있다는 사실을 보여준다. 이에 반해 허머[19]를 운전하는 자에 대해서는 주변 사람들이 눈살을 찌푸린

---

17 http://fortune.com/global500/.

18 Daniel Gilbert and Justin Scheck, "Big Oil Feels the Need to Get Smaller," *Wall Street Journal*, November 2, 2014.

다. 사람들은 운전 거리를 염두에 두고 카풀이나 대중교통을 이용하고, 식료품점에 갈 때 이웃을 위해 빵이나 우유를 사다 주는 등 주행거리를 줄일 수 있는 방법을 찾는다. 국가 탄소세는 새로운 형태의 지속 가능한 에너지를 개발하거나 대중교통 시스템을 확장하는 데 사용될 수 있으며, 또한 모든 사람이 혜택을 받을 수 있는 기타 공공재를 제공하는 데 사용될 수 있다.

이러한 예들에서 알 수 있는 것처럼 우리는 이윤 극대화에만 집중하는 다국적 기업들의 행태를 그들의 선의에 호소하는 방식으로 바꾸려 하지 않는다. 그 대신 불교경제 모델에서는 석유 회사들이 탄소 오염에 대한 비용을 지불해야 한다. 정부는 더 이상 그들에게 세금 우대를 지원하지 않는다. 정부는 더 이상 세금 감면 혜택을 제공하지 않으며 환경을 악화시키는 화석 연료의 발굴을 엄격하게 규제한다. 따라서 재생 에너지 기업들과의 새로운 경쟁이 치열해질 것이며, 대형 석유 회사들이 직접 재생 에너지원 개발에 나설 가능성이 높다. 불교경제 모델에서 시장은 소비자와 기업이 화석 연료에서 재생 에너지로의 전환을 가속화할 수 있도록 올바른 인센티브를 제공하게 되는 것이다. 바로 이러한 조치야말로 지구가 필요로 하는 것이다.

가격과 생산량을 결정하는 시장의 수요 공급 곡선에는 우리의 가치와 관습, 정부의 역할과 제도가 반영되어 있다. 불교경제학에서 시장은 우리의 새로운 상호 의존적 가치들을 반영하는 새로운 가격과 산출물로 이동한다. 새로운 시장 결과는 사람들이 의미 있는 방식으로

---

19 〔역주〕 Hummer: GM에서 만든 다목적 스포츠 트럭으로 연비가 나쁜 것으로 알려져 있다.

살고자 하는 방식을 반영한다는 점에서, 불교경제학의 힘을 이해하는
데 결정적으로 중요하다.

외적인 부와 내적인 부

아시다시피 자유시장 모델과 불교 모델에서 '부'는 서로 다른 의미를
갖는다. 둘 다 외적인 부를 포함한다. '외적인 부'는 물질을 기반으로
하고 부동산(거주지, 별장, 임대 부동산), 퇴직금, 주식 및 채권, 자동차
등의 자산에서 부채 또는 타인에게 진 빚(모기지, 대출, 신용카드 부채)을
뺀 금액이다. 자유시장 경제학에서는 외적인 부를 유일한 부로 간주하
기 때문에 우리는 부를 금전적인 것으로만 생각하는 데 익숙하다.

　사회적 관점에서 볼 때, 전 세계적으로 부의 분배는 점점 더 불평등해
지고 있으며[20] 이러한 불평등은 개인과 국가 모두에게 문제가 되고
있다. 2014년에는 1.0%에 불과한 세계 슈퍼리치가 전 세계 부의
48%를 소유했다. 전 세계 인구의 대부분인 하위 80%는 전 세계
부의 5.5%만 차지했다. 미국에서는 상위 0.1%(예, 1의 10분의 1)가
미국 전체 부의 22%를 소유하고 있었으며, 이는 하위 90%의 가정이
소유한 부의 양과 맞먹는 수준이다.[21]

---

20 Oxfam Research Brief, January 2015, http://www.oxfam.org/en/research/
wealth-having-it-all-and-wanting-more. Based on Credit Suisse Global
Wealth Databook 2014, https://www.credit-suisse.com/uk/en/news-and-
expertise/research/credit-suisse-research-institute/publications.html.

21 Emmanuel Saez and Gabriel Zucman, "Wealth Inequality in the United States
Since 1913: Evidence from Capitalized Income Tax Data," National Bureau
of Economic Research, October 2014. Buddhist economics distinguishes:

불교경제학은 외적(물질적) 부와 내적(정신적) 부를 구분한다.[22]
불교에서 인간의 부는 내재적인 것으로, 경험과 관계, 그리고 우리
주변에 펼쳐지는 삶에 대해 감사할 수 있는 능력을 포함한다. 불교적
부에는 삶을 즐기고 다른 사람을 돕기 위해 자원을 신중하게 사용하는
것이 포함된다. 불교는 우리의 진정한 부富인 사랑, 자비, 지혜는
무궁무진하다고 가르친다. 불교는 우리가 물질적 소유나 금전적 부에
집착하지 않고 다른 사람들과 부를 나누는 한, 물질적 의미의 부자가
되는 것을 금지하지 않는다.

불교에서 내면의 부를 기르는 것은 깨달음의 길로 나아가는 수행자
의 일상적인 수행의 일부다.[23] 우리는 마음을 고요히 하고 분리된
자아에 대한 감각과 사회가 만들어낸 현실에 대한 환상을 버릴 수
있다. 우리의 참된 자아는 망상의 구름에 가려진 태양과 같다. 우리가
자존심과 자아에 대한 집착을 버리고 무상함과 타인 및 지구와의
일체감을 받아들일 때 고통은 끝난다.

Matthews (2014).

22 Matthews (2014).

23 "The Symbolism of the Traditional Temple," Kadampa.org, August 1, 1997.

3장 사람들 사이의 상호 의존

"나와 다른 존재는 모두 행복을
원함에 있어서는 동등하고 같으니,
우리를 나누는 무슨 차이가 있어서
나 혼자만의 행복을 추구하려 하는가?

나나 다른 존재나 모두
괴로움을 피하는 데는 평등하고 똑같으니,
우리를 나누는 무슨 차이가 있어서 내가 남을 구하지 않고 나만
구하려 하는가?"

– 샨티데바(Shantideva), 『보살의 길』

붓다는 우리 모두가 상호 의존적이라고 가르쳤다. 사방으로 무한히
뻗어 있는 인드라의 보석 그물,[1] 즉 매듭마다 완벽하고 빛나는 보석이
들어 있는 그물을 상상하며 이를 눈에 떠올려 보라. 모든 보석은
다른 모든 보석을 반사하고, 반사된 보석은 다른 모든 보석의 이미지를

---

[1] "Indra's Jewel Net: A Metaphor for Interbeing," About.com, February 25,
2016.

담고 있다. 하나의 보석에 영향을 미치는 것은 모든 보석에 영향을 미친다.

상호 의존에 대한 불교의 가르침은 누가 무엇을 얻을 것인가에 대한 우리의 생각을 바꾼다. 그것은 우리의 생각을, 한 사람이 추가 자원을 얻게 되면 그것이 다른 사람에게 부담이 되는 자유시장의 제로섬 접근 방식에서 모든 사람의 행복이 연결되어 있다는 집단적 접근 방식으로 변화시킨다. 불교경제학에서는 총자원이 동일하게 유지되더라도, 안락한 생활에 필요한 것보다 훨씬 더 많이 소비하는 사람으로부터 빈곤한 사람에게 자원을 이전할 때 모든 사람의 행복이 향상된다고 본다. 이제 개인의 행복은 더 이상 사회적 행복과 구별되지 않기 때문에, 미시(개인행동)와 거시(국가적 결과) 사이의 경제적 구분은 사라지고 있다. 끊임없이 변화하고 모든 것이 무상한 세상에서 더 많은 것을 소유하고 다른 사람들과의 경쟁에서 앞서 나가려고 하는 끊임없는 걱정에서 벗어나는 것은 우리에게 해방감을 가져다준다.

불교경제학은 인간이 이타적이라고 본다. 우리는 자신에게는 아무런 이득이 없으면서도 다른 사람을 돕고 그들의 고통을 덜어주려고 한다. 이런 점에서, 불교경제학은 사회 전반에 보이는 이타주의와 호혜성互惠性의 진화를 분석한 새뮤얼 보울스(Samuel Bowles)나 허버트 긴티스(Herbert Gintis) 같은 경제학자들의 관심사를 공유한다. 이들의 저서 『협력하는 종 A Cooperative Species』은 협력이 어떻게 사회의 생존과 성장에 도움이 되는지 보여준다.[2] 이들은 수천 년의 다양한 데이터를 사용하여, 협력적이고 윤리적 규범을 가진 집단이

생존하고 팽창했으며 이러한 친사회적 동기로 인해 오늘날 사람들은
다른 사람들을 진정으로 배려하게 되었다는 사실을 보여준다. 보울스
는 『도덕적 경제 *The Moral Economy*』에서 사람들이 비이기적이고
윤리적으로 행동하는 상황에서 금전적 처벌을 사용하는 경제정책이
기대에 반하는 이기적 행동을 초래할 수 있다는 사실을 보여준다.
많은 사람이 공감할 수 있는 예로, 어린이집에서 아이를 데리러 늦게
도착한 부모에게 벌금을 부과한 경우를 들 수 있다. 부모들은 돈을
내면 지각해도 괜찮다고 생각하게 되었고, 이에 따라 부모들의 지각이
증가했다. 경제적 불이익이 좋은 시민이 되어야 할 필요를 대체한
것이다.

　심리학자들은 무엇이 사람들을 행복하게 만드는지 연구한 결과,
타인에게 친절하게 대하면 더 행복해진다는 사실을 발견했다.[3] 친절한
행동(엄마에게 점심 식사 대접하기)을 하면 더 행복해지고, 이는 또
다른 친절한 행동(이웃이 식료품 나르는 것을 돕기)을 할 가능성을 높이는
긍정적인 피드백 순환구조가 있기 때문에, 사람들은 더 자주 자비심을
갖게 된다. 친절은 사람을 더 행복하게 만들고, 행복한 사람은 더
많은 친절을 베풀게 된다.[4] 이는 행복은 자비를 행하는 데서 비롯된다

2 Samuel Bowles and Herbert Gintis, *A Cooperative Species: Human Reciprocity and Its Evolution* (Princeton: Princeton University Press, 2011).

3 Keiko Otake et al., "Happy People Become Happier Through Kindness: A Counting Kindness Intervention," NIH Public Access Author Manuscript, *J Happiness Stud.*, September 2006.

4 Alex Dixon, "Kindness Makes You Happy … and Happiness Makes You Kind," Greater Good Science Center, UC Berkeley, September 6, 2011.

는 달라이 라마의 가르침과 통한다.[5]

불교경제학은 가격표가 없는 활동과 경험에 초점을 맞춘다. 기본적인 욕구가 충족되면, 우리는 소비를 그것이 인간적인 잠재적 가능성과 삶의 질을 얼마나 높일 수 있는지에 따라 평가한다. 사회적 활동과 창의적 활동을 통해 우리는 삶을 즐길 수 있게 된다. 삶을 즐길수록, 소비를 통해 자신을 차별화하려는 생각은 어리석은 짓(또는 나쁜 짓)으로 여겨지게 된다.

행복해지기

불교경제학이 말하는 상호 의존을 이해하기 위해서는, 각 개인이 먼저 자신의 내면을 들여다보고 자신의 붓다, 즉 참된 본성과 연결됨으로써 자비와 친절을 배워야 한다. 또한 행복은 외부 세계가 아닌 자신의 내면에서 비롯된다는 것을 배워야 한다. 자신의 삶을 변화시키면 다른 사람에게 긍정적인 영향을 미칠 수 있고, 개인적 이익과 사회적 이익의 구분이 사라진다.

이것이 현실 세계에서 어떻게 나타나는지 살펴보자.

UC 버클리 학생인 해리는 목표 지향적 성향이 강했으며 목표를 달성하는 데 있어서 매우 경쟁심이 강했다. 유일한 문제는 해리가 자신의 삶이 의미가 없다고 느끼는 것이었다. 해리는 최고 학점을 받거나 토론에서 이기는 것과 같은 목표를 추구하는 것에서 유일하게 행복감을 느꼈지만, 성공할 때마다 우울한 좌절감이 뒤따랐다. 나의

---

5 Dalai Lama, *The Art of Happiness, 10th Anniversary Edition: A Handbook for Living* (New York: Riverhead, 2009), 22-23.

불교경제학 수업을 듣던 해리의 친구 낸시는 해리가 얼마나 불행한지 알고서는, 그에게 마음챙김 좌선을 해보도록 권했다. 해리는 "목표가 뭐야?"라고 물으면서 시간 낭비라고 일축했다.

낸시는 해리의 흥미를 유발하기 위해, "네가 아무 생각 없이 30분 동안 앉아 있을 수 있는지 한번 보자"며 도발했다. 해리는 기꺼이 이 도전을 받아들였고, 성공하면 낸시가 그에게 멋진 저녁 식사에 데려가야 한다는 내기까지 걸었다. 하지만 막상 앉자마자, 끝없이 떠오르는 잡념에서 마음을 벗어나게 하는 것은 믿을 수 없을 정도로 힘들었다. 해야 할 일들이 떠오르거나 다른 사람들에게 뒤처졌을 때가 떠오르는 등 온갖 잡념이 끊임없이 일어났다. 앉아 있는 것 자체가 육체적으로도 정신적으로도 고문처럼 느껴졌다. 그는 자신만의 시간을 갖기 위해 하루에 최소 두 번, 몇 분씩 연습하는 것부터 시작해야겠다고 결심했다. 처음 2주가 가장 힘들었다. 거의 포기할 뻔했지만, 낸시에게 실패를 고백해야 한다는 생각을 견딜 수 없었다. 한 달 후, 그는 조금 나아지고 있었고 스승이 필요하다는 사실을 깨달았다. 그는 낸시와 함께 매주 명상 세션에 참석하기 시작했다. 3개월이 지난 후, 해리는 훨씬 편안하게 앉게 되었고 그의 마음은 더 이상 떠오르는 모든 생각을 쫓아다니지 않게 되었다.

그 시점에서 해리는 어떤 생각이든 생각은 항상 일어나기 때문에 낸시가 불가능한 목표를 제시했다는 것을 깨달았다. 생각을 멈추는 것이 아니라 생각을 아무런 판단 없이 흘러가도록 내버려두는 것이 목표라는 것을 그는 마음챙김 명상을 통해 깨달았다. 그가 낸시에게 내기가 조작된 것 같다고 말하자, 낸시는 웃었다. "그래, 넌 배우고 있구나! 30분 동안 어떤 생각도 좇지 않고 판단하지 않고 앉아 있을 수 있다면 너는 내기에서 이긴 거야."

해리는 6개월 만에 내기에서 이겼고, 낸시에게 저녁 식사를 내라고 고집하는 대신, 명상으로 안내해 준 낸시에게 고마움을 표하며 낸시에게 저녁 식사를 냈다. 흥미롭게도 해리는 자신의 마음챙김을 다른 사람을 배려하는 데까지 확장하기 시작했다. 그는 학업과 경력에서 목표를 달성하기 위해 '1등'이 되어 다른 사람을 이길 필요가 없으며, 최선을 다하면 자신의 열망을 충분히 이룰 수 있다는 사실을 깨달았다. 그는 공부와 친우 관계를 즐기면서도 성공할 수 있었다.

자기 자신에 대해 자비심을 갖기 위해 필요한 것은 비생산적인 자기비판을 멈추는 것이다. 불교에서 우리는 과거에 대한 후회에 사로잡히지 않고 자신의 몸과 성격에 대해서 아무런 판단 없이 그것들을 받아들이는 법을 배운다. 우리가 상대방에게 화를 내거나 불친절한 말을 하는 등 부정적으로 반응할 때는, 잠시 휴식을 취하며 상대방에 대한 사랑과 연민을 느낄 수 있도록 한다. 우리는 마음의 독인 번뇌 중 하나인 분노의 악마를 쫓아낼 수 있다. 분노로 인해 함부로 말한 것을 상대방에게 사과하고 그 사건에 대한 모든 기억을 사라지게 할 수 있다.

달라이 라마는 공감을 통해서 우리는 다른 사람과의 관계에서 더 자비롭게 된다고 가르친다.[6] 상대방의 입장이 되어 보면 상대방의 반응을 충분히 이해할 수 있다는 것이다.

---

6 같은 책, 89.

너무 많은 선택지

불교의 가르침을 따르는 친구들과 어떤 번뇌가 우리의 생각을 크게 지배하는지에 대해서 이야기해 보면, 탐욕과 불안이 상위를 차지한다. 어디를 가든 미디어에서 우리의 삶을 더 건강하고 재미있게 만드는 새로운 방법에 대해 이야기하고, 친구들은 방금 구입한 물건에 대해 이야기한다. 그러면 우리 자신이나 아이들을 위해 나도 구입해야 한다고 갑자기 느끼게 되기 때문에, 일상 활동에서 물질적 욕망을 버리기가 어렵다. 또한, 직업상의 업무와 가족의 요구로 인해 해야 할 일들에 끊임없이 쫓기기 때문에 불안감이 우리를 계속 사로잡는다. 머릿속에서 끝없이 생각이 오고가기 때문에 우리는 순간을 즐기기보다는 생각에 사로잡히게 된다. 좋은 직장을 갖고 멋진 자녀와 친구들로 둘러싸인 행운의 삶일지라도, 우리는 스트레스를 받고 삶을 즐길 여유가 없다. 우리는 피곤하고, 압도당하고, 좌절한다. 우리의 내적인 부는 본래는 무궁무진하지만, 우리는 삶에서 지친 기분을 느낀다.

특히 일하는 부모는 일과 가족의 요구 사이에서 균형을 잡는 데 힘들어하고, 일하는 부모 중 많은 사람이 자녀, 심지어 배우자와 함께 보내는 시간이 너무 적다고 느낀다. 워킹맘과 워킹대디는 줄곧 피로감과 초조감을 토로한다. 이에 따라 그들은 자녀를 돌보는 것을 즐기지 못한다. 일하는 부모는 친구들과의 만남이나 취미 활동에 더 많은 여가를 보내고 싶어 한다. 교육 수준은 균형을 찾는 데 별다른 영향을 미치지 않는 것으로 보인다. 오히려 대학 교육을 받은 부모가 일과 가정의 균형을 맞추는 것을 훨씬 더 어려워한다. 우리가 초조해하는 이유 중 하나는 '좋은 부모'가 해야 할 일의 끝없는 리스트를 사회가

64

제시하기 때문이다. 자녀를 위해 스포츠학원이나 발레학원, 연극학원
에 등록시키고, 건강한 식단을 짜고, 학업과 컴퓨터 시간을 감독하고,
최신 유행하는 패션을 사주는 등 리스트는 계속된다. 삶의 균형을
찾는다는 것은 삶을 어떻게 살아갈지 고민하면서 우리의 목표와 기대
치를 관리하는 것을 포함한다.[7]

우리의 삶이 균형을 잃었다는 사실을 보여주는 징후는 집을 가득
채운 잡동사니다. 우리는 계속해서 혼란스러운 잡동사니 더미를 헤쳐
다니면서도 그것들을 끊임없이 쌓아간다. 우리는 소유물에서 행복감
을 느끼는 대신 압도당하는 느낌을 받게 된다. 인기 있는 책들은
옷장과 서랍에서 사용하지 않는 물건을 없애는 방법을 알려주면서,
그것들을 정리하면 우리가 더 행복하고 기쁨을 느끼게 될 것이라고
약속한다.[8]

우리가 갖는 잡동사니의 더미는 너무 많은 선택지를 제공하는
물질주의적이고 풍요로운 사회와 이러한 사회에서의 우리 삶이 어떤
문제를 갖는지를 상징적으로 보여준다.[9] 슈퍼마켓에 끝없이 진열되어
있는 잼과 시리얼, 가전제품 매장의 수많은 제품, 온갖 편리한 기능을
다 갖추고 있는 휴대폰 앱들, 아플 때든 건강할 때든 제공되는 의료

---

7 Pew Research Center online, "Raising Kids and Running a Household: How
Working Parents Share the Load," November 4, 2015.

8 Gretchen Rubin, *The Happiness Project* (New York: Harper, 2009); Marie
Kondo, *The Life-Changing Magic of Tidying Up* (New York: Ten Speed Press,
2014).

9 Barry Schwartz, *The Paradox of Choice: Why More Is Less* (New York: Harper
Perennial, 2004); https://www.youtube.com/watch?v=VO6XEQIsCoM.

서비스 옵션, 뛰어난 교육을 제공하는 수많은 대학 등 우리는 삶의 모든 측면에서 엄청난 수의 선택지를 갖고 있다. 경제 이론에 따르면 선택의 폭을 극대화하면 자유가 극대화된다. 그러나 선택의 폭이 너무 넓으면 더 자유롭고 행복해지기는커녕 오히려 좌절하고 감각이 마비될 수 있다. 결국 어떤 것을 선택하게 되더라도, 포기한 선택지들에 대한 미련 때문에 만족도가 떨어진다. 선택의 폭이 너무 넓어지면 기대치도 높아지지만, 어떤 물건을 구입하고서 기대치가 충족되지 않으면 우리는 자신을 탓하게 된다.

내 수업을 듣는 학생들은 종종 레포트에서 슈퍼마켓에서 받게 되는 압도당하는 느낌에 대해 이야기한다. 한 학생은 "버터의 브랜드가 적어도 30개 이상은 되는 것 같다(과장이 아니다). 버터를 고를 때 이렇게 많은 선택지를 필요로 하는 사람이 있을까라는 생각이 들었다. 물론 저지방 버터와 무염 버터, 부드러운 버터도 있다. 그러나 내가 말하고 싶은 것은 각 종류의 버터를 취급하는 브랜드가 최소 30개 이상이라는 사실이다. 우리는 어떤 버터를 골라야 할지 전혀 몰랐고, 버터와 같은 기본식재가 그렇게 종류가 많다는 사실에 너무 당황했다." 나는 항상 똑같은 브랜드를 사서 식료품 쇼핑 시간을 최소화하는 법을 배웠기 때문에, 그들의 경험은 나에게는 충격적이었다. 사람들 대부분과 마찬가지로 나도 모든 '새로운' 선택지를 따라잡으려고 애쓰지 않으며, 버터의 선택지가 이렇게 많은 줄도 몰랐다.

내가 식료품 쇼핑을 하는 방식은 '어떤 선택지를 만족스러운 것으로 받아들인다(satisficing)'[10]라는 경제적 해결책, 즉 불완전한 정보를 바탕으로 수용할 수 있는 결정을 내리는 것이다. 우리는 '최선의'

66

결정을 내리는 데 과도한 시간이나 에너지를 들이지 않고서도, 우리의 필요를 충족시키는 만족스러운 선택을 하게 된다.

그러나 이러한 해결책은 너무나 가난해서 필수품도 구매할 수 없을 정도로 선택의 폭이 극히 좁은 많은 사람이 직면한 문제를 해결하지는 못한다.[11] 빈곤층은 기본적인 주거, 식량, 의료, 교통수단을 확보하기 위해 분투하고, 가족과 지역사회 활동을 위해 돈을 조금이라도 절약하려고 노력하면서 절망적인 삶을 견뎌낸다. 휴가는 그들의 삶에 속하지 않는다. 빈곤층은 필요한 것보다 적은 돈으로 생활하기 위해 분투하며, 그 결과 필수품을 확보하는 데 집착할 뿐 다른 것에는 거의 관심을 기울이지 않는다. 빈곤의 악순환이 그들의 삶을 지배한다.[12] 빈곤층은 수준이 떨어지는 학교들만 있고 범죄가 많은 동네에 살 수밖에 없기 때문에, 자녀들은 불충분한 교육을 받게 되며 결국은 형편없는 직업을 갖거나 일자리를 갖지 못하게 된다. 그 결과 자녀들은 다시 수준이 떨어지는 학교밖에 없는 나쁜 동네에 살 수밖에 없는 상황에 처하게 된다. 빈곤층은 좋은 음식과 영양을 충분히 섭취하지 못하여 건강이 악화되어, 비만해지고 당뇨병이나 천식에 걸리는 비율이 높고 어린 나이에 사망하는 비율도 높다.

이와는 철저하게 대조적으로,[13] 우리는 주변에서 초부유층이 빠져

---

10 〔역주〕 satisfice는 satisfy(만족시키다)와 suffice(충분하다)를 합성한 조어.

11 Sendhil Mullainathan and Eldar Shafir, *Scarcity: Why Having Too Little Means So Much* (New York: Times Books, 2013).

12 Mark Bittman, "No Justice, No … Anything," *New York Times*, May 13, 2015.

있는 과시적인 삶도 쉽게 볼 수 있다. 부유한 유명 인사들과 임원들은 이국적인 자재들로 만든 수십 개의 침실과 욕실, 화려한 예술품과 가구, 옷들과 무수한 사치품을 보관할 수 있는 여러 개의 수납장 등 부와 권력에 대한 공공연한 찬가라고 할 수 있는 '꿈의 집'을 설계한다. 이들의 거대한 저택에는 가까운 이웃이 없고 저택은 거대한 벽과 보안 시스템으로 둘러싸여 있어서 대중과 교류할 필요가 없다. 또한 부자들은 슈퍼요트를 소유하고 있고, 슈퍼요트로 여행하지 않을 때는 개인 제트기를 이용해 전 세계의 호화로운 휴양지를 여행한다.

우리는 부유한 나라에서 가난한 나라로 소득을 재분배함으로써 부유한 나라에서는 선택지를 줄이고 가난한 나라에서는 선택지를 늘여야 한다. 이를 통해 선택지가 너무 많은 부유한 선진 산업 사회뿐 아니라 선택지가 너무 적은 가난한 나라에서도 사람들의 삶을 개선할 수 있다. 그러면 부유한 사회는 고급 음식(또는 집이나 자동차)을 덜 소비하고 가난한 사회는 기본적인 식료품(또는 쉼터나 교통수단)을 더 많이 소비하게 될 것이다. 불교 경제에서는 모두가 더 잘 살 수 있다.

소득과 행복

일반적으로 소득이 적당할 때 사람들은 자신의 자원과 재능을 삶에 만족할 수 있는 방식으로 사용한다. 하지만 소득이 증대하면 행복감도 증대될까?

---

13 Christopher F. Schuetze, "Superyachts to the Rescue," *New York Times*, January 16, 2015.

당신은 그럴 것이라고 예상할지 모르지만, 선진국들의 소득과 행복도를 비교한 결과 국민의 행복도는 국민소득에 따라 증가하지 않는 것으로 나타났다. 이러한 관찰을 이스터린 역설(Easterlin Paradox : 수입과 행복의 역설)[14]이라고 하는데, 기본적인 욕구가 일단 충족되면 1인당 평균 국민소득이 증가해도 국민 행복도는 장기적으로 동일하게 유지되는 경향이 있다.

심리학자들은 이러한 현상을 좋거나 나쁜 상황이나 사건에 대한 사람들의 적응력을 실마리로 하여 설명한다.[15] 사람들은 나쁜 사건을 두려워하지만, 다행히도 우리는 예상했던 만큼 나쁜 사건에 영향을 받지 않는다. 이는 좋은 사건에 대해서도 마찬가지다. 또한 사람들은 이득을 얻는 것보다 손실을 피하는 것을 더 선호한다. 경제학자들은 이를 손실 회피라고 부른다. 좋은 사건이나 결과(승진, 시합에서의 승리, 새 차 구입)를 간절히 기대하거나 즐길 수는 있지만, 곧 그것들에 적응하게 되면서 행복감은 다시 기본적인 수준으로 돌아간다.

부유한 국가에서 소득을 신체적, 정신적 건강, 교육 수준, 약물 사용, 비만으로 측정되는 삶의 질과 비교하면 어떤 점을 관찰할 수 있을까? 이러한 삶의 질 지표는[16] 평균 국민소득과 관련이 없으며,

---

14 Richard A. Easterlin et al. "The Happiness-Income Paradox Revisited," *Proceedings of the National Academy of Sciences of the United States of America*, 107.52 (2010): 22463-68. *PMC*. Web. February 9, 2015.

15 Daniel Gilbert, *Stumbling on Happiness* (New York: Knopf, 2006).

16 Richard Wilkinson and Kate Pickett, *The Spirit Level: Why Greater Equality Makes Societies Stronger* (New York: Bloomsbury, 2009).

소득 불평등이 심화할수록 악화된다는 사실을 발견하게 된다. 이러한 결과는 매우 중요하다. **행복과 삶의 질은 한 국가의 평균 소득이 아니라 소득 격차 정도와 관련이 있다.**

안타깝게도 이러한 패턴은 다른 부유한 국가들에 비해 소득 격차가 증가함에 따라 건강과 행복 지표가 하락한 미국에서도 보인다.[17] 오늘날 미국의 사망률, 기대 수명, 아동 빈곤, 투옥률, 일반적인 건강 상태의 지표는 고소득 국가 중 최하위거나 최하위에 가깝지만, 소득 격차가 극심하지 않았던 1980년만 해도 미국은 최상위에 가까웠다. 또 다른 연구에 따르면, 유럽에 비해 미국의 신생아 사망률이 높은 것은 거의 전적으로 과도한 불평등에 기인한 것으로 나타났다.[18]

국민 행복은 평균 국민소득에 따라 향상되지는 않지만, 부유한 국가 내부를 살펴보면 삶의 질 지표는 소득에 따라 향상된다. 따라서 소득이 증가함에 따라 가족의 건강, 교육 성취도 및 기타 삶의 질 지표들이 증가한다.[19] 또한 한 국가 내에서도 상대적 소득 수준이 올라갈수록 삶의 만족도나 행복도도 높아진다. 이는 다른 가족에 비해 상대적으로 소득이 높으면 가족의 행복과 삶의 만족도도 높아진다는 상대적 소득 이론[20]을 뒷받침한다. 국민의 불평등이 증가함에

17 Eduardo Porter, "Income Inequality Is Costing the U.S. on Social Issues," *New York Times*, April 28, 2015.

18 Alice Chen, Emily Oster, and Heidi Williams, "Why is Infant Mortality Higher in the US than in Europe?" The National Bureau of Economic Research online, September 2014.

19 Richard Wilkinson and Kate Pickett, *The Spirit Level: Why Greater Equality Makes Societies Stronger* (New York: Bloomsbury, 2009).

따라서, 최상위 계층과 나머지 99%의 소득 격차는 확대되고 일반 가정의 행복도는 감소한다. 다시 한번, 평균 국민소득은 모든 사람의 행복을 창출한다는 면에서 경제가 얼마나 잘 돌아가고 있는지에 대해 많은 것을 알려주지 않는다는 사실을 알 수 있다.

우리 모두가 서로 의존하고 있다는 사실을 인정하면, 소득 불평등이 부당하다는 사실은 명확하다. 불평등의 심화는 최하위 계층의 건강과 사회 문제를 악화시켜 우리 모두에게 해를 끼친다. 역사적으로 철학자들은 극심한 소득 격차로 인해 일부 사람들이 극빈 상태에 놓이는 것을 반대해 왔다. 고대에 플라톤은 빈곤과 극심한 부는 모두 개인과 사회에 부정적인 결과를 초래한다고 생각했다.[21] 현대 철학자 존 롤스(John Rawls)는 사회적·경제적 불평등은 사회에서 가장 취약한 구성원을 경제적으로 지원함으로써 모든 사람이 사회에서 활동하는 데 필요한 기본재를 소유하고 있을 경우에만 정당하다고 주장한다.[22] 설문조사 결과, 미국인들은 불평등이 해롭다는 데 동의하며 정부 정책이 부자와 다른 모든 사람 사이의 격차를 줄일 수 있고 또한 줄여야 한다고 생각한다.[23]

자유시장 경제학자들은 사람들이 열심히 일하고 경제에 기여한

20 Easterlin et al.(2015)과는 반대로, 스티븐슨과 울퍼스(2009)도 각국에서 주관적 행복과 소득 사이에 긍정적인 상관관계가 있음을 보여주고 있다.

21 Plato, The Republic (360 BCE), http://classics.mit.edu/Plato/ republic.html.

22 Rawls, *A Theory of Justice* (1971, 1999).

23 http://www.people-press.org/files/legacy-questionnaires/1-23- 14%20Poverty_Inequality%20topline%20for%20release.pdf.

것에 대한 보상을 받을 수 있도록 인센티브를 제공하기 위해 불평등이 필요하다고 가정한다. 그러나 불평등이 실제로 좋은 성과를 보상하는 방식으로 인센티브를 제공하고 있을까? CEO의 보수(연간 총 보수 총액)와 CEO가 속한 회사의 성과에 관한 최근 연구에 따르면, CEO의 보수가 올라갈수록 회사 성과는 하락하는 것으로 나타났다.[24] 낮은 보수를 받는 CEO가 운영하는 회사가 더 나은 성과를 낸다. 또한, CEO의 급여와 회사의 성과 사이의 불비례 관계는 CEO가 가장 높은 급여를 받는 150개 기업에서 가장 두드러졌다. 그러나 기업의 성과를 개선하기 위해 CEO 보수를 줄이는 정책을 옹호하는 경제학자의 목소리는 들리지 않는다. 자유시장 경제학자들은 터무니없는 CEO 보수가 필수적인 인센티브를 제공한다고 계속 주장하고 있다.

물질적 행복

가족 간의 소득 분배는 한 국가의 복지와 사람들의 실제 삶을 평가하는 데 매우 중요하다.[25] 가족이 누리는 삶의 질에 대한 평가에는 상대적 소득뿐만 아니라 총지출도 반영된다. 이는 일반적으로 가족들은 자신보다 높은 소득 집단들의 소비를 기준으로 자신의 생활수준을 판단하

---

24 이 연구는 1994년부터 2013년까지 1,500대 기업(시가총액 기준)의 대규모 데이터 세트를 기반으로 했으며, 비슷한 분야들에서 기업들의 수익을 비교했다. Susan Adams, "The Highest-Paid CEOs Are The Worst Performers[최고 연봉을 받는 CEO가 최악의 성과를 낸다고 최신의 연구는 말한다]." Forbes, 2 Forbes, June 16, 2014.

25 Robert H. Frank, *Luxury Fever: Weighing the Cost of Excess*, (Princeton: Princeton University Press, 2010).

기 때문이다. 소득 불평등이 증가하면 사람들은 상대적인 소비를 유지하고 고소득층을 따라잡기 위해 소비를 늘리려고 노력하는 것을 볼 수 있다. 불평등이 심할수록 사회는 동일한 국민소득에 대한 만족도가 낮아진다.

경제학자들은 전통적으로 가족의 소비를 기본재(생필품), 오락재(안락함을 위한 재화), 지위재(사치품 또는 특권적인 재화)의 세 가지 범주로 구분해 왔다. 기본재는 대부분의 가족이 소비하는 재화와 서비스로, 의식주와 같은 기본적인 신체적 필요를 충족하기 위한 지출과 아울러 교통 및 레크리에이션처럼 사회에서 활동하기 위한 최소한의 요건을 충족하기 위한 지출을 포함한다. 예를 들어, 한 가족의 주거비는 적절한 장소를 빌리는 데 필요한 최소 금액(기본재)과 편안하게 지낼 수 있는 충분한 방(오락재)에 대한 추가 금액, 그리고 넓은 부지와 멋진 대문으로 사회적 지위를 보여주고 프라이버시를 확보할 수 있는 호화로운 지역의 저택에 대한 추가 금액(지위재)이 포함되어 있다. 가족들은 동네 놀이터에서 기본적인 레크리에이션[기본재]을 즐기거나, 주말여행을 위해 인근 주립 공원으로 드라이브를 가서 더 다양한 활동[오락재]을 즐길 수 있다. 또는 수만 달러를 들여 유람선을 타고 대중으로부터 분리된[26] 독점적이고 고급스러운 은신처[지위재]를 이용할 수 있다.

경제와 기술이 발전함에 따라 기본재는 확대되고 변화한다. 각국의 기본재에는 차이가 있는데, 이는 문화와 경제 발전 수준을 모두 반영한

---

26 Nelson D. Schwatz, "In an Age of Privilege, Not Everyone Is in the Same Boat," *New York Times*, April 23, 2016.

다. 기본재를 구매할 수 있는 능력이 가족의 행복을 정의하는 데 결정적으로 중요한 요소로 간주될 수 있지만, 사회적 분위기로 인해 기본재 대신 오락재나 사치품을 구매하는 것을 볼 수 있다. 예를 들어, 어머니가 자녀가 아이의 가방을 살 때 서로의 가방을 비교하는 아이들 사이에서 열등감을 느끼지 않도록 저렴한 일반적인 가방(기본재) 대신에 아이들이 좋아하는 캐릭터로 장식된 가방(오락재)에 추가 비용을 지출하는 경우가 이에 해당한다.

나는 20세기 동안 노동자부터 전문직 종사자에 이르는 다양한 소득 계층에 속하는 미국 가정들이 기본재, 오락재, 지위재를 위해 어떤 식으로 지출했는지를 분석한 적이 있다.[27] 이러한 분석의 결과, 소득이 장기간에 걸쳐 증가함에 따라 가족들은 자신들보다 소득이 높은 가족들의 지출 패턴을 모방하고 새로운 제품들과 서비스를 구입했다는 사실이 드러났다. 1918년, 노동자 가정은 가계의 93%를 기본재에 지출하고 2%를 사치품에 지출했다. 1988년에는 가계의 55%만 기본재에, 23%는 오락재에, 22%는 사치품에 지출했다. 70년에 걸쳐 가정의 소득이 급격히 증가하면서 다양한 재화를 보다 많이 소비함에 따라 생활수준이 향상되었다. 그러나 노동자 가정은 자신들보다 소득이 더 빠르게 증가하는 가족들을 모방하기 위해 지위재에 지출하게 되는 데서 볼 수 있듯이 소득 격차의 확대로 인해 고통을 받았다.

불교경제학에서는 소득 격차가 축소되고 재정적 안정이 보장되면 가정은 더 이상 지위재를 갈망하지 않게 된다고 본다. 모든 가정은

27 Brown, *American Standards of Living*, 1994. Data are from Consumer Expenditure Survey, http://www.bls.gov/cex/.

기본재를 확보할 수 있고, 사람들은 삶을 더 안락하고 재미있게 만들기 위해 다양한 재화를 사용한다. 지위를 자랑하기 위한 지위 소비는 다른 사람의 희생을 바탕으로 행복을 추구하는 것이기 때문에(제로섬 게임), 전반적인 삶의 질을 향상하는 데 도움이 되지 않는다. 로버트 프랭크(Robert Frank)와 같은 일부 경제학자들은 이러한 현상을 '지위를 둘러싼 군비 경쟁'이라고까지 부른다. 지위를 사는 것은 낭비이며 전체적인 사회복지를 향상하는 데 아무런 도움이 되지 않는다.

불평등으로 인해 부자들과 그 외의 사람들 사이의 소득 격차가 커지면 부자들은 지위재에 더 많은 돈을 지불하기 시작한다.[28] 부자들은 다른 부자들과 비교하여 보다 높은 지위를 유지하기 위해 더 크고 호화로운 집을 구입한다. 그러면 더 뒤처진 다른 모든 사람은 자신들의 생활수준이 더 저하되었다고 느끼게 된다. 전반적으로 부자들의 행복도는 더 크고 호화로운 집을 구입해도 개선되지 않으며, 그 외의 다른 사람들이 자신의 집에 갖는 만족도는 떨어지게 된다. 이러한 불만족의 연쇄 고리를 막을 수 있는 한 가지 방법은 정부가 지위재에 고율의 사치세를 부과하는 것이다.

불교경제학은 생활수준이나 삶의 물질적 측면을 무시하지 않는다. 불교에서는 미학과 예술이 중요하다. 이는 문학과 예술, 정원 가꾸기, 요리 등에서의 창의성이 인간의 정신을 함양하는 데 중요한 역할을 하기 때문이다. 그러나 불교경제학의 세계에서는 물질적 재화나 사치스러운 생활 방식에 대한 집착은 일상생활이나 국가 경제의 원동력이

---

28 Robert H. Frank, *Falling Behind: How Rising Inequality Harms the Middle Class* (University of California Press, 2007).

아니다. 대신 우리는 우리의 재능을 발휘하고 인간 정신을 발전시키기 위해 물질적 소유를 사용한다.

우리는 왜 이렇게 열심히 일할까?

이 질문은 오랜 세월에 걸쳐서 제기되어 왔다. 소득이 안락한 삶을 제공하면 사람들은 열심히 일하는 것을 그만두고 보다 균형 잡힌 삶을 살 것이라는 예측은 대부분의 풍요로운 사회에서 들어맞지 않았다.

　그렇지만, 일부 부유한 국가의 사람들은 여행(독일)이나 가족 돌봄(덴마크, 네덜란드, 노르웨이)을 위한 유급 휴가를 매우 소중하게 생각한다.[29] 주당 평균 근무 시간은 여전히 길지만(OECD〔경제협력개발기구〕 34개 민주국가에서 36.8시간), 부유한 국가의 연간 근무 시간은 유급 휴가 시간과 가족 돌봄을 위한 유급 휴가가 증가함에 따라 감소했다. 서유럽의 유급 휴가 기간은 연간 20일에서 30일 사이다. 2014년 독일인의 평균 근무 시간은 1,371시간에 불과했으며, 덴마크, 네덜란드, 노르웨이의 근로자는 약 1,430시간을 근무했다. 이러한 실제 근무 시간을 52주에 걸쳐 분산하면 주당 평균 근무 시간은 26~27시간에 불과하다.

　일부 부유한 국가에서는 휴가 및 가족 돌봄을 위한 유급 휴가가 훨씬 적기 때문에 연간 근무 시간이 길어진다. 2014년 미국의 연간

---

29 Organization for Economic Co-operation and Development online, "Average annual hours actually worked per worker."

근무 시간은 1,789시간, 일본의 연간 근무 시간은 1,729시간이었다. 미국 근로자의 평균 근무 시간은 2014년 독일 근로자의 평균 근무 시간보다 418시간, 즉 약 12주 더 일했다. 전 세계를 여행하는 독일인이 미국인보다 더 많은 것은 이상한 일이 아니다.

사회학자 헬렌 린드(Helen Lynd)와 로버트 린드(Robert Lynd)는 1920년대의 고전적인 연구인 『미들타운』에서 '왜 그들은 그렇게 열심히 일하는가?'라는 질문을 던졌다. 그들의 답변은 "사업가와 노동자 모두 한없이 커지는 욕망을 충족시키기 위해 돈을 버는 일에 목숨을 걸고 일하는 것 같다."[30]라는 것이었다.

거의 한 세기 전의 이 사회학적 답변은 오늘날의 경제학적 답변과 유사하다. 즉 사람들은 더 많은 돈을 벌고 싶다는 욕망 때문에 장시간 노동을 하게 된다는 것이다. 오늘날에도 우리는 어디에 있든지 1일 24시간 일주일 내내 항상 연락할 수 있고 일할 수 있게 하는 전자 기기들[스마트폰 등]에 얽매여 욕망을 충족하기 위해 필사적으로 달려가고 있다. 몇 분마다 메시지를 읽고 보내고 페이스북과 트위터를 확인하게 되면서, 일과 여가 시간이 구별할 수 없게 되었고, 일과 가족, 사회 활동이 통합되었다. 일이 끝나면 자유 시간을 즐기기 위해 문을 닫는다는 생각은 이제 사멸해 가는 것들의 리스트에 속하게 되었다.

불교경제학에서 사람들 사이의 연결은 인터넷이 아니라 우리의 마음속에서 그리고 현재 일어나고 있는 일에 대한 주의 깊은 관심에서

30 Robert S. Lynd and Helen Merrell Lynd, *Middletown: A Study in Modern American Culture* (San Diego: Harcourt, 1929) 7, 87.

생긴다. 마음챙김을 통해 매 순간을 음미할 수 있기 때문에, 우리는
더 이상 삶을 즐길 시간을 갈망하지 않는다. 우리는 과도하게 일하지
않고서도 소비 욕구를 충족할 수 있으며, 가족, 친구, 지역사회는
물론 고통받는 먼 곳의 다른 사람들을 돕기 위해 우리의 재능과 자원을
사용할 수 있다.

직장의 규칙상 노동시간은 길고 쉬는 시간은 짧아야 하기 때문에,
자신의 노동시간을 줄이기는 매우 어렵다. 스스로 스케줄을 짜려고
한다면, 해고당하거나 승진 가능성이 없는 한직으로 쫓겨날 것이다.
사람들이 24시간 연중무휴로 일하는 노동윤리를 받아들이는 상황에
서는, 불이익을 받지 않고 사회적인 흐름을 거스르기는 어렵다.

노동시간 단축은 국가나 주 차원에서 이루어져야 한다. 선진국들은
장기 휴가, 가족을 위한 유급 휴가, 은퇴 후를 즐기기 위한 조기
퇴직 등을 통해 노동시간을 단축한 유럽 국가들의 모범을 따라야
한다. 그러면 더 많은 사람이 자신의 잠재력을 최대한 발휘할 수
있는 더 많은 일자리를 얻을 수 있고, 업무 자동화도 환영받을 것이다.

또한 모든 사람이 건강 문제나 실직으로 인해 빈곤에 떨어지지
않게 될 것이라고 안심할 필요가 있다. 정부는 사람들이 안심할 수
있고 사회의 일원이라는 느낌을 받을 수 있도록 적절한 소득 지원
정책을 제공해야 한다. 노동시간 단축, 가족 중심 정책, 소득 지원
프로그램은 가정과 일 사이의 균형을 회복할 것이다. 그러면 우리
경제는 가족이 행복하기 위해 필요한 자원과 지원 시스템을 제공하게
될 것이다.

고통 줄이기

모든 사람의 행복은 상호 의존적이기 때문에, 고통을 줄이는 것은 불교경제학 모델의 필수적인 부분이며 개인에서 세계에 이르는 모든 활동에서 중요한 과제다.

정의롭고 공정한 경제 시스템을 만드는 방법은 불교경제학이 자유시장 경제학과 어떻게 다른지를 분명하게 보여준다. 우리는 이미 자유시장 경제학이 시장이 잘 작동하며 사회복지를 극대화하는 최적의 결과를 낳는다고 가정한다는 사실을 보았다. 또한 자유시장을 만드는 경쟁의 전제조건[공정한 경쟁]은 현실 세계에는 실제로 존재하지 않는다는 사실도 확인했다. 자유시장은 백일몽이거나 정치적 논쟁에서 이용되는 허구적인 논리일 뿐이다.

불교 경제 시스템은 물질주의적인 경제가 지배하는 현시점에서는 이상주의적인 백일몽에 불과하지만, 전 세계의 많은 사람과 정부가 고통을 최소화하기 위해 함께 노력한다면 실현될 수 있다. 아무런 희망도 없이 끔찍한 상황에 처한 사람들의 고통을 줄임으로써 모든 사람의 복지를 향상시킬 수 있다. 고통을 최소화하는 한 가지 방법은 극심한 빈곤을 종식시키는 것이다. 2010년에 유엔은 1990년의 극빈 비율을 절반으로 줄이겠다는 밀레니엄 목표를 달성했다.[31] 유엔은 2015년이라는 시한 이전에 이 목표를 달성함으로써, 우리는 여전히 극심한 빈곤과 기아에 시달리는 12억 명의 사람들의 삶을 개선할

---

31 http://www.un.org/millenniumgoals/poverty.shtml. Universal health care reduces suffering: The Lancet Commission on Global Surgery, April 28, 2015, http://www.thelancet.com/commissions/global-surgery.

수 있으며 또한 지속적으로 개선해야만 한다는 사실을 전 세계에 보여주었다.

보편적인 의료 보험을 도입함으로써 고통을 줄이고 모든 사람이 안전하고 기본적인 수술 치료를 받을 수 있어야 하다. 하지만 전 세계 인구 7명 중 5명인 50억 명이 가까운 곳에 외과 병원이 없거나 수술비를 감당할 수 없어 생명을 구할 수 있는 수술을 받지 못하고 있다. 그 결과 수백만 명의 사람이 맹장염, 출산, 복합 골절 및 기타 치료 가능한 질환으로 죽고 있다. 전 세계적으로 기본적인 수술 서비스를 제공하면 연간 150만 명의 생명을 구할 수 있다.

불교경제학은 우리가 모르는 사람, 다른 나라에 사는 사람일지라도 그들의 안녕에 관심을 갖고 자비를 실천하도록 촉구한다. 경제학자 존 롤스와 아마르티아 센의 모델에 따라, 우리는 사람들이 지역사회에서 필수적인 것으로 간주되는 기본재를 가지고 있는지를 우선 살펴본 후 그들의 능력에 기초하여 행복을 평가한다. 특히 건강하고 편안한 삶을 사는 데 필요한 기본재가 부족한 가족의 고통에 관심을 기울인다.

불교 경제 시스템은 우리가 저렴하게 살 수 있는 옷과 전자제품 및 그 외의 다른 것들을 만들기 위해 건강에 해롭고 고통스러운 조건에서 장시간 일하는 사람들의 고통을 덜어줄 것을 요구한다. 매장에서 인간적인 노동환경에서 제조된 제품만 취급하도록 요구하거나, 외식 산업 종업원에게 생활 임금을 지급하도록 요구하거나, 아동 노동법을 시행하도록 요구하는 것은 이러한 목표를 향한 작은 진전이다. 정부에 탄소 오염을 줄이기 위한 조치를 취하도록 요구하는 것도 고통을 줄이는 방법 중 하나다. 우리가 일상적으로 자신의 삶을 마음챙김을 통해서 반성할 때, 우리는 다른 사람들의 고통을 줄이고 우리 자신의 행복을 증대시킬 수 있는 다른 많은 방법을 발견하기 시작할 것이다.

불교경제학은 모든 사람, 특히 극빈층의 기회와 잠재능력까지 평가하는 것을 포함하는 다차원적인 행복 평가를 요구한다. 불교 국가인 부탄은 국가의 번영과 행복도를 측정하기 위해 GDP 대신 국민총행복(GNH: Gross National Happiness) 지수[32]를 사용한다는 아이디어를 도입하여 전 세계의 주목을 끌었다. 국민총행복지수는 정신적·신체적 건강, 지역사회의 활력, 생태적 회복력을 비롯한 9가지 중요한 삶의 영역에서 모든 사람이 누려야 한다고 생각하는 기본 사항을 명시하여 충족도를 측정하는 척도를 정했다. 그리고 이러한 영역들에서의 충족도를 얼마나 달성했는지를 평가함으로써, 사람들을 불행한 사람에서부터 매우 행복한 사람까지 네 그룹으로 분류한다. 부탄은 GNH를 사용하여 모든 사람이 폭넓게 또는 깊이 있게 행복을 누릴 수 있게 하는 정책에 집중한다. (GNH에 대한 자세한 내용은 6장을 참조하기 바란다.)

전쟁과 폭력

전쟁은 전 세계적으로 엄청난 고통을 야기하지만 대부분 정치와 연관지어 논의된다. 전쟁으로 인한 과도한 경제적 비용은 거의 논의되지 않는다. 하버드, 컬럼비아, 브라운 대학의 연구에 따르면, 미국의 이라크 전쟁과 아프가니스탄 전쟁은 미국 역사상 가장 비용이 많이

---

32 http://www.grossnationalhappiness.com/.

든 전쟁으로서 총 비용은 4조 달러에서 6조 달러에 달한다.[33] 인적
피해는 대부분 무시되고 있다. 이라크, 아프가니스탄 및 주변 국가의
상당 부분이 파괴되고 군인뿐만 아니라 수천 명의 무고한 어린이와
성인이 사망하는 등 전 세계적인 비극을 초래한 전쟁에 미국 국민은
자금을 제공했다. 그러나 수백만 명의 절망적인 시리아 난민들이
목숨을 걸고 더 안전하고 부유한 유럽 국가로 이주했지만 송환되었던
경우처럼, 인간의 고통은 다른 국가들에 문제를 일으킬 때만 국제적인
관심을 끌게 된다.

분명한 것은 미국이 지출한 돈이 이 지역에 평화를 가져다주지
않았다는 것이다. 오히려 그것은 증오와 복수심을 부채질했다. 전쟁
이 미국을 더 안전하게 만든 것도 아니다. 국내외 사람들에게 더
나은 삶의 질을 제공하는 데 사용할 수 있었던 수조 달러의 전쟁
비용은 전 세계에서 더 많은 폭력을 유발하는 데 사용되었을 뿐이다.

국내에서도 미국은 폭력에 시달리고 있다. 총기 규제법의 부재로
인해 어린이를 포함한 수많은 무고한 사람이 목숨을 잃었다. 2013년에
는 11,208건의 살인 사건(자살 사건의 거의 두 배)에서 총기가 사용되었
으며, 총기로 인해 33,636건의 상해 사건이 발생했다.[34] 인종차별은

---

33 http://www.hks.harvard.edu/news-events/news/articles/bilmes-iraq-afghan
-war-cost-wp; Blimes and Stiglitz, *The Three Trillion Dollar War: The True
Cost of the Iraq Conflict* (New York: Norton, 2008); http://watson.brown.
edu/costsofwar/costs.

34 Jiaquan Xu, M.D., et al., "Deaths: Final Data for 2013," *National Vital Statistics
Reports* 64 (February 2016).

종종 폭력의 일부이고, 경찰이 아무런 죄도 없는 아프리카계 미국인을 구타하고 심지어 살해하는 경우조차 보고되었으며, 이들 중 다수는 자신의 목숨을 쉽게 잃을 수 있다는 두려움 속에 살고 있다.

비폭력은 불교경제학의 핵심이며, 불교경제학은 갈등을 해결하기 위해 폭력을 사용하기보다는 자비를 베풀어야 한다고 주장한다. 불교는 자기방어를 할 수 있다고 보면서 외국의 공격으로부터 자국을 방위하는 것은 최후의 수단으로 인정한다. 그러나 침략자가 되어서는 절대로 안 된다고 가르친다. 전쟁에 돌입하는 것이 도의적으로 정당한가라는 문제를[35] 다룰 때, 국가는 다른 국가나 특정한 종교 집단에 대한 두려움이나 복수심, 탐욕 때문에 개전을 정당화하는 것을 피하기 위해 자신의 동기를 정직하게 검토해야 한다. 국가가 자신을 속이는 것은 너무나 쉽기 때문이다.

달라이 라마는 이렇게 말한다.

"전쟁과 대규모 군수 산업체들은 세계에서 폭력의 가장 큰 원천이다. 그 목적이 방어적이든 공격적이든, 이 강력한 조직들은 오로지 인간을 살상하기 위해 존재한다. … 나는 전쟁에 철저하게 반대하지만 유화책을 옹호하는 것은 아니라는 점을 분명히 말하고 싶다. 부당한 침략에 맞서기 위해서는 강력한 자세를 취해야 할 때가 종종 있다."[36]

---

35 Barbara O'Brien, "War and Buddhism," About.com.
36 Dailailama.com, "The Reality of War."

공동체에서 안식처 구하기

불교는 우리 삶을 인도하고 지탱하는 '세 가지 보석, 즉 붓다, 법, 승가라는 삼보三寶'에 의존한다. 우리의 불성은 우리에게 자양분을 공급하고, 법은 우리에게 길을 가르쳐 주고, 승가는 우리에게 용기와 활력을 주는 가족과 친구들로 구성된 공동체. 가치와 목표를 공유하고 서로 생각이 통하는 사람들로 구성된 공동체 없이는 불교경제학의 실현을 기대하기 어렵다.

사람들은 사회적·정서적 지지를 제공하는 커뮤니티를 필요로 한다. 가까운 곳에 살거나 스포츠, 취미, 종교를 공유하는 사람들을 포함하여 가족과 이웃들이 중심적인 커뮤니티가 되며, 이 커뮤니티는 오랜 친구, 직장 동료, 그리고 자녀의 활동을 통해 만나는 가족들로 확대된다. 커뮤니티 내에서 승가는 인생의 부침을 함께 나누고, 우리의 가장 깊은 두려움과 갈망을 자유롭게 이야기할 수 있는 친한 친구들의 그룹이다. 서로를 사랑하고 신뢰하며 서로의 행복을 자신의 행복과 동등한(또는 더 소중한) 것으로 여기는 사람들이 승가를 형성한다.

틱낫한 스님은 우리가 다른 사람들과 함께할 때 마음챙김을 실천하고 변화를 만들어낼 수 있는 에너지가 증폭된다고 가르친다. 그는 이렇게 쓰고 있다.

"우리의 집단적 연민, 마음챙김, 집중력은 우리에게 영양을 공급할 뿐만 아니라 지구의 평형을 되살리고 균형을 회복하는 데도 도움이 될 수 있다. 우리는 함께 우리 자신과 세상을 위한 진정한 변화를 가져올 수 있다."[37]

아직 자신이 속한 승가가 없다고 느낀다면 시간을 들여 승가를 만들어 보기 바란다. 승가는 곤란에 직면하여 자비와 관대함을 필요로 하는 다른 구성원을 돕기 위해 구성원들이 기꺼이 손을 내미는 곳이다. 우리가 다른 사람이 우리에게 무엇을 해줄 것인지를 계산하지 않고 친절을 베풀게 되면, 우리는 친한 친구들로 구성된 지원 네트워크를 구축하고 있는 셈이다. 행복에 대한 연구에 따르면, 도움이 필요할 때 도움을 청할 수 있는 사람이 있다는 것은 우리가 삶에서 느낄 수 있는 만족감의 중요한 원천이다.

우리는 취약한 사람들이 어려움에 처했을 때 도움을 받을 수 있는 소셜 네트워크를 구축할 수 있도록 도와야 한다. 커뮤니티는 여러 사람 및 그룹과 함께 협력할 수 있는 역량을 갖추고, 이들이 사회적 네트워크의 도움을 필요로 하는 사람들에게 도움의 손길을 뻗을 수 있도록 도와야 한다. 예를 들어, 알코올이나 코카인에 중독된 사람들은 중독자일 가능성이 높은 오랜 친구들에게서 떨어져나와 중독되지 않은 친구들로 구성된 새로운 지원 커뮤니티를 형성해야 한다.

좋은 동네에 집을 살 수 있는 여유가 있는 가정은 사람들이 서로를 돌보고 학교가 자녀에게 좋은 교육을 제공하는 지역사회에서 사는 것이 중요하다는 사실을 알고 있다. 경제학자들은 아이들이 자라는 주변 환경이 그들의 장래에 큰 영향을 미친다는 사실을 알고 있다.[38]

---

37 Thich Nhat Hanh, *Love Letter to the Earth* (Berkeley, CA: Parallax Press, 2013), 69.

38 Raj Chetty and Nathaniel Hendren, "The Impacts of Neighborhoods on Intergenerational Mobility," http://www.equality-of-opportunity.org/image

군郡들을 아이의 계층 향상 기회에 따라 순위를 매길 수 있으며, 어떤 주든지 군들 사이의 격차는 자못 크다. 당신이 거주하고 있는 군이 경제적 기회를 제공하는 면에서 순위가 높은지 낮은지를 확인해 보라. "미국에서는 지역에 따라 개인의 경제적인 부와 건강 그리고 교육면에서의 결과에 큰 차이가 있다."[39]라는 사실이 경제연구에서 밝혀졌다.

자유롭게 되기

불교경제학에서 자유는 우리의 현실이 더 이상 개념과 환상에 의해 흐려지지 않고 모든 것이 무상하고 상호 의존적이라는 사실을 깨달을 때 달성된다. 자유는 한없이 많은 상품과 서비스 중에서 선택할 수 있는 능력으로 더 이상 간주되지 않는다. 이제 자유는 개인의 가치와 목표, 나라의 문화와 정치에 따라 달라지는 많은 다른 것을 의미한다.

물론 개발도상국에서는 인권, 특히 여성과 아동의 인권이 국민이 자유로운지 아닌지를 결정하는 데 매우 중요하다. 불교경제학은 모든 사람이 의미 있는 삶을 사는 데 필요한 능력을 갖춰야 한다는 원칙에 기초하고 있다. 그리고 이러한 능력을 갖추기 위해서 필수적인 것이 투명하고 정직한 정부가 보장하는 인권이다.

인권이 널리 퍼져 있고 법으로 보호받는 부유한 민주주의 국가에서

---

s/nbhds_exec_summary.pdf.

39 Raj Chetty, Nathaniel Hendren, and Lawrence Katz, "The Effects of Exposure to Better Neighborhoods on Children," http://www.equality-of-opportunity. org/images/ mto_exec_summary.pdf.

(인종적, 성적 차별과 폭력은 여전히 존재하지만) 자유는 일반적으로 다른 사람이나 정부의 간섭 없이 자신이 원하는 대로 말하고 행동하며 살아갈 수 있는 권리를 의미한다. 그러나 불교경제학에서 자유는 그 이상의 의미를 갖는다. 자유란 번뇌, 즉 해로운 생각과 행동에서 비롯되는 고통에서 벗어나 충실하고 의미 있는 삶을 살 수 있는 능력을 갖추고 다른 사람들 및 지구와 상호 의존하는 것이다.

불교경제학에서 인간의 정신을 돌보는 것은 생활 방식의 일부다. 우리가 자신의 수입과 지위를 극대화하려고 하는 것 대신에 다른 사람들과의 연대를 추구하면서 이들을 배려하고, 욕망과 집착을 버리고 자신의 삶이 얼마나 행복한지에 집중하고, 끊임없는 욕구를 갖는 자아를 포기하게 되면, 우리는 삶에서 아름다움과 기쁨을 느끼게 된다.

4장 환경과의 상호 의존

당신[미국 삼나무]들은 서로와 많은 생물을 돌보고,

인간은 당신의 장엄한 영광을 바라본다.

수 세기 동안, 당신은 폭풍과 화재, 가뭄에도 용감하게 맞섰다.

지금까지 당신은 아무것도 요구하지 않았다.

그러나 당신은 이제 인간에게 다가와,

자연에 대한 폭력을 멈추고

탄소 의존 경제를 극복하고 전쟁을 멈춰달라고 간청한다.

귀를 기울이고 배우지 않겠는가.

   - 숲의 요정, 「미국 삼나무에 바치는 송가」(2015년 8월)

화석 연료에 기반한 우리의 경제 시스템은 어머니인 지구를 죽이고 있으며, 무엇보다 인류의 생존을 위협하고 있다. 200년 이상 전에 산업혁명이 시작된 이래로 인류의 활동은 이산화탄소를 대기 중으로 내뿜고, 숲을 파괴하며, 물을 오염시켜 왔다. 우리가 알고 있는 지구는 이러한 살육에서 살아남을 수 없다. 우리는 화석 연료에 대한 의존과 자연 자본의 무분별한 오용을 끝내고, 에너지, 토지, 물을 지속 가능하게 사용하면서 생태계의 일부로 살아가는 방법을 배워야 한다. 기후변화는 이미 극심한 폭풍과 가뭄, 해수면 상승, 물 공급 감소로 인간 및 다른 생물종들에게 피해를 입히고 있으며 심지어 목숨을 앗아가고 있다. 이러한 문제들은 대기 중에 이미 존재하는 이산화탄소가 앞으로 수십 년 동안 지구를 계속 따뜻하게 만들면서 가속화될 것이다. 인류와 국가가 생태계를 회복하기 위해 신속하게 행동하지 않으면 미래 세대는 지구에서 살 수 없게 될지도 모른다.

인간은 생태계의 일부라는 인식에 입각하여, 불교경제학은 우리의 일상 활동을 환경과 연결하며, 일상생활에서 자연스럽게 지구를 돌보게 한다. 우리는 더 이상 환경을 이윤이나 개인적 이익을 위해 착취해야 할 대상으로 여기지 않는다. 불교경제학은 우리가 현실을 직시하고 자연과 인간의 상호 의존과 인간들 사이의 상호 의존을 중시함으로써 각 사람, 각 종, 각 식물의 가치와 아름다움을 볼 수 있게 한다. 사람들은 자신의 지식, 의지, 재능, 자유를, 자연을 착취하고 통제하는 데 사용하지 않고 자연을 양육하는 데 사용한다.

불교경제학은 우리의 행동이 환경에 어떤 영향을 미치는지 측정함으로써, 환경에 아무런 해를 끼치지 않는다는 목표를 지지한다. 지속 가능성은 불교경제학 모델이 추구하는 명시적인 목표다. 불교경제학은 모든 사람이 지구를 돌보고 치유하고 지구의 무자비한 파괴를 막는 데 참여해야 할 것을 요구한다. 우리의 지식, 경험, 재능을 활용해 우리 각자는 무언가를 기여할 수 있다. 지구에서 우리는 모두에게 도움이 되는 새로운 삶의 방식을 함께 창조할 수 있다.

경험을 통해 우리는 더 많은 지식이나 정보가 반드시 행동의 변화나 정치적 행동으로 이어지지는 않는다는 것을 알게 되었다.[1] 사람들은

인간이 초래한 기후변화로 인한 피해를 인정하면서도 자신의 생활
방식을 바꾸지 않을 수 있다. 또한 사람들은 개인주의적 이데올로기나
자신이 원하는 대로 소비할 권리를 근거로 삼아 기후 과학을 거부할
수도 있다.

대중의 대응

기후변화는 현실이지만, 그것을 이해하고 그것에 적절하게 대처하기
는 쉽지 않다. 기후변화는 과학자가 아닌 사람들에게는 이해하기
어려운 복잡한 과학을 통해서 파악될 수 있다. 그러나 이미 시작된
재앙을 완화하기 위한 경제정책을 개발하고 제안하기 위해서는 기후
변화를 이해해야 한다. 환경에 대한 도덕적 추론을 통해서 우리는
방향을 찾을 수는 있지만, 그것만으로는 직접적이고 신속한 행동을
낳지는 못한다. 사람들도 기업도 경제적 인센티브에 반응하기 때문
에, 국가는 지속 가능한 경제를 구축하기 위해서는 가격과 규제라는
방법을 사용해야 한다.

　과학자들은 여섯 번째 멸종으로 알려진 현재 진행 중인 생물종들의
멸종이 이미 본격화하고 있다는 사실을 밝혀냈다. 이들의 연구는
전 세계가 온실가스(greenhouse gas, GHG) 배출량을 얼마나 줄여야
하는지에 대한 지식을 제공했다. 생태 경제학자들은 세계 경제가
생태계 내에서 지속 가능하게 기능할 수 있는 방법을 제시했으며,
종교 지도자들은 지구 온난화를 막아야 한다는 도덕적 의무를 제시했

---

1 John S. Dryzek et al., *Climate-Challenged Society* (New York: Oxford University
　Press, 2013).

本text

다. 정치적으로는 2015년 12월 파리에서 열린 유엔기후변화협약 당사국 총회(COP21)[2]에서 195개국이 지구 온난화를 2°C로 제한하는 최초의 보편적 기후 협약을 채택하면서 세계는 정치적인 진전을 이뤄 냈다. 2016년 4월 22일 지구의 날에 175개국의 정상들이 유엔에 모여 이 협정에 서명했다. 그러나 이후에도 최대 오염국인 중국과 미국을 포함하는 많은 국가에서 정치가 2°C 목표 달성에 필요한 정책의 실행을 막고 있기 때문에, 이제 우리는 각국이 약속을 이행하도록 촉구해야 한다.

우리는 지구를 치유하기 위해 필요한 지식과 아울러 그러한 지구를 치유해야만 하는 도덕적 의무를 가지고 있다. 이제 우리는 우리 자신과 지구를 치유하기 위해 개인과 국가 모두 행동을 취할 의지를 가져야 한다. 기후변화에 대중이 대응하기 위해서는 **과학적, 경제적, 도덕적, 정치적 힘**이라는 네 가지 힘을 통합해야 하다.

과학

화석 연료 기반 경제는 이미 여러 중요한 지구 생태계를 불안정하게 만들었다. 전 세계 과학자들의 수많은 연구는 이미 일어나고 있는 환경의 악화와 지구 온난화가 다가올 수십 년 동안 우리 삶에 어떤 해를 끼칠지 증명하고 있다. 1988년 유엔은 기후변화의 원인과 영향 그리고 완화에 대해 연구하기 위해 전 세계 수백 명의 과학자를 모아

---

2 "195 countries adopt the first universal climate agreement[195개국이 최초의 보편적 기후 협약을 맺는다]," http://www.cop21.gouv.fr/en/195-countries-adopt-the-first-universal-climate-agreement/.

기후변화에 관한 정부 간 패널(IPCC)을 설립했다. IPCC의 제5차 평가 보고서(2014년)[3]는 지구 온난화와 생태계 변화를 일으키는 온실가스 배출 증가의 주요 원인은 인간의 활동이라고 명확하게 지적했다. 각국이 이러한 배출량, 특히 선진국의 이산화탄소와 개발도상국의 미립자 배출량(PM2.5)을 즉시 줄이지 않으면, 인류는 더욱 격렬하고 예측할 수 없는 폭풍, 심각한 홍수, 끔찍한 가뭄, 농업 생산량 감소, 해수면 상승과 함께 살아가야 할 것이다.

　30년이 넘도록 기후변화에 대한 전문가 짐 한센(Jim Hansen)과 활동가 빌 맥키벤(Bill McKibben)의 초기 경고는 무시되어 왔다.[4] 한센은 1988년 의회 증언에서 지구 온난화에 대해 설명하고, 탄소 배출을 줄이기 위한 행동을 촉구했다. 맥키벤의 1989년 저서 『자연의 종말』은 기후변화의 위험성을 생생하게 묘사했다. 하지만 사람들 대부분은 지구 온난화에 대한 경고가 자신과는 상관없는 일인 것처럼 계속 파티를 즐겼다.

온실가스와 흑색 탄소의 배출원

온실가스 배출을 중단하려면 온실가스가 무엇인지 알아야 한다. 2010년에 전 세계적으로 이산화탄소는 온실가스의 76%를 차지했다(석탄,

---

3 http://www.ipcc.ch/.

4 James Hansen, *Storms of My Grandchildren: The Truth About the Coming Climate Catastrophe and Our Last Chance to Save Humanity* (New York: Bloomsbury, 2009); Bill McKibben, *The End of Nature* (New York: Random House, 1989).

석유, 천연가스 연소로 인한 65%, 삼림 벌채 및 토지 사용으로 인한 11%).[5] 메탄은 16%(농업, 매립지, 메탄인 천연가스 생산에서 발생), 아산화질소는 6%(비료 사용과 바이오매스 연소[6]에서 발생)를 차지했다.

온실가스 배출을 유발하는 주요 경제 활동은 35%를 차지하는 에너지 생산(대부분이 전기와 열)과 25%를 차지하는 농업(주로 축산, 벼 재배, 비료 사용, 삼림 벌채, 밭 태우기)이다. 이 수치에서 산림 생태계가 대기에서 흡수하는 다량의 이산화탄소를 제외하면 농업에서 발생하는 온실가스의 양은 훨씬 더 많을 것이다. 온실가스 배출량의 또 다른 21%는 전기 사용을 제외한 산업 생산(특히 시멘트)에서 발생하며, 운송(승용차, 트럭, 항공기, 열차, 선박)이 14%, 건물이 6%를 차지한다.[7]

시멘트 산업이 얼마나 환경오염을 일으키는지 아는 사람이 거의 없고 그것이 경제 성장에서 큰 중요성을 갖기 때문에, 시멘트 산업에 대해 특별히 언급해 둘 필요가 있다. 시멘트 산업은 전 세계 이산화탄소 배출량의 5%를 유발하며, 중국은 전 세계 시멘트의 거의 절반을 생산한다. 대부분의 경우 의식되고 있지 않지만, 콘크리트는 건물, 도로, 보도, 댐을 만드는 데 사용되며, 전 세계 인구 한 명당 매년 3톤의 새로운 콘크리트를 '소비'한다.[8]

5 http://www3.epa.gov/climatechange/ghgemissions/global.html.
6 [역주] 바이오매스는 태양광의 합성으로 자라는 식물, 이 식물을 먹고 자라는 동물, 동식물의 사체를 분해하여 번식하는 미생물 등 하나의 생태계를 구성하는 생물(Bio)의 총량(Mass)을 가리킨다.
7 같은 곳.

지구 온난화가 생기는 이유는, 지구가 자연적으로 탄소를 흡수하고 우주로 열을 방출하는 속도보다 훨씬 빠르게 인간의 활동이 온실가스를 배출하기 때문이다.[9] 기후 과학자들은 지구가 (흡수된 햇빛으로) 에너지를 얻고 있는지, 아니면 (방출된 열복사로) 에너지를 잃고 있는지 확인하기 위해 지구의 에너지 균형을 측정한다. 에너지 불균형은 순(純, net) 기후 강제력―즉 지구의 에너지 균형에 부가附加되어 지구 온도를 상승시키는 요인―을 나타낸다. 대기 중 이산화탄소는 우주로 방사되는 복사열을 감소시키고 지구의 온도를 상승시킨다. 자연은 스스로 탄소를 흡수한다. 주요한 탄소 '흡수원'은 숲, 바다, 토양이다. 그러나 이러한 자연 탄소 흡수원은 인간 활동에 의해 배출되는 대기 중 탄소를 흡수할 수 없다.

개발도상국에서는 온실가스 외에 지구 온난화를 초래하는 또 다른 주요 원인이 있다. 그것은 미세한 입자(특히 입자상 물질, PM2.5, 또는 '매연')로 구성된 흑색 탄소로 인한 대기 오염이다.[10] 흑색 탄소는 연료의 불완전 연소(주로 야외에서 식물과 나무를 태우는 경우와 산불), 요리와 난방을 위해 소똥과 나무를 사용하는 사람들, 디젤 엔진, 산업 생산(특히 석탄 화력 발전과 시멘트 제조 공장)에서 대기 중으로

---

8 Madeleine Rubenstein, "Emissions from the Cement Industry," *State of the Planet*, Earth Institute, Columbia University blog, May 9, 2012; "Cement CO_2 Emissions," Global-greenhouse- warming.com.

9 James Hansen, *Storms of My Grandchildren: The Truth About the Coming Climate Catastrophe and Our Last Chance to Save Humanity* (New York: Bloomsbury, 2009).

10 https://www3.epa.gov/blackcarbon/basic.html.

배출된다. 세계보건기구는 2012년 대기 오염으로 인한 사망자가 총 700만 명에 달하며, 이는 전 세계 사망자 8명 중 1명으로 추산된다.[11] 빈곤한 태평양 및 동남아시아 국가에서는 330만 명이 실내 공기 오염(요리 및 난방으로 인한 연기)으로, 260만 명이 실외 공기 오염(자동차, 디젤 트럭, 발전소 및 산업 공장에서 발생하는 연기 포함)으로 사망했다.

심하게 오염된 공기 속에서 사는 것이 얼마나 힘든지는 직접 경험하기 전에는 이해하기 어렵다. 내가 일상생활에서 이것이 무엇을 의미하는지를 알게 된 것은 2015년 2월 남편과 함께 뭄바이에 도착했을 때였다. 그곳에 도착하자마자, 눈이 따가웠고 폐가 비명을 질렀다. 대기 오염, 즉 매연은 폐에 영구적인 손상을 입히기 때문이다. 이러한 대기 환경 악화는 부유층을 포함한 모든 사람에게 영향을 미친다. 부유층은 집안의 공기를 걸러낼 수 있을지는 몰라도 생활에서 오염을 차단할 수는 없기 때문이다. 그런 다음 우리는 대기 오염이 '건강에 해로운' 수준인 뭄바이에서 '위험한' 수준인 뉴델리로 날아갔다. 남편은 폐렴에 걸렸고 나는 미세먼지를 걸러내기 위해 마스크를 착용했다. 소란스러운 교통 체증에 덧붙여 악취와 스모그로 인해 밖을 걷는 것이 불편했고 건강에도 좋지 않았다. 뉴델리를 떠나면서 안도감을 느꼈던 것도 잠깐이었고, 인도 북부의 다른 도시들도 위험 수준의 스모그로 몸살을 앓고 있다는 사실을 알게 되었다.[12] 인도는 세계 최악의 대기 오염을 겪고 있으며, 뉴델리의 공기는 세계에서 가장

---

11 World Health Organization online, "7 million premature deaths annually linked to air pollution," March 25, 2014.

12 실시간 공기질 지수는 http://aqicn.org/map/india/에서 확인할 수 있다.

더럽다.[13]

기술의 역할

오늘 당장 인류가 온실가스 배출을 그치고 이산화탄소를 흡수하는 숲들을 벌채하는 것을 중단하더라도, 이산화탄소는 대기 중에 약 100년 동안 머물기 때문에 지구의 온도는 계속해서 상승할 것이다. 대기 중 탄소를 제거하고 태양 에너지의 균형을 재조정하는 지구의 자연적 과정은 매우 느린 과정이다.

　많은 사람의 희망에도 불구하고, 지구 생태계에 대규모로 개입하는 지구공학과 같은 새로운 기술이 우리를 구할 수 있을 것 같지는 않다. 현재 연구 및 개발 중인 지구공학은 크게 두 가지다. 하나는 이산화탄소를 제거하는 것으로서, 온실 효과와 해양 산성화를 줄이기 위해 대기 중 이산화탄소를 제거하는 것이다. 다른 하나는 태양 에너지의 일부를 우주로 반사하여 온도 상승에 대응하는 태양 복사輻射 관리가 있다. 많은 전문가는 각국이 탄소 배출량을 충분할 정도로 빨리 줄이지는 않을 것이기 때문에 지구 온난화를 목표치인 2℃ 이하로 유지하기 위해 지구 공학을 사용해야 한다고 주장한다. 그러나 어떤 방법이 효과를 낼 수 있을지는 시간이 지나야 알 수 있다.

　새로운 기술을 구현할 때 직면하게 되는 문제들을 보여주는 좋은 예가 석탄 화력 발전소의 이산화탄소 제거를 포함하는 CCS(지하 저장 등의 방법으로 이산화탄소를 회수하고 저장하는 기술)[14]이다. 한때 효과적

---

13 Sugam Pokharel, "This Indian city has the world's worst air〔이 인도 도시의 공기는 세계 최악이다〕," *CNN Money*, April 14, 2015.

인 것으로 선전되었던 이 방법은 개발하는 데 이미 수십억 달러의 비용이 들었다. 하지만 설치하고 운영하는 데 비용이 많이 들기 때문에 업계에서는 CCS 도입이 더디게 진행되었다. 캐나다의 발전소 중 단 한 곳만이 CCS 시스템을 설치했지만, 이 발전소는 기대했던 것보다 더 낮은 출력과 더 높은 오염 및 유지보수 비용이 발생하는 등 시스템의 조업操業 효율은 열악했다.

이산화탄소를 지하에 저장하는 기술인 CCS는 잠재적인 안전 위험을 수반하기 때문에, 환경문제 전문가들도 CCS에 호의적이지 않다. 과학자들은 또한 CCS가 지구 온난화를 줄인다는 충분한 효과를 거둘 수 있을지에 대해서도 의문을 제기한다. 대기 중 이산화탄소를 제거하는 방법에 대한 한 연구에서는, 실망스럽게도 이산화탄소 제거가 많은 사람이 기대했던 것만큼 해양에 영향을 미치지 않는다는 사실이 밝혀졌다.[15] 매년 대기에서 엄청난 양의 이산화탄소(현재 인간 활동으로 인해 매년 배출되는 이산화탄소의 절반인 5기가톤)[16]를 제거하더라도, 해양 산성도의 지속적인 상승에는 거의 영향을 끼치지 않는 것으로 나타났다. 문제는 바다가 배출된 탄소를 흡수하여 더 따뜻해지고 산소가 줄어들어 산성도가 높아진다는 것이다. 우리가 이산화탄소를 배출하

14 Pilita Clark, "Carbon capture: Miracle machine or white elephant?" *Financial Times*, September 9, 2015; Ian Austen, "Technology to Make Clean Energy From Coal Is Stumbling in Practice," *New York Times*, March 29, 2016.
15 Eli Kintisch, "Sucking carbon from the sky may do little to slow climate change(하늘에서 탄소를 빨아들이는 것은 기후변화를 늦추는 데 거의 도움이 되지 않을 수 있다)." *Science*, August 3, 2015.
16 기가는 10억##

면, 나중에 대기 중 이산화탄소가 대기에서 제거되더라도 일부는 해양에 피해를 준다.

유의해야 할 또 다른 고려 사항은 새로운 기술이 의도치 않은 부작용을 초래하는 경향이 있다는 것이다. 예를 들어, 에탄올 연료[17]의 개발은 광대한 농지를 필요로 하고 곡물 가격을 상승시키기 때문에 나쁜 아이디어로 판명되었다. 막대한 정부 보조금으로 개발된 수압 파쇄 기술(Hydraulic fracking)도 처음에는 좋은 아이디어로 보였고, 미국의 석유 수입 의존도를 낮추는 데 성공했다. 2008년부터 2014년까지 미국의 석유 생산량이 80% 증가하면서 미국은 세계 최대의 천연가스 생산국이 되었다.[18] 그러나 불행하게도 수압 가스 유정과 파이프라인을 따라 메탄이 대량으로 누출되는 문제가 발생했다. 또한 수압 파쇄는 압력을 가한 엄청난 양의 물을 사용하므로 주변 지역의 수원이 오염되는 경우가 많다. 원래 발전소의 '깨끗한' 화석 연료 대안으로 선전되었던 천연가스는 메탄 누출로 인해 석탄보다 더 빠른 지구 온난화를 일으킬 수 있다.[19]

---

17 〔역주〕 에탄올 연료는 에탄올을 휘발유 대신 연료로 쓰는 것이다. 브라질에서는 사탕수수를 이용한 바이오에탄올 연료가 일찍부터 사용되었다. 2000년대에 들어서 옥수수를 이용한 바이오에탄올이 미국에서 보급되고 있지만, 식량 낭비이자 식량 가격을 올려서 가난한 사람들을 힘들게 한다는 논란이 있어 왔다.

18 Quoctrung Bui, "U.S. Is The World's Largest Producer Of Natural Gas. Here's What That Means〔미국은 세계 최대의 천연가스 생산국이다. 이것이 의미하는 바는 다음과 같다〕." *Planet Money, NPR*, October 17, 2013.

19 http://web.stanford.edu/group/efmh/jacobson/Articles/I/NatGasVsWWS&coal.pdf.

98

시간은 짧고, 비용도 많이 들고, 특효약은 없다.

기후변화에 대한 전망

과학자들은 지구 온난화의 역사와 영향에 대해 더 많은 것을 알아내기 위해 열심히 연구해 왔다. 그리고 새로운 지식은 암울한 소식을 전한다. 지구 기온이 원래 예측했던 것보다 더 빠르게 상승하면서 기후변화가 예상보다 더 빠르게 일어나고 있다는 것이다.[20] 한 연구에 따르면, 오늘날 전 세계적으로 죽음과 불행을 초래하고 있는 극심한 더위 일수의 75%와 극심한 강수량 일수의 18%가 지구 온난화로 인해 발생했다고 한다.

지구 온난화로 인해 극심한 폭풍과 극심한 가뭄이 발생하는 이유는 따뜻해진 대기가 더 많은 물을 가뒀다가 방출할 수 있기 때문이다. 캘리포니아를 비롯한 많은 지역은 물의 공급원으로 쌓인 눈(snowpack)을 사용하지만, 날씨가 더워지면 집중호우가 초래되면서 산악지대에서 눈이 되지 않고 만과 바다로 흘러 들어가고 만다. 이는 인간이 사용할 수 있는 지하수와 표층수表層水가 줄어든다는 것을 의미한다.

기온이 상승하면서 그린란드와 남극의 빙상氷床, 북극의 해빙海氷, 빙하가 녹고 있다. 그 결과 해수면이 상승하여 해안 도시를 위협하고 있다.[21] 또한 물이 더 따뜻해지고 산성화되어 산호초와 해양 생물이

20 E. M. Fischer & R. Knutti, "Anthropogenic contribution to global occurrence of heavy-precipitation and high-temperature extremes," *Nature Climate Change* 5, 560-564 (2015). doi:10.1038/nclimate2617.

죽어가면서 바다의 건강도 악화하고 있다.

자연적 속도 또는 지수함수적(기하급수적) 속도로 일어나는 사건에 대한 인간의 대응이 느리다는 것은 새로운 일이 아니다. 스코틀랜드의 오래된 우화에서 한 가지 예를 들어보겠다. 이 이야기에 따르면 마을에 물과 물고기를 공급하고 수영과 놀이를 할 수 있는 호수가 있었다. 어느 날 사람들은 호수에서 녹조가 자라는 것을 발견했지만 녹조가 자라는 범위가 매우 작아서 무시했다. 다음 날, 현명한 한 여성이 불안해하며 녹조가 빠르게 자라는 것 같다고 지적했다. 그리고 하룻밤 사이에 녹조가 자라는 범위는 두 배가 되었다. 장로들은 어떻게 해야 할지를 놓고 의논했다. 한 어부는 녹조가 곧 호수를 덮어 모든 물고기를 죽일 것이기 때문에 과감한 조치를 취해야 한다고 주장했다. 다른 사람들은 이러한 주장에 동의하지 않고, 녹조는 아직은 호수의 약 3%만 덮고 있기 때문에 호수가 정상으로 돌아올 때까지 기다려야 한다고 주장했다. 의견은 많았지만 아무런 조치도 취해지지 않았고, 재앙이 벌어지기까지는 단 5일이 더 걸렸을 뿐이었다. 다음 날에는 호수의 16분의 1(6%), 그다음 날에는 8분의 1, 그다음 날에는 4분의 1이 녹조로 뒤덮였다. 죽은 물고기가 사방에 떠다녔고, 마을은 농업용수와 식수로 호숫물을 사용할 수 없었다. 마을 사람들은 호수에서 녹조를 제거하기 위해 노력했지만 소용이 없었다. 하루가 더 지나자 녹조가 호수의 절반을 덮었고, 다섯째 날에는 호수가 그 아래로 사라지고 말았다.

---

21 http://climate.nasa.gov/evidence/.

이러한 지수함수적(또는 기하급수적) 성장률은 대부분의 사람들이 이해하기 어렵지만, 먹이사슬의 포식자와 같은 자연적 제약이 없는 자연에서는 드물지 않다. 인간은 사물이 안정적으로 정해진 양만큼 천천히 성장하는 선형線形적인 성장에 더 익숙하기 때문에, 재난이 그렇게 빠르게 일어날 수 있다는 사실을 믿기 어렵다.

21세기에 들어와 대중이 지구 온난화를 인식하기 시작하면서, 그 영향은 위험한 수준에 도달하고 있다. 2015년 1월, 권위 있는 학술지 『사이언스』는 인간의 활동이 생태계를 얼마나 빠르게 파괴하고 있는지에 대한 두 편의 논문을 발표했다. 첫 번째 논문에서 국제적인 과학자들의 팀은 "기후변화와 생물권 보전(생물 다양성 손실)이라는 두 가지 핵심 경계선이 확인되었다.[22] 각 경계선을 실질적이고 지속적으로 넘어설 경우 지구 시스템은 새로운 상태에 돌입하게 될 가능성이 있다."라고 보고했다. 이 논문은 지구 온난화를 2°C로 제한하려는 현재의 목표가 지구를 기후변화의 경계선 너머로 밀어붙이고 있다고 결론짓고 있다. 두 번째 논문에서 전문가들은 인간의 활동이 해양과 해양 생물에 전대미문의 피해를 입히고 있다고 보고했다. 과학자들은 해양 생물의 감소를 연구한 결과, 인간의 활동이 이미 모든 주요 해양 생태계를 손상시키고 변화시켰다는 사실을 발견했다. 이산화탄소 수치가 상승하면서 바다가 점점 더 산성화되어 해양 무척추동물들은 그 껍질이 녹으면서 파괴되고 있다.

---

22 Will Steffen et al., "Planetary boundaries: Guiding human development on a changing planet," *Science*, January 15, 2015, doi: 10.1126/science.1259855.

담수淡水 공급이 위협받고 있다

1850년 이후 5,200건의 측정을 기반으로 한 연구에 따르면 히말라야, 안데스, 알프스, 로키산맥에서 빙하가 빠른 속도로 '후퇴'(녹는다는 것에 대한 완곡한 표현)하고 있으며, 눈이 녹아 빙하에서 쏟아져 나오는 물의 양이 급격히 증가하고 있다고 한다.[23] (NASA의 위성 사진에서 빙하가 사라지는 모습을 볼 수 있다.)[24] 이 모든 녹은 물은 해수면 상승을 초래한다.

지구상에 존재하는 담수의 69%는 빙하와 만년설에 저장되어 있으며, 빙하와 만년설은 수천 년 동안 이 동결수(凍結水: 얼어 있는 물)를 보관해 왔다. 대수층(帶水層: 물로 포화 상태인 지하 암석층)에 저장된 물인 지하수는 지구 담수의 30%를 차지하며, 나머지 1%는 강, 호수, 대기 중에 존재한다. 지하수 공급도 가뭄과 남용으로 인해 어려움을 겪고 있다. 전 세계적으로 소비되는 담수의 70%를 차지하는 농업용수에 덧붙여 에너지 관련 분야인 산업들이 대부분을 사용하는 공업용수 그리고 사람들의 생활용수에 대한 대규모의 증가하는 수요를 담수 공급이 따라잡을 수 없다.[25]

---

23 "Historically unprecedented global glacier decline in the early 21st century," *Journal of Glaciology* 61 (September 2015): 745-62. doi: http://dx.doi.org/10. 3189/2015JoG15J017. 빙하 변화에 대한 데이터 세트에는 1600년 이후의 42,000개에 데이터 포인트가 포함되어 있다.

24 독자는 https://sealevel.nasa.gov/에서 NASA의 최신정보를 볼 수 있다. 〔역주〕 http://climate.nasa.gov/interactives/global_ice_viewer를 클릭하여 빨간색 점을 클릭하면 빙하가 사라지는 모습을 볼 수 있다.

25 United Nations Environment Programme online, "Water withdrawal and

물 관리는 우리의 미래에 매우 중요하다. 소비되는 물보다 훨씬 더 많은 물이 사라지고 있으며, 귀중한 담수가 낭비되고 있다. 전 세계 지하수에 대한 10년간의 연구[26]에 따르면 인도와 중국에서 미국, 프랑스에 이르기까지 가장 큰 대수층 37곳 중 21곳의 수위가 지속 가능성의 한계점 아래로 떨어졌다. 이는 보충되는 물보다 사라지는 물이 더 많다는 것을 의미한다. 세계에서 가장 위기에 처해 있는 대수층인 아라비아 대수층은 6천만 명 이상의 인구에게 물을 공급하고 있지만, 재충전의 기미가 거의 또는 전혀 없어서 급속한 고갈을 겪고 있다. 잠재적인 물 부족과 가뭄 피해는 막대하다. 예를 들어, 금세기 말까지 미국은 가뭄과 물 부족으로 인해 최대 1,800억 달러의 경제적 손실에 직면할 수 있다.[27]

지구 온난화와 천연자원 고갈의 결과에 대한 과학적 연구 결과가 계속 나오고 있다. 온라인에서 새로운 연구 결과를 확인할 수 있다. 기후변화를 전문적으로 다루는 영국 신문 가디언(http://www.the guardian.com/us/environment)이 유용한 정보원 중 하나다.

consumption: the big gap," *Vital Water Graphics*, http://www.unep.org/dewa/vitalwater/article42.html.

26 Alexandra S. Richey et al., "Quantifying renewable groundwater stress with GRACE," *Water Resources Research* 51 (July 2015). doi: 10.1002/2015WRO 17349.

27 http://www2.epa.gov/cira.

여섯 번째 멸종

지구 온난화가 지구 생태계를 어떻게 변화시키고 있는지 이해하기 위해, 최근 지구상의 생물종 수가 급격히 감소하고 있기 때문에 일부 사람들이 이미 진행 중이라고 믿고 있는 '여섯 번째 멸종'[28]에 대해 자세히 살펴보자. 대량 멸종은 지구 역사상 드문 일이다. 공룡이 사라진 다섯 번째 멸종은 약 6,500만 년 전에 일어났으며, 최초의 대량 멸종은 4억 4,000만 년 전으로 거슬러 올라간다.

현대의 생물 다양성 파괴는 얼마나 심각한 것일까? 어떤 연구에서는 지난 1세기에 걸쳐서 진행 중인 척추동물(포유류, 조류, 파충류, 양서류, 어류)의 멸종률을 조사한 결과, 그 비율이 매우 높다는 사실이 밝혀졌다.[29] 지난 100년 동안 사라진 종의 수가 지난 800~1만 년 동안 사라진 종의 수보다 더 많았다. 또 다른 연구에 따르면 지구 기온이 상승함에 따라 생물종의 멸종 속도가 빨라져서 현재의 조건에서는 6종 중 1종이 멸종 위기에 처할 것으로 예상된다.[30]

모든 멸종 위기종에게는 적어도 하나의 '위험하게 만드는' 종이 존재한다. 예를 들어 인간은 자신의 활동에 의해서 다른 종들의 서식지를 파괴하고 지구 온난화를 유발하여 다른 종들을 말살하고 있다.

---

28 *National Geographic* online, "Mass Extinctions."

29 Gerardo Ceballos et al., "Accelerated modern human-induced species loses: Entering the sixth mass extinction," *Science Advances* (2015). doi: 10.1126/sciadv.1400253.

30 Mark C. Urban, "Accelerating extinction risk from climate change," *Science* 384, no. 6234 (May 2015). doi: 10.1126/science.aaa4984.

인간이 자연을 지배하게 되면서 인간은 개구리와 고래, 토종 식물을 몰아내는 침입종이 되어가고 있다.

기후 과학은 복잡하지만, 기본적인 문제는 간단하다. 즉 인간의 활동이 탄소를 대기 중으로 배출하여 지구의 에너지 균형을 깨뜨리고 지구의 온도를 상승시킨다는 것이다.[31] 18세기 중반에 산업 시대가 시작되면서 인간의 삶이 크게 변화되었다. 선진국의 생활수준이 향상되고 점점 더 많은 사람이 더 편안하고 풍요로운 삶을 누릴 수 있게 되었다. 하지만 안타깝게도 화석 연료 기반 경제에서 대기 중 이산화탄소의 양은 1750년에 280ppm(백만분율)이었지만 2016년에는 400ppm으로 증가했다.[32]

여섯 번째 멸종을 경험하지 않더라도, 지구는 인류세(the Anthropocene epoch)라고 불리는 새로운 시대[33]로 접어들었다. 인류세는 인간의 활동이 환경을 형성하고 많은 경우 파괴하는 시대다.

31 James Hansen, *Storms of My Grandchildren: The Truth About the Coming Climate Catastrophe and Our Last Chance to Save Humanity* (New York: Bloomsbury, 2009).

32 http://cdiac.ornl.gov/pns/current_ghg.html. 보다 장기간에 대해서는 https://www3.epa.gov/climatechange/pdfs/print_ghg-concentrations.pdf를 참조할 것.

33 "The Anthropocene is functionally and stratigraphically distinct from the Holocene," *Science* 352, no. 6269 (January 2016). doi: 10.1126/science.aad2622.

땅속에 남겨두기

기후 과학은 지구 온난화에 대한 광범위한 증거를 제공하며 우리가 지구를 계속 가열시켜서는 안 된다고 경고한다. 유일한 불확실성은 파국적인 결과 없이 지구가 얼마나 더 더워질 수 있는지, 변화가 얼마나 빠르게 진행되고 있는지, 기후변화가 향후 수십 년 동안 얼마나 많은 피해를 입힐 것인가라는 점이다.

유엔의 2015년 파리 협정은 지구 온도 상승을 산업화 이전 대비 2°C보다 훨씬 낮게 유지하고 온도 상승을 1.5°C로 제한할 것을 촉구했다. 2°C 목표[34]는 1980년대로 거슬러 올라가고 유럽 연합은 1996년에 이 목표를 채택했지만, 2°C 목표는 각국이 달성하기에는 너무 어렵고 지구 생태계의 안정성을 위해서는 너무 높은 수치일 수 있다. 2°C 상한선 이하로 유지될 확률을 50%로 높이려면 대기 중 이산화탄소가 450ppm 미만으로 유지되어야 하며,[35] 이는 2011년부터 2050년까지 누적 탄소 배출량을 1,100기가톤으로 제한해야 한다는 것을 의미한다. 2012년까지 지구는 이미 0.8°C가 더 더워졌으며, 대기 중에 이미 존재하는 CO_2는 금세기 말까지 지구를 0.8°C 더 덥게 만들 것이다. 화석 연료를 더 이상 사용하지 않더라도 지구는 1.6°C 더 따뜻해질

[34] Samuel Randalls, "History of the 2 degrees C climate target," *WIREs Climate Change* 1 (July 2010). doi: 10.1002/wcc.62.

[35] Christophe McGlade and Paul Ekins, "The geographical distribution of fossil fuels unused when limited global warming to 2 °C," *Nature* 517 (January 2015). doi: 10.1038/nature14016; Bill McKibben, "Global Warming's Terrible New Math," *Rolling Stone*, July 19, 2012.

것이다. 현재 전 세계 화석 연료 매장량(석유, 가스, 석탄)에 포함된 온실가스 배출량은 안전 목표치보다 3배나 높다. 그리고 미래에 잠재적으로 채굴될 수 있는 화석 연료 자원은 안전 목표보다 10배 이상 높을 것으로 추정된다. 2°C 목표를 달성하려면 현재 석탄 매장량의 80% 이상, 가스 매장량의 절반, 석유 매장량의 3분의 1이 땅속에 남아 있어야 한다.

한편, 2°C 목표도 너무 높다는 증거가 늘어나고 있다. 현재 많은 사람이 상한 한도를 1.5°C로 더 낮춰서 350ppm 미만의 이산화탄소를 배출해야 한다고 말하고 있다. 그러나 350ppm의 상한선은 이미 도달할 수 없는 수준이다. 2015년 지구의 대기 중 이산화탄소 농도는 400ppm에 도달했으며, 우리는 계속해서 온실가스를 대기 중으로 배출하고 있다.

독자들도 대기 중 이산화탄소의 증가를 추적하고 행동으로 대응할 수 있다.

지구 온난화의 파괴적인 영향이 이미 발생하고 있는 가운데, 이제 지구가 더워지고 바다가 산성화되면서 지구가 어떻게 변화될 것인지에 관심이 쏠리고 있다.[36] 인간은 지구의 대부분에서 생존하기 어려울지도 모른다. 인간 이외의 생명체들은 우리가 알고 사랑하는 생명체는 아니더라도 다양한 형태와 모양으로 계속 존재할 것이다. 새로운 생태계는 더 적은 종의 동물과 식물로 더 단순하게 구성될 것이다. 처음에 지배하게 되는 종들은 새로운 지역과 더 따뜻한 기온에 빠르게

---

36 Lizzie Wade, "This Is What the World Will Look Like After Climate Change," *Mother Jones*, September 8, 2015.

퍼지고 적응할 수 있는 종들일 것이다.

얼마 전까지만 해도 우리는 재생 에너지로 전환하고 새로운 기술을 개발하고 도시가 더 회복력을 갖게 만들 수 있는 시간이 충분하다고 생각했다. 이제 우리는 가장 더러운 형태의 에너지인 석탄의 사용을 중단하고 전기, 운송 및 산업에 더 깨끗한 에너지원을 사용해야 할 때가 지났다는 것을 깨닫고 있다. 화석 연료 회사들은 알려진 가스, 석유, 석탄 매장량의 많은 부분을 땅속에 남겨두고 화석 연료에 대한 추가 투자를 중단해야 한다. 우리는 열대우림 파괴를 중단하고 농업에서 살충제, 비료, 물의 남용을 중단해야 한다는 것을 알고 있다.

무엇 때문에 우리는 지구와 우리 자신을 구하지 못하는 것인가?

경제학

자유시장 경제학자들은 국가와 사람들이 지구 온난화를 막기 위해 필요한 조치를 취하지 않는다면, 이는 그들이 지구 온난화를 완화하는 데 드는 비용이 그것이 갖는 가치보다 더 크다고 생각하기 때문이라고 주장한다.[37] 또한 일부 경제학자들은 비용–편익 분석을 사용하여 단기적으로 소득 성장과 투자 수익 극대화라는 목표에 집중함으로써, 지구 온난화의 피해와 그 완화가 가져올 편익을 과소평가하고 있다. 예를 들어, 이들은 기후변화를 완화하고 그것에 적응하기 위한 투자에서 비롯되는 10년 동안의 수익률을 신기술, 교육 및 건강에 대한 10년 동안의 대체 투자 수익률과 비교한다. 그리고 에이즈 치료나

---

[37] Bjorn Lomborg, *Cool It: The Skeptical Environmentalist's Guide to Global Warming* (New York: Vintage, 2010).

말라리아 퇴치, 교육 제공 등 가난한 나라의 사람들을 돕기 위한
투자가 지구 온난화 완화를 위한 투자보다 수익률이 높으므로, 그러한
프로젝트에 우선순위를 두어야 한다고 주장한다. 다른 사람들은 실업
률을 낮추고 임금을 인상하기 위해 경제 성장에 우선 집중하고 나중에
기후변화에 대처해야 한다고 주장한다. 이러한 주장은 지구 온난화가
개발도상국에 사는 사람들에게 미치는 임박한 위협과 미래의 위협을
무시하는 근시안적인 주장이다.

생태경제학의 길을 따르는 불교경제학은 인간이 자연의 일부이며
자연과 상호 의존적이라는 전제에 입각해 있다. 견딜 수 없는 기온,
극심한 폭풍과 산불, 해수면 상승, 식량과 식수 공급의 부족, 생태계의
붕괴로 시달리는 세계를 우리 아이들에게 물려주고 싶지 않다면,
우리는 우리의 행복과 생태계의 건강을 함께 고려하는 경제 분석을
적용해야 한다.

자유시장 접근법과 불교적 접근법은 지구 온난화를 완화하는 방법
에 대해 서로 다른 견해를 제시한다. 자유시장 경제학의 관점에서는
오염 비용을 반영하는 탄소세의 부과를 통해 시장이 효율적으로 작동
하게 만들 수 있다. 그러면 시장 가격이 지구 온난화를 완화하기
위한 올바른 투자를 낳을 것이다. 불교경제학은 탄소세가 기업과
소비자가 에너지 관련 결정을 내리는 데 도움이 될 것이라는 데 동의한
다. 그러나 불교경제학은 시장만으로는 생태계의 이용에 대한 모든
측면을 통제할 수 없으며, 통제해서도 안 된다고 본다.[38]

---

38 Peter Daniels, "Climate Change, Economics, and Buddhism—Part 1: An
   Integrated Environmental Analysis Framework" and "Part 2: New Views and

지속 가능성

기후 과학자와 시장 경제학자들은 '지속 가능성이란 무엇인가?'라는 질문에 대해 매우 상이한 답변을 내놓다. 본질적으로 이 질문은 오늘날의 삶의 질이 미래 세대에서 그대로 이어질 것인지 아니면 개선될 수 있는 것인지를 묻는다.

시장 경제학은 **약한 지속 가능성**이라는 개념을 수용한다. 즉, 인간은 생산 과정에서 다양한 투입량(input)을 자유롭게 교환할 수 있다. 인간이 만든 자본(기술, 기계, 노하우)과 자연 자본(숲, 광물, 어류)은 생산 과정에서 다양한 조합으로 서로 교환되면서 사용될 수 있다. 예를 들어, 생산량(output)을 줄이지 않고서도 더 적은 에너지(또는 자연 자본) 대신 더 많은 기술을 사용하거나, 더 많은 에너지 대신 더 적은 기술을 사용할 수 있다. 지속 가능성이 약하면 자연 자본이 생산에 대한 제약이 되지 않으며 인간은 환경과 자연 자원의 사용을 통제할 수 있다. 시장 모델은 중요 생태계를 파괴할 염려 없이 지구 온난화와 그것의 경제적 영향을 추정하는 데 사용된다. 미래 세대의 관점에서 볼 때, 우리가 충분한 생산 능력(기계, 건물, 기술)과 소득을 보상으로 물려주기만 한다면 현세대가 재생 불가능한 자원을 사용하든 대기를 오염시키든 상관없다.

불교경제학은 기후 과학자들의 주도에 따라 **강한 지속 가능성** 접근법을 취한다. 자연 자본에는 물리적 한계가 존재하며 중요 생태계는 보존되어야 한다. 이러한 한계는 경제 활동에 엄격한 제약을 부과한

Practices for Sustainable World Economies," *Ecological Economics* 69 (2010) 952-72.

다. 인공 자본과 자연 자본은 동일하지 않다. 기후변화에 대한 경제적
분석은 지구의 중요 생태계를 보존하기 위해 자연 자본의 물리적
한계를 인식하고 생산 과정에서 자원들 사이의 자유로운 상호 교환을
제한해야 한다.

　강한 지속 가능성은 인간을 지구 생태계의 일부로 간주하며, 인간이
자신의 이익을 위해 환경을 지배해서는 안 된다고 본다. 깨끗한 공기와
물과 같은 자연 자본과의 상호 교환은 더 이상 자연적 제약을 무시할
수 없기 때문에, 약한 지속 가능성에 기반한 비용 편익 분석은 더
이상 유용하지 않다. 자연 자본의 물리적 한계에 도달하면, 경제는
더 이상 이를 무시할 수 없다. 경제 모델은 자연적 제약이라는 벽에
부딪혔다. 우리는 유한한 지구에 살고 있다.

　세계 경제가 지구의 생명을 지탱하는 생태계가 위기에 처하게
되는 경계선보다 훨씬 낮은 수준에서 운영되던 과거에는, 지속 가능성
을 약하게 보든 강하게 보든 큰 차이가 없었다. 자연 자본의 제약을
받지 않고도 생산 공정에서 절충점을 찾을 수 있었다. 과학자들은
정확한 한계는 아직 알려지지 않았지만 자연 생태계에도 한계가 있다
는 사실을 마침내 입증할 수 있었다.[39]

미래 세대

경제학자들은 미래 세대를 위해 아무런 대책을 마련하지 않는 것이
초래하는 비용이 막대해졌음에도 불구하고, 기후 과학을 받아들이고

---

[39] Herman Daly, *Steady-State Economics*, 2nd ed. (Washington, DC: Island Press, 1991).

이를 시뮬레이션에 적용하는 데 더뎠다.[40] 이는 부분적으로는 경제학자들이 취약한 지속 가능성에 기반한 대규모 시뮬레이션 모델을 만드는 데 전문성이 부족하기 때문이기도 하다. 경제학자들은 지구 온난화의 완화에 따른 정확한 편익과 그것을 위한 정확한 비용, 그리고 탄소 배출을 얼마나 빨리 줄여야 하는지에 대해 계속해서 논쟁을 벌이고 있다.

이들의 의견 차이는 현세대와 미래 세대가 환경을 어떻게 평가할 것인가, 그리고 기후변화가 초래할 파국적인 결과의 리스크를 어떻게 계산에 반영할 것인가라는 두 가지 핵심 이슈에 집중되어 있다.

탄소는 수십 년, 심지어 수 세기 동안 대기 중에 머물기 때문에 대기 중 탄소로 인한 피해는 연간 배출되는 탄소량보다 훨씬 빠르게 증가한다. 오늘날의 에너지 시장 가격을 기반으로 한 경제 시뮬레이션은 온실가스 배출량 감축의 미래 비용과 이점을 제대로 제시하지 못한다. 이는 미래 세대는 목소리를 낼 수 없는 반면, 화석 연료 에너지 업계는 규제와 가격에 영향을 미치기 위해 돈과 권력을 사용하기 때문이다. 시장 모델은 오늘날의 일방적인 소득 및 권력 분배를 비용 편익 분석에 반영하여 국가 내 불평등과 국가 간 불평등 그리고 세대 간 불평등을 재생산한다.

비용 편익 분석에서 중요한 입력사항은 미래 세대에 대한 생태계의 가치이며, 이는 미래의 달러와 현재의 달러를 비교하는 데 적용되는 할인율(즉, 이자율)로 표현된다. 미래 세대가 더 부유하고 잘 살 것이라

40 John S. Dryzek, Richard B. Norgaard, and David Schlosberg, *Climate-Challenged Society* (Oxford: Oxford University Press, 2013).

고 가정하는 자유시장 지지자들은 온전한 생태계를 물려주는 것에
낮은 가치를 두기 때문에 그것에 높은 할인율을 적용한다. 미래 세대의
복지가 우리 세대만큼이나 중요하다고 생각하는 불교경제학자들은
낮은 할인율을 적용한다.

많은 경제학자가 불교경제학의 접근 방식에 동의한다. 예를 들어,
영국 정부에 제출된 스턴 보고서(Stern Report, 2006)는 기후변화로
인한 극단적인 결과를 미래 세대에게 떠맡기지 않는 방법을 분석하면
서 1.4%의 낮은 할인율을 적용했다. 이 보고서는 기후변화로 인한
피해가 크며 온실가스 배출량의 즉각적인 감축이 필요하다고 결론지
었다. 자유시장 입장을 취하는 경제학자들도 있다. 미국의 저명한
환경 경제학자인 윌리엄 노드하우스(William Nordhaus)는 3%에서
4% 범위의 할인율을 적용한 비용 편익 분석을 기반으로 하여 기후변화
정책을 개발했다.[41] 1990년 노드하우스는 화석 연료 사용을 줄이기
위한 정책을 시행할 때까지 기다리자고 주장했는데, 그 이유는 그의
계산에 따르면 비용이 편익을 초과하기 때문이다.

독자들은 낮은 할인율을 적용할지 높은 할인율을 적용할지에 대해
논쟁하는 것이 사소한 일이라고 생각할지도 모른다.[42] 그러나 수십

---

[41] http://www.econ.yale.edu/~nordhaus/homepage/documents/ DICE_Man
ual_103113r2.pdf.

[42] 할인율에 대해 간단히 설명하면 다음과 같다. 미래의 소득(자금) 흐름을 평가할
때, 우리는 미래의 달러를 현재의 달러와 동일한 가치를 갖게 하기 위해서
미래의 달러를 '할인'한다. 만약 당신에게 오늘 1달러 또는 1년 후에 똑같이
1달러가 주어진다면, 당신은 오늘 당장 1달러를 받으려고 할 것이다. 내년에
1달러에 5%의 이자가 붙고 1.05달러를 받게 된다면(그리고 그 제안을 신뢰할

년에 걸쳐 기후변화의 비용과 편익을 추정할 때 그것은 큰 차이를 만든다. 미래의 편익에 대한 현재 시점의 평가액은 할인율이 낮을수록 훨씬 더 크다.

경제 예측 모델의 한계는 잘 알려져 있다. MIT의 경제학자 로버트 핀딕(Robert Pindyck)은 이러한 모델이 지구 온난화로 인한 점진적인 피해를 예측할 뿐 파국적인 결과의 가능성을 무시하기 때문에 비판한다. 기후변화 모델은 우리가 대기로 배출하는 온실가스의 양에 따라 2050년까지 지구 평균 기온이 0.4°C에서 2.2°C까지 상승하는 분포를 예측한다.[43] 하지만 안타깝게도 이 분포는 '길고 뚱뚱한 꼬리'의 형태로 나타나며, 이는 평균보다 높은 기온이 발생할 가능성이 크다는 것을 의미한다. 이는 전 세계 생산량(GDP)이 대폭적으로 감소되는 것에서부터 우리가 알고 있는 것처럼 생명의 종말에 이르기까지 감당할 수 없는 재앙이 일어날 수 있다는 것을 의미한다. 핀딕은 일정 범위의 파국적인 GDP의 변화에 초점을 맞춘 간단한 분석을 통해, 감당할 수 없는 결과를 피하는 데 드는 순純비용을 대략적으로 추정할 것을 권한다.[44]

───────

수 있다면), 당신은 기꺼이 1달러를 받을 수도 있을 것이다. 이러한 이유로, 미래의 자금이 갖는 현재 가치를 계산할 때는 이자율을 할인한다. 예를 들어, 탄소 배출을 줄이기 위한 프로그램의 순편익이 50년간 매년 100달러인 경우, 미래의 달러를 할인하지 않으면 순현재가치는 5,000달러다. 그러나 1%의 할인율을 적용하면 현재가치는 3,920달러로 떨어지고, 5% 할인율을 적용하면 1,826달러로 떨어진다.

43 IPCC Fifth Assessment Report, http://www.ipcc.ch/report/ar5/wg2/docs/ WGIIAR5_SPM_Top_Level_Findings.pdf, chart on page 3.

탄소세

자유시장과 불교경제학자들이 동의하는 정책 중 하나는 탄소세이지만, 불교경제학은 탄소세만으로 문제를 해결할 수 있다고 보지 않는다. 화석 연료의 가격에는 탄소의 사회적 비용, 즉 온실가스 배출로 인한 오염으로 인해 현재와 미래 세대가 치러야 할 비용이 포함되어야 한다. 탄소세는 허용될 수 있는 배출량에 상한선을 정한 다음, 기업이 배출권을 사고 팔 수 있는 '배출권 거래제'와 같은 다른 형태로도 도입될 수 있다. 탄소세가 세계 경제에서 효과를 발휘하려면, 각국의 준수를 강제하기 위해 관세를 사용할 수도 있다.

탄소세는 오염과 환경 파괴가 더 이상 '자유재〔공기처럼 무료로 사용할 수 있는 재화〕'가 되지 않도록 보장한다. 화석 연료를 사용하는 사람과 기업은 그로 인한 오염과 환경 피해에 대한 대가를 지불해야 한다. 경제학자들이 말하듯이 탄소세는 '무임승차자' 문제를 해결한다. 탄소세는 화석 연료의 시장 가격을 상승시켜 화석 연료에서 재생 에너지원으로 전환하게 하는 경제적 인센티브를 제공한다. 화석 연료 가격이 높아지면 탄소 배출량이 적거나 없는 기업의 경쟁력이 높아지고, 청정에너지에 대한 투자가 촉진되며, 소비자에게 화석 연료를 덜 사용하도록 하는 인센티브가 제공된다.

지구 온난화로 인한 피해를 경험하고 필수 생태계를 해치는 재앙에 대해 더 많이 인식하게 되면, 탄소의 사회적 비용에 대한 계산이 더 정확하게 될 것이다. 미래뿐 아니라 오늘날에도 화석 연료 회사가

---

44 Robert S. Pindyck, "Climate Change Policies: What Do the Models Tell Us?" *Journal of Economic Literature* 51 (September 2013). doi: 10.1257/jel.51.3.860.

화석 연료의 가격과 사용을 규제하는 데 개입하지 못하게 해야 한다.

기후변화의 미래 비용

기후변화는 자유시장이 무한한 물질적 경제 발전을 가능하게 한다고 주장하는 사람들의 세계관을 위협한다. 따라서 자유시장을 옹호하는 사람들은 지구 온난화가 일어나고 있지 않거나 인간에 의한 것이 아니라고 주장하면서 반격을 가한다. 이들의 주장은 우리가 알고 있는 세상과 함께 '전속력으로 전진'하자는 것이다.

   씨티그룹과 옥스퍼드 대학교의 연구에 따르면, "어떤 대가를 치르더라도 현재 상태를 유지하는 것"은 막대한 대가를 치르게 된다. 이 연구는 온실가스 배출을 줄이기 위해 아무것도 하지 않을 때 발생하는 글로벌 부담액 또는 순비용과 글로벌 규모의 저탄소화를 실행하기 위한 투자 비용을 비교하고 있다. 결론은 우리가 행동할 여력은 있지만, 행동하지 않을 여유는 없다는 것이다.[45] 『이코노미스트』지의 한 연구도 비슷한 결론을 내렸다.[46] 금세기 말까지 개인 투자자들은 4조 달러 이상의 자산을 잃을 위험이 있다는 것이다. 이는 기후변화의 파괴적인 영향으로 인해 화석 연료 사용이 중단될 경우 화석 연료 기업의 증권 포트폴리오 가치가 하락하거나, 온실가스 배출이 계속될

---

[45] "Energy Darwinism II: Why a Low Carbon Future Doesn't Have to Cost the Earth," https://www.citi-velocity.com/citigps/ReportSeries.action?recordId=41.

[46] The Economist Intelligence Unit, "The cost of inaction: Recognising the value at risk from climate change," *The Economist*, 2015.

경우 모든 기업의 자산 가치가 하락할 것이기 때문이다.

도덕

프란치스코 교황은 2015년 5월에 발표한 회칙 「찬미 받으소서」 (Laudato Si)[47]에서 기후변화의 도덕적 차원에 대해 설명했다. 「찬미 받으소서」는 우리들과 대자연의 관계에 대한 감명 깊은 말로 시작된다. 프란치스코 교황은 지구를 위해 이렇게 외친다.

"우리는 자신을 자연을 마음대로 약탈할 권리를 갖는 주인이자 지배자로 여기게 되었다. 죄로 인해 상처 입은 우리 마음속에 존재하는 폭력은 흙, 물, 공기, 모든 형태의 생명체에서 나타나는 병의 징후에도 반영되어 있다."

그런 다음 교황은 기후변화에 대한 기초 과학을 요약하고 지구 온난화를 유발하는 활동이 왜 부도덕한지에 대한 설득력 있는 논거를 제시한다. 교황은 우리 경제가 낭비 문화, 화석 연료에 대한 높은 의존, 삼림 벌채―이 모든 것이 지구를 위협한다― 위에 기초하고 있다는 사실을 분명하게 밝히고 있다. 그는 깨끗한 물, 농업, 청정에너지, 생물 다양성과 같은 필수 자원에 가해지는 피해를 서술하면서 그 피해의 대부분을 가난한 사람들이 부담하고 있다고 말한다. 기후변화는 지구를 위태롭게 하고 많은 인간과 종을 사멸시키기 때문에 기후변

---

47 자료는 https://s3.amazonaws.com/ s3.documentcloud.org/documents/210 5201/laudato-si-inglese.pdf.에서 무료로 내려받을 수 있다.

화를 일으키는 활동들은 부도덕하고 죄악이라고 그는 말한다. 우리는 우리의 생활 방식을 즉각적으로 바꿔야 할 도덕적 의무가 있다. 우리 모두는 지구 온난화를 유발하고 환경을 파괴하며 자연 자본을 남용하는 활동들을 중단해야 한다.

프란치스코 교황은 모든 세대가 서로 그리고 지구와 연결되어 있으며, 이러한 사실은 우리가 다른 사람들과 공동의 가정을 돌보아야 하는 근거가 된다고 주장한다. 지구의 자연 자본으로 인해 성장에는 한계가 있으며, 의미 있는 삶은 물질적 행복 이상의 것을 포함한다는 교황의 견해는 불교경제학의 접근 방식과 동일하다.

그러나 교황은 인구 증가는 문제가 되지 않는다고 주장한다. 이 점과 관련하여 불교경제학은 다른 길을 걷는다. 불교경제학은 인구 과잉과 물질주의적 생활 방식이 모두 생태계에 과도한 부담을 준다고 주장한다. 모든 사람에게 의료, 교육 및 그 외의 기본적인 소비재를 제공하려면, '지구가 얼마나 많은 사람을 부양할 수 있는가?'라는 질문을 던져야 한다. 인간의 생태 발자국(ecological footprint)[48]이 그 답을 제공하는데, 그 답은 충격적이다. **인간의 생태 발자국은 이미 지구의 자원을 초과하고 있다.** 빈곤에 시달리는 수십억 명의 사람들에게 기본적인 식량, 물, 주거, 의료, 교육, 공동체 생활을 제공하지 못하는 오늘날에조차 인간의 활동은 이미 지속 가능하지 않다.

한 국가의 생태 발자국은 그 나라의 생활 방식을 유지하는 데 필요한 토지의 양으로 정의된다.[49] 2010년 전 세계 인구가 70억 명에

---

48 〔역주〕 생태 발자국은 일정 기간에 걸친 한 국가의 소비량을 재생하는 데 필요한 1인당 토지 면적을 가리킨다.

육박하면서 사람들은 지구가 재생시킬 수 있는 자원보다 약 50%가 더 많은 자원을 사용했으며, 이는 지속 불가능한 생태 발자국이 지구 1.5개를 차지한다는 의미로 해석된다. 이제 개발도상국 사람들이 미국 사람들의 생활 방식(및 평균 소비량)을 모방한다고 상상해 보라. 인구가 2,050년까지 추가로 20억 명이 증가할 것이라는 사실을 고려하지 않고서도, 생태 발자국은 무려 지구 4개로 불어난다.

불교경제학에서는 세계 인구를 안정시키고 자원을 보다 공평하게 소비해야만, 모든 사람에게 적절한 식량, 주거지, 공동체 생활을 제공할 수 있다고 말한다. 인구 과잉이 지구에 초래하는 해악 외에도 산모는 다산多産으로 인해 건강이 손상되고, 아이들은 먹을 것이 충분하지 않거나 첫 번째 생일도 맞지 못하고 세상을 떠나 가족들이 고통을 겪는다.

달라이 라마는 30년 넘게 가르침을 펼치면서 환경에 대한 우려를 표명해 왔다.[50] 달라이 라마는 티베트 고원의 취약한 생태계와 제3의 극이라고 불리는 히말라야 빙하에 대해 이야기한다. 티베트 고원은 70%가 영구 동토층으로, 고원이 해빙되면서 방출될 이산화탄소와 메탄이 다량으로 매장되어 있다. 전 세계 담수의 40%를 함유하고

---

49 생태 발자국은 소비되는 식량과 자원을 생산하고 폐기물을 흡수하며 인프라를 위한 공간을 제공하는 데 필요한 모든 농지, 삼림 및 어장을 합한 것이다. http://www.footprintnetwork.org/en/index.php/GFN; http://www.footprintnetwork.org/en/index.php/GFN/page/living_planet_report_2014_facts/. 생태 발자국 측정의 개요에 대해서는 http://www.epa.gov/sustainability/analytics/environmental-footprint.htm을 참조하기 바란다.

50 Dalailama.com, "A Buddhist Concept of Nature."

남아시아를 가로지르는 7개의 주요 강에 물을 공급하는 제3극의 기온은 전 세계 평균보다 3배나 빠르게 상승하고 있다. 미소를 지으면서 달라이 라마는 신이나 부처에게 기도에 의존하는 것은 비논리적이라고 말한다.[51] 인간이 문제를 일으킨 이상, 재앙을 피하기 위해서는 인간이 문제를 해결해야 하기 때문이다.

마찬가지로 베트남의 불교 스승인 틱낫한 스님은 저서 『지구에게 보내는 러브레터』에서 어머니인 지구와의 상호 의존과 지구에게 감사하고 지구를 보살펴야 할 필요성에 대해 강조한다. 지구는 우리를 낳았고, 우리는 죽으면 지구로 돌아간다. 지구는 우리가 건강하고 즐거운 삶을 사는 데 필요한 모든 것을 제공한다. 틱낫한 스님은 차와 빵 등 자연이 주는 선물에 대해 매 끼니마다 감사하는 마음을 표현할 것을 당부한다.

전 세계 불교 지도자들은 2015년 10월 세계 지도자들에게 보내는 기후변화 성명서에 서명했다.[52] 이들은 각국 지도자들에게 지구 온도 상승을 1.5℃ 이하로 유지할 것을 촉구했다. 이들은 각국이 저탄소 경제로 전환하고, 부유한 국가는 더 가난하고 [기후변화에] 더 취약한 국가에 자금을 지원할 것을 촉구한다. 성명서는 또한 개인이 "숲을 보호하고, 식물성 식단으로 전환하고, 소비를 줄이고, 재활용하고, 재생 에너지로 전환하고, 비행기를 덜 타고, 대중교통을 이용하는" 행동을 취할 수 있다고 지적한다.

---

51 "Dalai Lama says strong action on climate change is a human responsibility," *The Guardian*, October 20, 2015.

52 http://gbccc.org/.

다른 저명한 종교 지도자들도 기후변화가 인간에 의한 것이라는 과학의 주장을 인정하면서 그것을 초래하는 요인들을 극복하기 위해 시민들과 국가가 함께 노력할 것을 촉구한다.[53] 이슬람 학자들이 모여서 작성한 「지구 기후변화에 관한 이슬람 선언」[54]은 전 세계 16억 명의 무슬림에게 온실가스 배출을 단계적으로 줄이고 재생 에너지원으로 최대한 빨리 전환하라고 호소하고 있다. 이들은 유한한 지구에서 무한한 경제 성장은 불가능하다고 강조하며 자원 고갈, 환경 파괴, 불평등의 심화를 초래하지 않는 '새로운 복지 모델'을 촉구한다.

프란치스코 교황과 달라이 라마는 모두 전쟁은 인간과 자연에 대한 폭력이기 때문에 도덕적으로 용납될 수 없다고 강조한다. 군사 관련 CO_2 배출량은 국가 배출량 통계에 포함되지 않는다. 이라크 전쟁에서 미군은 2003년부터 2010년까지 약 1억 6천만 톤에서 5억 톤의 CO_2를 배출했으며,[55] 여기에는 폭발로 인한 직접적인 배출량은 포함되지 않았다. 기후변화로 인해 건강, 날씨, 안전이 악화됨에 따라 사람들은 기후변화에 대해 더 많이 인식하게 되고 국가는 더 적극적으로 행동에 나서게 될지도 모른다. 그렇지 않다면 에너지,

---

53 Environmental and Energy Study Institute, "Fact Sheet: Faith Organizations and Climate Change," http://www.eesi.org/papers/view/fact-sheet-faith-organizations-and-climate-change.

54 International Islamic Climate Change Symposium, "Islamic Declaration on Global Climate Change," http://islamicclimatedeclaration.org/islamic-declaration-on-global-climate-change/.

55 Mike Berners-Lee and Duncan Clark, "What's the carbon footprint of … the Iraq war?" *The Guardian*, July 8, 2010.

물, 식량을 놓고 국가들이 서로 싸우게 될 것이며, 부유한 국가와 가난한 국가 모두의 국가 안보에 위협이 될 것이다. 이 새로운 형태의 불평등은 소득 불평등보다 사람들의 생활과 생존 방식에 훨씬 더 깊은 타격을 줄 것이다. 존 케리 국무장관은 2014년 자카르타에서 학생들에게 "기후변화는 이제 세계에서 가장 무서운 대량살상무기로 간주될 수 있다."[56]라고 말했다.

음식과 온실가스 배출량

많은 사람이 채식을 하는 이유는 식용으로 동물을 죽이는 것을 원하지 않기 때문이다. 하지만 지구 온난화로 인해 많은 종이 죽어가고 있다는 사실을 알게 된 지금, 우리는 식용을 위해 동물을 도살하는 것을 피해야 한다는 것뿐 아니라 다른 이유 때문에도 채식을 해야 한다.

우리가 먹는 음식은 배출되는 온실가스의 양에 큰 차이를 만든다.[57] 예를 들어, 대부분의 육식주의자가 1회 분량인 100g(3.5온스)의 고기를 매일 먹는다면, 그 식단은 약 7.2kg의 이산화탄소를 배출하게 된다. 채식주의자라면 일일 탄소 배출량은 그 절반이다.

육식주의자라고 하더라도 어떤 종류의 고기를 먹느냐에 따라서 큰 차이가 생긴다.[58] 소고기와 양고기는 닭고기, 돼지고기, 생선,

56 Matthew Lee, "Climate change world's 'most fearsome' weapon of mass destruction: Kerry," *CTV News*, February 16, 2014.

57 Oxford study based on British diets, Peter Scarborough et al., "Dietary greenhouse gas emissions of meat-eaters, fish-eaters, vegetarians and vegans in the UK," *Climatic Change* (2014). doi: 10.1007/s10584-014-1169-1.

달걀보다 토지, 물, 탄소 배출에 훨씬 더 큰 부정적인 영향을 미친다(그림 1). 우리가 소고기와 양고기를 먹지 않으면 지구에 미치는 환경 피해가 크게 줄어든다. 왜냐하면 소나 양이 효율적으로 먹이를 먹고 소화하지 못하고 있으며, 소나 양을 키우기 위해 현재도 숲이 벌채되고 있기 때문이다. 소고기와 양고기를 식단에서 빼고 하루 육류 섭취량을

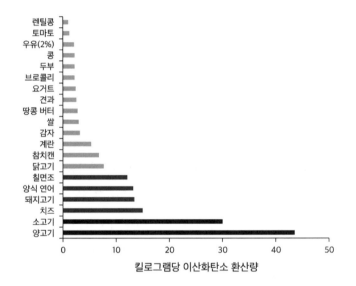

그림 1: 식품에서 발생하는 온실가스 배출량. 식품(농장에서 식탁까지) 킬로그램당 CO₂e(이산화탄소 환산량). 출처http://www.ewg.org/meate atersguide/a-meat-eaters-guide-to-climate-change-health-what-you-e at-matters/climate-and-environmental-impacts/. Environmental Working Group, www.ewg.org. 허가를 받아 제재함.

58 Gidon Eshel et al., "Land, irrigation water, greenhouse gas, and reactive nitrogen burdens of meat, eggs, and dairy production in the United States," PNAS 111 (February 2014). doi: 10.1073/pnas.1402183111.

4온스 미만으로 제한해 보라. 탄소 발자국(탄소 배출량)과 함께 허리둘레〔비만〕도 줄어들 가능성이 높다.

육류 섭취를 줄이게 되면 탄소 배출량을 줄이는 동시에 물 사용량도 줄일 수 있다. 탄소 발자국과 물 발자국〔수자원 소비량〕은 서로 비례관계에 있다. 특정 작물 재배, 가축 사육, 기타 제품 생산에 얼마나 많은 물이 사용되는지를 알려면, http://waterfootprint.org/en/resources/interactive-tools/를 참고하기 바란다.

당신의 생태 발자국

생태계와 조화를 이루며 살아갈 경우, 자원을 절약하고 환경을 보호하는 것은 본질적인 가치를 가지며 삶의 방식이 된다. 우리는 휴식을 취할 때 노트북을 절전모드로 전환하고, 산책할 때 쓰레기를 줍고, 지역 농산물 시장에서 채소를 구입하고, 퇴비를 만들고 및 재활용을 하고, 쓰레기 매립 용기에 거의 아무것도 넣지 않으며, 자가용을 사용하는 대신 대중교통이나 자전거를 이용하고, 추울 때는 난방을 켜기보다는 재킷이나 담요를 챙긴다. 일상생활에서 친환경을 실천할 수 있는 방법은 더 많다. 이러한 활동은 종종 자신을 돌아보면서 자연에 감사하는 시간이 되기도 한다. 예를 들어, 샤워를 하거나 설거지를 하고 난 물을 재활용하여 문 밖에 있는 식물에 물을 주는 것은 주변의 아름다움을 즐기고 우리 모두를 지탱해 주는 어머니 지구와 연결되는 시간을 제공한다.

자유시장 경제 모델에서는 보통 개인의 시간은 에너지를 절약하거나 쓰레기를 줄이는 데 낭비하기에는 너무 귀중한 것으로 간주된다.

어떤 지인은 나에게 이렇게 말했다. "결국, 저는 직장에서 시간당 50달러를 벌기 때문에 시간당 50달러의 가치가 있을 때만 재활용에 신경 쓰고 싶은데, 그것은 그만한 가치는 없다."

불교경제 모델에서는 우리는 감사하는 마음으로 에너지를 절약하고 쓰레기를 줄인다. 틱낫한 스님이 쓰고 있는 것처럼, "환경에 대한 관심은 의무가 아니라 개인과 집단의 행복과 생존의 문제다. 우리는 어머니 지구와 함께하는 방식으로만 생존하고 번영할 것이다. 그렇지 않으면 우리는 전혀 생존하지 못할 것이다."[59]

몇 분만 시간을 내어 자신의 탄소 발자국 또는 생태 발자국을 온라인으로 계산해 보라. 발자국(에너지 소비량)을 줄이고 자연과 더 조화롭게 살기 위해서 우리가 우리의 생활 방식을 어떤 식으로 변화시켜야 하는지에 대해 많은 것을 배울 수 있다. 생태 발자국은 http://www.wwf.org.au/our_work/ people_and_the_environment/human_footprint/footprint_calculator/에서 계산할 수 있다. 탄소 발자국은 http://www.nature.org/greenliving/carboncalculator/index.htm 또는 http://www3.epa.gov/carbon-footprint-calculator/에서 계산할 수 있다.

국제적 행동: 정치

지구 온난화는 그 영향이 광범위하고 국경을 넘어서는 것이기 때문에 해결하기가 어렵다. 이에 반해 온실가스 배출을 줄이는 데 드는 비용은

---

59 Thich Nhat Hanh, *Love Letter to the Earth* (Berkeley, CA: Parallax Press, 2013), 82.

각 국가나 지역에서 부담해야 한다.

한 국가가 역사적으로 지구 온난화를 얼마나 많이 일으켰든 그리고 기후변화의 악영향으로 인해 얼마나 많은 고통을 겪게 되든, 우리는 다음 네 가지 전선에서 함께 행동을 취해야 한다. (1) 지구 온난화를 2℃ 이하로 유지하기 위해 온실가스 배출을 줄이는 것, (2) 극단적인 날씨와 해수면 상승에 대한 인류 공동체의 회복력을 높이는 것, (3) 사치스러운 소비를 줄이고 모든 사람에게 기본적인 소비재를 제공하는 것, (4) 인구 증가를 제한하는 것. 이 네 가지 목표 각각은 모두 지속 가능한 세계 경제를 만드는 데 중요한 역할을 하므로 다른 것에 의해 대체될 수 없다. 온실가스 감축과 인류공동체의 회복력 증진 중 하나를 선택하거나 사치스러운 소비의 감소나 인구 억제 중 하나를 선택하는 것이 중요한 것이 아니라, 네 가지 모두가 중요하다.

온실가스 배출의 역사와 현재

지구의 자연 시스템이 대기 중 탄소를 흡수하는 데는 수십 년, 심지어 수백 년이 걸리기 때문에, 미국과 기타 공업국은 1850년부터 2007년 사이에 배출된 누적 CO_2의 대부분에 대해서 책임이 있다.[60] 미국은 역사적 이산화탄소 배출량의 29%에 대해 책임이 있으며, 이는 미국 다음의 4개국(중국 9%, 러시아 8%, 독일 7%, 영국 6%)의 배출량을 합친 양에 해당한다. 중국의 경제는 1970년대 중반부터 성장하기 시작하여 2000년 이후에 비약적으로 발전했으며, 이산화탄소와 미소

---

60 Clark, Duncan, "Which nations are most responsible for climate change?" The ultimate climate challenge FAQ, *The Guardian*, April 21, 2011.

입자상 물질의 배출량도 이에 따라 급증했다.

온실가스는 대부분 화석 연료, 삼림 벌채, 시멘트에서 발생한다. 각 국의 온실가스 배출량을 살펴보면, 2012년에는 중국이 전 세계 온실가스 배출량의 22.4%로 1위를 차지했고, 미국(12.2%), 유럽연합 15개국(7.0%), 인도(6.1%), 러시아(4.7%)가 그 뒤를 이었다. 이 상위 5개 온실가스 배출국이 전 세계 온실가스 배출량의 절반을 약간 넘는 양을 배출했다.[61]

1인당 CO_2 배출량[62]을 살펴보면 선진국 중 미국에 필적하는 나라는 호주뿐이다. 두 나라 모두 2010년에 1인당 17톤의 CO_2를 배출했다. 미국과 호주를 제외한 다른 거대 경제국들의 1인당 CO_2 배출량은 훨씬 적어서, 러시아는 미국과 호주보다 30%가 적고, 독일은 45%, 영국은 55%, 중국은 70%가 적다.

일부에서는 탄소 배출량을 생산이 아닌 소비로 측정해야 한다고 주장한다. 이는 많은 신흥국이 부유한 국가에서 소비되는 수출 상품을 생산할 때 CO_2가 발생하기 때문이다. 이러한 접근 방식은 벨기에, 미국, 아일랜드, 핀란드, 호주 등 부유한 국가의 탄소 발자국을 크게 증가시키고, 중국, 브라질, 인도 등 개발도상국의 탄소 발자국을 낮출 수 있다. 하지만 현실적인 관점에서 보면, 각국의 정부가 탄소

61 Calculated from World Resources Institute CAIT Climate Data Explorer: Historic Emissions. http://cait.wri.org/.

62 Calculated from: Clark, Duncan, "Which nations are most responsible for climate change?" The ultimate climate challenge FAQ, *The Guardian*, April 21, 2011.

배출량의 감축을 강제해야 하기 때문에, 이산화탄소가 생산되는 국가에서 이산화탄소 배출량을 측정해야 한다.

과거에 화석 연료를 태웠던 공업국들이 현재의 지구 온난화에 많은 부분 책임이 있지만, 지구 온난화가 재앙적인 수준으로까지 진행되는 것을 막기 위해서는 지금 당장 온실가스 배출을 막는 데 초점을 맞춰야 한다. 그러나 미국은 탄소 없는 경제를 실현하는 데 앞장서기는커녕 계속해서 대량의 이산화탄소를 배출하고 있다. 많은 미국인은 이미 사용 가능하고 널리 보급될 필요가 있는 기술에 대한 비용을 지불하기를 원하지 않는 것 같다. 예를 들어, 정부에 의한 연비 효율 규제가 강화됨에 따라 에너지 효율이 높은 차종들이 많이 출시되었음에도 불구하고, 미국인들은 2014년에 유가가 급격히 하락하기 시작하자 기름을 많이 소비하는 SUV와 픽업트럭을 앞다투어 구매했다. 2014년에 판매된 차량의 절반 이상이 트럭과 SUV였으며, 전기차와 하이브리드는 5.6%에 불과했다.[63] 지구 온난화에 관심이 많은 미국인조차도 자신들의 탄소 발자국을 줄이기 위해 필요한 행동을 하지 않고 있다.

기후변화의 충격

남아시아와 사하라 사막 이남의 아프리카 국가들은 기후변화로 인한 기상이변, 농업 생산성 감소, 해수면 상승으로 인해 극심한 위험에 직면해 있다. 이들 국가는 기후변화로 인한 피해에 대처할 수 있는

---

63 Mike Ramsey, "Tesla Presses Its Case on Fuel Standards," *Wall Street Journal*, August 2, 2015.

적절한 능력이 없기 때문에 기후변화에 특히 취약하다. http://www. cgdev.org/page/mapping-impacts-climate- change의 온라인 지도 를 보면 그러한 사실을 알 수 있다.

버클리대와 스탠퍼드대에 있는 나의 동료들은 기온이 생산성에 미치는 영향에 관한 세계적인 규모의 연구 성과를 2015년 저명한 학술지 『네이처 Nature』에 발표했다.[64] 연평균 기온이 13°C(55°F)일 때 경제 생산성이 최고조에 달하며, 기온이 상승함에 따라 생산성이 급격히 감소한다. 이러한 패턴은 전 세계에서, 즉 부유한 국가와 가난한 국가 모두에서 그리고 농업 및 비농업 활동 모두에서 관찰된다. 그 결과 지구 온난화는 이미 온도가 높은 열대 국가에서는 생산성을 떨어뜨리고, 온도가 낮은 국가에서는 온도가 높아짐에 따라 생산성이 약간 향상되는 것으로 나타났다. 세계가 지구 온난화를 줄이지 않으면 전 세계 평균 생산량은 23% 감소할 것이며, 부유한 국가들은 대부분 서늘한 기후대에 있기 때문에 전 세계 소득 불평등은 더욱 심화될 것이다.

지구 온난화로 인해, 생태계를 완전히 복원하는 것은 우리의 능력을 넘어서는 것이 되었다. 녹은 빙하와 만년설을 복원할 수도, 멸종된 생물종을 되살릴 수도, 더워진 대기와 바다를 원래의 상태로 되돌릴 수도 없기 때문에, 우리는 지난 1만 년 동안의 안정된 기후로 돌아갈 수 없다. 전 세계는 온실가스 감축과 기후변화로 인한 피해에 대한

---

[64] Marshall Burke and Solomon M. Hsian et el., "Global non-linear effect of temperature on economic production," *Nature* 527 (November 2015), doi: 10.1038/nature15725.

대처가 모두 필요한 시점에 와 있다. 부유한 국가에서는, 지구 온난화를 완화하고 지속적인 피해에 대처하는 인프라를 구축하기 위한 투자를 바탕으로 경제 성장을 이루어야 한다. 신흥국의 개발은 청정에너지를 기반으로 이루어져야 하다. 불교경제학은 우리의 경제 시스템이 의미 있는 삶을 제공하기 위해서는 소비를 넘어서 지속 가능한 사회생태적 관행을 통해 탈탄소화되고 새롭게 거듭나야 한다고 가르친다. 새로운 초점은 자연을 보호하고, 피해를 견디며, 필요할 때 재건할 수 있는 회복력 있는 시스템을 개발하는 데 있다.[65] 또한 이러한 시스템은 유연하고 적응력이 뛰어나야 하며, 생태학적 과정에 대한 깊은 이해가 바탕이 되어야 한다.

COP21과 그 이후

"지구의 평균 기온을 산업혁명 이전 수준과 비교하여 2℃를 더 넘지 않도록 유지"(제2조)하기로 한 파리 협정[66]에 대해서 2015년에 COP21의 합의가 이루어졌다. 나는 이러한 합의는 유엔의 지속 가능한 개발 목표를 따르는 불교경제학의 접근법과 공업국들이 요구하는 자유시장 경제학의 접근법을 모두 인정한 것으로 본다. 각국은 2050년에서 2100년 사이에 '순 배출량 제로'를 달성하기 위해, 탄소 배출을 줄이거나 억제하고 산림을 보호하는 방법에 대해 구속력이 없는 서약을 했다. 이 협약은 취약한 국가들이 직면하고 있는 기후변화의 충격으로

---

65 http://sixfoundations.org/.

66 파리 협정의 전문은 http://www.cop21.gouv.fr/wp-content/ uploads/2015/12/l09r01.pdf.에서 찾아볼 수 있다.

인한 피해는 인정하지만, 역사적으로 대부분의 탄소 배출에 책임이 있는 부유한 국가들, 특히 미국의 책임이나 보상은 명시적으로 배제하고 있다.[67] 선진국들은 2025년까지 취약 국가들에 원조를 한다는 구속력이 없는 목표(현재 목표는 1,000억 달러)를 계속 유지했지만, 취약 국가들은 재생 에너지로 전환하고 복원력을 개발하기 위해 더 많은 재정적 도움이 필요하다.

전 세계 국가들이 온실가스 배출을 줄이기 위한 구속력이 없는 서약을 달성하기 위해 노력하고 있지만, 우리는 이미 이러한 서약이 지구 온도를 2°C 목표 이하로 유지하는 데 충분하지 않다는 것을 알고 있다. 각국이 현재의 서약을 성공적으로 이행하더라도 지구 온도는 2.7°C(또는 그 이상) 상승할 것으로 예상된다. COP21 정상들은 이러한 서약이 불충분하다는 것을 알고 있었지만, 그것을 지구 온난화를 줄이기 위한 중요한 첫걸음이라고 생각했다. 2°C 목표 이하를 유지하기 위해, COP21은 각국이 2023년부터 5년마다 자신들의 서약을 시간이 지남에 따라 상향 조정할 수 있도록 검토 메커니즘을 구축했다.

일반인들도 사용하기에 간편한 온라인 기후변화 계산기[68]는 각국의 서약이 어떻게 누적되는지를 보여준다. 이 계산기는 적어도 향후

67 Coral Davenport et al., "Inside the Paris Climate Deal," *The New York Times*, December 12, 2015.

68 http://ig.ft.com/sites/climate-change-calculator/. Another, more detailed calculator for the planet is available at http://tool.globalcalculator.org/globcalc.html?

몇 년 동안 화석 연료에 기반한 경제 발전을 지속하고자 하는 신흥국과 온실가스 배출량을 즉시 줄여야 하는 선진국 사이의 차이를 보여준다.

화석 연료에서 재생 에너지로 전환하는 데 드는 비용에 대해, 특히 석탄, 석유, 가스를 많이 생산하는 국가들과 미국의 주들에서 불만의 소리가 들린다. 하지만 이러한 자유시장 경제 접근 방식을 수용하기 전에, 스탠퍼드 대학교 연구진이 풍력, 수력, 태양광 발전(wind, water, and solar power, 영어의 첫 글자를 따서 WWS)을 통한 재생 에너지로의 전환이 기술적으로도 경제적으로도 실현 가능하다는 것을 입증했다는 사실을 알아야 한다.

이 연구는 139개 국가가 2030년까지는 80%, 2050년까지는 100%에 이르도록 재생 에너지로 전환할 수 있는 방법을 보여주는 상세한 로드맵을 제공하고 있다. 이 보고서는 전환 비용에 대한 데이터와 함께 고용, 임금 및 건강 관련 비용에 미치는 영향에 대한 추정치를 제공한다. 전 세계적으로 2050년에 WWS 전력으로 전환하면 화석 연료를 계속 사용할 때와 비교하여 1인당 평균 연간 170달러의 연료비를 절약할 수 있다. 그리고 대기 오염으로 인한 1인당 평균 피해액을 약 2,880달러까지 줄일 수 있고, 1인당 평균 연간 1,930달러의 지구 온난화 비용을 추가로 절감할 수 있다.[69]

2025년까지 온실가스 배출량을 2005년 수준에서 26% 감축하겠다고 서약했던 미국의 경험은 각국이 파리 서약을 실행에 옮길 때 직면하는 어려움을 잘 보여준다. 이 서약은 버락 오바마 대통령의 청정

---

[69] 이 그림들은 2013년 달러로 표시되어 있다. http://web.stanford.edu/group/ efmh/jacobson/ Articles/I/CountriesWWS.pdf.

전력 계획(Clean Power Plan)[70]에 기반하고 있는데, 이 계획은 각 주가 발전소, 특히 석탄 발전소에서 발생하는 탄소 오염을 줄이도록 요구하고 있다. 청정 전력 계획에 대해서는 특히 석탄을 채굴하여 화력 발전에 의존하는 주들이 법정에서 이의를 제기했다. 2016년 2월 대법원은 청정 전력 계획의 실시를 유예하는 판결을 내렸고, 현재 그 결과는 오리무중이다. 다행히 서부 해안과 북동부를 중심으로 하는 주와 지역사회가 행동을 취한 결과 탄소 배출을 줄이는 데 성과를 내고는 있지만, 미국은 파리 서약을 이행하기 위해서 아직 더 많은 노력을 기울여야 한다. 전 세계가 미국이 파리 서약을 포기한 것으로 간주한다면 중국과 인도와 같은 주요 온실가스 배출국은 탄소 배출량 감축보다 경제 성장에 더 집중할 구실을 갖게 된다.

탄소 기반 경제는 소비주의적 생활 방식을 뒷받침하기 위해 자연을 착취해 왔다. 그러나 인간은 자연을 지배할 수 없다는 사실이 마침내 분명해졌다. 지구 온난화를 막기 위해 생태계를 지배하려고 노력하는 대신, 우리도 생태계의 일부라는 사실을 깨달아야 한다. 불교경제학에서 가르치는 것처럼, 인류가 생존하기 위해서는 환경에 적응해야 하고 자신의 일부로서 환경을 돌보아야 한다.

탈탄소 세계로 이행하기 위해서는 재생 에너지원으로 전기와 열을 생산해야 하고, 공업생산은 재생 가능한 에너지만을 사용해야 하고, 육상 교통수단은 청정에너지 차량으로만 구성해야 한다는 사실을 우리는 이미 알고 있다. 국가는 삼림 벌채를 중단하고, 농업은 지속

---

70 Clean Power Plan: http://www.epa.gov/cleanpowerplan/clean-power-plan-existing-power-plants.

가능한 방식으로 이루어져야 하며, 사람들은 육류를 덜 먹어야 한다. 이러한 조치를 취할 수 있는 기술은 이미 나와 있다.

우리는 개인에서 지역, 국가, 전 세계에 이르는 모든 수준에서 다각적인 접근 방식을 통해 지구 온난화에 대처해야 한다. 우리가 알고 있는 바와 같은 인류의 삶이 지속할 수 있는지는 이러한 대처에 달려 있다.

5장 부자와 가난한 사람 모두를 위한 번영

"우리는 인류를 빈곤과 결핍의 폭정에서 해방하고 지구를 치유하고 보호할 것을 결의한다. 우리는 세계를 지속 가능하고 회복력 있는 길로 전환하는 데 시급히 필요한 대담하고 혁신적인 조치를 취할 것을 결심한다."[1]

    – 유엔, 우리의 세계를 변혁한다: 지속 가능한 개발을 위한 2030 아젠다

우리가 모든 사람의 상호 의존을 이해하고 경제적 성과를 모든 사람의 삶의 질에 기초해 평가한다면, 우리는 **공동 변영**이라는 불교경제학의 목표, 즉 전 세계 사람들에게 편안하고 즐거운 삶을 제공하는 동시에 생태계와 조화롭게 살아가기 위해 글로벌 자원을 사용한다는 목표를 추구하는 올바른 길로 나아갈 수 있을 것이다. 그러나 우리는 적절한 식량, 깨끗한 물과 위생 시설, 주거住居가 부족한 수십억 명의 사람들에게 최소한의 필수품조차 제공하지 못하고 있다. 한편 부유한 국가의 생활 방식은 지구를 황폐하게 만드는 생태 발자국을 남긴다. 그렇다면 어떻게 지속 가능한 방식으로 공동 번영을 이룰 수 있을 것인가?

---

1 United Nations Sustainable Development Knowledge Platform online, "Transforming out world: the 2030 Agenda for Sustainable Development."

지구의 풍요로움을 전 세계적으로 공유하기 위한 기본틀

모든 사람이 서로 연결되어 있다면, 모두의 욕망과 필요도 서로 의존하고 있다. 각 개인이 독립적이고 명확한 욕망을 가지고 있다고 가정하는 자유시장 모델은 사라진다. 사회적인 복지는 더 이상 모든 사람의 소비를 단순히 더한 것이 아니다. 너의 행복이 나의 행복에 더해지고, 우리의 행복은 소득보다 훨씬 더 많은 것에 의존하기 때문에, 사회의 행복은 개인들의 소비를 합한 것보다 훨씬 더 크게 된다. 우리가 전 세계적으로 자원을 공유할 때 행복은 물결처럼 퍼지게 된다.[2]

자유시장 경제학에서 경제 활동은 욕망을 충족시킬 뿐만 아니라 욕망을 만들어낸다. 불교경제학에서는 끝없는 욕망이 고통의 원인이 되며, 모든 사람이 편안한 삶을 누릴 수 있게 함으로써 고통을 줄일 수 있다고 주장한다. 경제가 발전함에 따라 삶의 질은 소비를 넘어 비非시장 활동과 사람들의 삶을 풍요롭게 하는 것에 더 많이 의존하게 된다.

부유한 국가의 사람들 대부분은 생존에 필요한 기본재를 구입할 수 있기 때문에, 삶의 질은 삶을 더 쉽고 재미있게 만들어주는 다양한 재화의 소비와 건강 그리고 사회적인 네트워크의 상태에 따라 달라진다. 하지만 부유한 사람들이 삶을 즐기기 위해서는 얼마나 많은 소비가 필요할까? 지난 장에서 우리는 모든 사람이 부유한 나라에 사는 사람들의 생활 방식을 누릴 수 **없다**는 사실을 보았다. 모든 사람이

---

2 Anthony B. Atkinson (2012), "Public Economics After the Idea of Justice," *Journal of Human Development and Capabilities* 13 (July 2012), 521–36. doi: 10.1080/19452829.2012.703171.

그런 생활 방식을 누리기 위해서는 적어도 지구 네 개가 필요하기 때문이다. 지속 가능한 공동 번영을 위해서는 부유한 나라의 사람들이 가난한 나라의 사람들이 편안하게 살 수 있도록 더 단순하고 지속 가능한 생활 방식을 배워야 한다. 우리는 궁핍을 초래하는 것을 멈추고 번영을 나누기 시작해야 하며, 절망을 번영으로 바꿔야 한다.

불교경제학은 부유한 나라 사람들이, 외국의 노동자들, 심지어 어린이들이 매우 낮은 임금을 받으며 위험한 환경에서 장시간 노동하면서 만든 값싼 물건들을 구매함으로써 발생하는 해악을 인식하고 있다. 이는 자연환경과 가난한 나라들을 부유한 국가가 지배하고 착취할 수 있는 자원으로 간주하는 자유시장 경제학과 뚜렷한 대조를 이룬다. 자유시장의 지지자들은, 일부 사람들은 여전히 굶주리더라도 경쟁적인 시장이야말로 가능한 최선의 결과를 보장하는 반면에 원조는 글로벌 시장을 방해하고 부패를 지원할 수 있다고 믿는다.[3] 이처럼 참을 수 없는 불공정이 용인되고 있다.

부와 소득의 세계적 격차

뭄바이의 빈민가나 에티오피아의 시골 마을을 방문하여 수돗물도 화장실도 없는 어둡고 비좁은 방이나 오두막에서 굶주리고 발육 부진에 시달리는 아이들을 직접 보지 않는 한, 전 세계 불평등의 규모를 가늠하기 어려울 것이다. 기본적인 생필품이 부족한 사람들의 일상적

---

3 예를 들어, H. Doucouliagos and M. Paldam, "Conditional Aid Effectiveness: A Meta-Analysis," *Journal of International Development*, 21 (January 2009): 1582- 1601.

인 고통은 빈곤과 불평등을 기록하는 데 자주 사용되는 그래프와 표에는 잘 드러나지 않는다. 그러나 전 세계의 번영을 나누고 고통을 줄이는 방법이라는 문제의 규모를 이해하기 위해서는 이러한 데이터가 필요하다.

전 세계 부는 소수의 억만장자 그룹에 집중되어 있으며, 이들의 부는 빠르게 증가하고 있다.[4] 『포브스 Forbes』지에서 발표한 억만장자 리스트의 최상위 80명의 부자는 하위 50%의 인구가 가진 재산만큼 많은 재산을 소유하고 있다. 80명의 부자가 35억 명의 인구만큼의 재산을 가지고 있다고 상상해 보라. 이들 중 상당수는 금융, 제약, 화석 연료 등 몇 가지 핵심 산업에서 부를 쌓았으며, 이들 기업은 이익을 늘리고 보호하며 세금을 낮추기 위한 정책들을 끌어내기 위한 로비에 막대한 자금을 지출했다.[5]

이러한 탐욕은 도를 넘어선 것일 뿐 아니라, 부도덕한 행위다.

우리는 70억 명 이상의 인구에 분산되어 있는 전 세계 소득 분포보다 소수의 손에 집중되어 있는 전 세계 부의 분포에 대해 더 많이 알고 있다. 좋은 소식은, 우리가 가지고 있는 데이터에 따르면 '중산층'이 성장함에 따라 전 세계 불평등이 완만하게 감소하고 있다는 것이다.[6]

---

4 Oxfam Research Brief, "Wealth: Having It All and Wanting More," Oxfam.org, January 2015. Based on the Forbes billionaires list 2002–2014, http://www.forbes.com/billionaires/.

5 같은 곳.

6 Globalinequality (blog), "National vices, global virtue: Is the world becoming more equal?" December 22, 2014. Data for 2011, 2008, and 1988.

나쁜 소식은 지난 30년 동안 상위 1%의 소득 비중이 증가하면서 대부분의 국가에서 소득 불평등이 커졌다는 것이다.[7] 미국의 경우, 세계금융 불황으로부터의 회복기에 상위 1%가 국민소득 증가분 전체의 95%를 누리면서 소득 증가분을 거의 완전히 독식한 반면, 하위 90%는 2009년부터 2012년까지 소득이 감소했다.

글로벌 부자들의 소득이 얼마나 되는지 좀 더 자세히 살펴보자.[8] 2012년 상위 1,000명의 억만장자는 2,400억 달러의 소득을 얻었지만, 이들이 전 세계 인구의 12.7%를 차지하는 극빈층(하루 생활비 1.25달러 미만)을 곤경에서 구하기 위해 그들의 소득에서 필요한 자금을 지출해도, 그들은 여전히 어마어마한 부자로 남을 것이다.

불교경제학에서는 이렇게 엄청난 불평등을 용납할 수 없다.

부유한 국가 내의 불평등은 중요한 문제인가?

부유한 국가 내의 불평등은 부유한 국가와 가난한 국가 간의 세계적인 소득 격차에 비해 중요하지 않은 것처럼 보이지만, 그러한 불평등 역시 여전히 불필요한 고통을 야기한다. 사람들은 자신이 속한 공동체 의 사회적 규범에 따라 생활하며, 텔레비전과 소셜 미디어에 등장하는 사람들을 비롯한 다른 사람들과의 비교를 바탕으로 자신의 경제적

---

7 Oxfam International online, "Working for the Few: Political capture and economic inequality," January 2014.

8 Oxfam International online, "Income of richest 100 people enough to end poverty four times over," January 18, 2013. The UN defined extreme poverty as income of or below $1.25 per day in 2005 international dollars.

행복을 판단한다. 불평등은 더 평등한 세상에서보다 사람들이 덜 행복하다고 느끼게 만든다. 소득이 더 평등하게 분배되면, 악의적인 비교가 공동체적 소속감으로 대체되고 지위를 과시하기 위한 소비가 기본재의 소비로 대체되기 때문에 사회적인 행복이 향상된다.

국가가 불평등을 선택한다

국가마다 국민들 사이의 불평등을 어느 정도 용인하는지는 다르다. 이는 한 국가의 불평등은 그 국가의 가치와 문화를 반영하기 때문이다. 불평등 전문가인 경제학자 조지프 스티글리츠(Joseph Stiglitz)는 한 국가의 불평등은 자본주의의 내재적 결과가 아니라 국가가 국내법과 제도를 통해 선택한 결과라는 것을 입증했다.[9] 스웨덴, 핀란드, 노르웨이 등 일부 민주주의 사회에서는 아동 복지와 공동 번영을 최우선 과제로 삼고 있으며, 이러한 국가들은 광범위한 소득 평등을 달성하여 모두의 생활수준을 높였다. 다른 국가들은 완전히 다른 접근 방식을 취했다. 스티글리츠는 많은 국가에서 불평등을 심화시킨 국가적인 규제들의 리스트를 제시한다.[10] 이러한 리스트에는 세계 무역 협정의 확산, 소득 및 상속에 대한 세금 감면, 노동조합의 약화, 금융 산업 규제 완화에 따른 부유한 금융가의 급격한 증가, 기업들의 통합에 따른 시장 지배력 증가 등이 속한다.

---

[9] Joseph Stiglitz, *The Price of Inequality: How Today's Divided Society Endangers Our Future* (New York: Norton, 2013).

[10] Tina Rosenberg, "Guiding a First Generation to College," Opinionator, *New York Times*, April 26, 2016.

잘 알려진 지니 계수를 통해 각 국가의 소득 불평등 정도를 빠르게 살펴볼 수 있다. 지니 계수는 0(모든 사람이 동일한 소득을 가짐)에서 1(한 사람이 모든 소득을 가짐)까지의 범위를 갖는다. 그림 2를 보면 노르웨이와 독일은 소득 평등도가 훨씬 높고, 미국과 중국은 불평등도가 훨씬 높으며, 인도는 중간에 있음을 알 수 있다. 어떤 사람들은 노르웨이, 스웨덴, 덴마크가 대부분 동질적인 민족으로 구성된 작은 나라라는 이유로 이들 국가가 실현한 평등을 무시하고 싶어 한다. 하지만 인구가 더 많고 민족이 다양한 독일과 프랑스는 미국이나 영국보다 훨씬 더 많은 평등을 달성했다. 스티글리츠의 말이 맞다. 정부의 정책은 사람들이 국가의 자원을 공유하는 방식을 결정한다. 공동 번영이라는 목표는 가능하다.

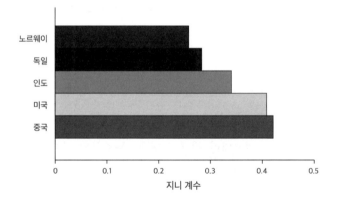

지니 계수

그림 2: 5개국에서의 불평등, 2013년 가처분 소득(세금 및 사회보장수당과 같은 정부 프로그램을 제외한 개인소득)의 분포를 기준으로 한 지니 계수. 지니 계수가 **낮을수록** 소득 분배가 **더 평등하다**는 사실을 기억하라. 출처: OECD 소득 분배 데이터베이스(IDD) 및 UNDP〔유엔개발계획〕 인간 개발 보고서에서 계산.

영국의 경제학자 앤서니 앳킨슨(Anthony Atkinson)은 평등은 정부의 정책에 의한 선택이라는 데[11] 동의하면서 "무엇을 할 수 있을까요?"라고 묻는다. 그는 불평등이 정부 정책을 어떻게 반영하는지 보여주기 위해 역사 여행을 떠난다. 예를 들어, 그는 1960~1964년에서 2005~2009년까지 로널드 레이건과 마거릿 대처의 리더쉽 아래 미국과 영국이 주도했던 소득 상위 1%에 대한 세율 인하가 각국에서 상위 1%의 소득 비중을 어떻게 증가시켰는지 보여준다. 불평등을 줄이기 위해 앳킨슨은 일부는 이미 검증된 바 있는 15가지 정책의 도입을 제안한다.[12] 그것들에는 최저 임금 인상, 노조와 노동자의 협상력을 강화하는 법, 최고 세율 65%의 누진 소득세(소득이 증가할수록 세금이 증가하는 세금), 누진 상속세, 아동 수당 등이 포함되어 있다. 그런 다음 앳킨슨은 일자리를 찾을 수 없는 사람들을 위해 생활 최저 임금으로 공적인 고용을 보장하고, 성인이 되면 모든 사람에게 자본 기부금(최소 상속금: 교육 혹은 자신의 장래에 대한 투자 자금)을 지급할 것을 제안함으로써 자신의 리스트를 더욱 확장한다.

불평등에 관심이 있는 다른 경제학자들도 저소득층을 돕는 누진세와 여러 정책을 지지한다. 예를 들어 노벨 경제학상 수상자인 토머스 셸링(Thomas Schelling)은 불평등이 심해지면 고소득층에 대한 소득세가 자동으로 인상되어야 한다고 주장한다. 나의 버클리 대학 동료들은

---

11 Robert J. Shiller, "Better Insurance Against Inequality," *New York Times*, April 12, 2014.

12 Anthony B. Atkinson, *Inequality* (Cambridge, MA: Harvard University Press, 2015).

142

캘리포니아주에서 최저 임금을 인상해도 저임금 일자리의 임금이 높아지면 이직률(비용증가의 요인)이 낮아지기 때문에 고용 감소로 이어지지 않는다는 것을 보여주었다.[13]

우리는 또한 한 국가 내에서 소득이 어떻게 분배되는지와 관계없이 국가 간 평균 소득에 큰 차이가 있음을 보았다.[14] 2014년 1인당 평균 국내총생산(GDP)은 미국에서 거의 55,000달러에 달했고, 노르웨이에서는 이보다 훨씬 높은 65,000달러에 달했다. 아프리카의 극빈 국가인 콩고민주공화국과 니제르의 1인당 평균 GDP는 각각 746달러와 938달러였다. 사람들은 하루 1.90달러 미만으로, 또는 연간 700달러로 생존하기 위해 분투하면서 극심한 빈곤 속에 살았다.

전 세계적인 노력으로 고통을 줄일 수 있다

극심한 빈곤을 줄이기 위한 유엔의 노력은 공동의 노력이 성과를 거둘 수 있다는 것을 보여준다.[15] 2015년까지 세계 최빈층의 삶을 개선하기 위해 15년간 추진된 유엔의 새천년 개발 목표(UN's

---

13 M. Reich et al. "Minimum Wages Across State Borders," *Review of Economics and Statistics* (2010).

14 Wikipedia, "List of countries by GDP (PPP) per capita," accessed March 6, 2016. 극빈의 임계값은 세계 물가가 재계산될 때 조정된다. Francisco Ferreira, "The international poverty line has just been raised to $1.90 a day, but global poverty is basically unchanged. How is that even possible?" Worldbank.org, October 4, 2015를 참조할 것.

15 United Nations Department of Economic and Social Affairs online, "The Millennium Development Goals Report 2015."

Millennium Development Goals)의 주요 성과는 전 세계 빈곤 감소였다. 1990년 개발도상국 인구의 43%에 달하는 20억 명에 육박하던 극빈층 인구가 2012년에는 개발도상국 인구의 17%인 9억 명 미만으로 감소했다. 다른 밀레니엄 목표들에서도 진전이 있었다. 유아 사망률은 절반으로 감소하여 출생수 1,000명당 43명으로 줄었지만, 여전히 매일 1만 6천 명의 어린이가 영양실조도 심해서 예방이 가능한 병들인 폐렴, 설사, 말라리아로 인해 사망하고 있다. 안전한 식수를 공급받지 못하는 인구는 1990년 26억 명에서 2012년 6억 6,300만 명으로 전 세계적으로 극적으로 감소했다. 그러나 위생 시설의 보급은 크게 뒤처져 인구 3명 중 1명(24억 명)은 여전히 적절한 위생 시설 혜택을 누리지 못하고 있다. 초등 교육 등록률은 91%까지 증가했으며, 농업 이외의 분야에서 여성의 고용기회가 증가하고 국가 선출직에 여성이 더 많이 진출하는 등 여성의 지위가 향상되었다.

2015년 유엔은 2030년까지 달성하는 것을 목표로 더욱 야심 찬 지속 가능한 개발 목표(SDG: Sustainable Development Goals)를 채택했다. 이 새로운 계획은 복잡하며, 17개의 상호 연관된 지속 가능한 개발 목표들과 169개의 중간 목표들로 구성되어 있다. 공동 번영에 관한 이 장에서는 그중 특히 세 가지 목표, 즉 불평등의 축소(목표 10), 성장(목표 8), 지속 가능한 소비와 생산(목표 12)을 다룬다.

지속 가능한 개발 목표는 불교경제학을 반영하는 다섯 가지 P[16]로

---

16 United Nations Sustainable Development Knowledge Platform, https://sustainabledevelopment.un.org/content/documents/7891Transforming%20Our%20World.pdf.

요약할 수 있으므로, 17개라는 너무 많은 목표에 놀랄 필요는 없다.

사람(People): 모든 인간이 존엄성과 평등, 건강한 환경에서 잠재력을 발휘할 수 있도록 보장한다.

지구(Planet): 지구가 현재와 미래 세대의 필요에 부응할 수 있도록 천연자원을 지속 가능하게 관리하고 기후변화에 대해 긴급 대책을 강구한다.

번영(Prosperity): 모든 인류가 풍요롭고 만족스러운 삶을 누릴 수 있도록 보장하고 경제적·사회적·기술적 발전이 자연과 조화를 이루며 이루어질 수 있게 한다.

평화(Peace): 공포와 폭력이 없는 평화롭고 정의로우며 포용적인 사회를 조성한다.

파트너십(Partnership): 이러한 목표들, 특히 가장 가난하고 취약한 사람들의 필요에 초점을 맞춘 목표들을 달성하기 위해 모든 국가와 수단을 동원한다.

유감스럽게도, 2008년부터 시작된 글로벌 경기 침체, 중동과 아프리카의 전쟁, 정치적 불안정 등으로 인해 과거와 현재의 유엔 개발 목표를 실현하는 것은 방해를 받아왔다.[17] 그럼에도 많은 것이 달성되었다는 점은 찬양할만하다. 유엔의 노력으로 전 세계 빈곤층 인구가 줄어들었을 뿐만 아니라, 전 세계적으로 말라리아 발병 건수도 급격히 감소했다. 부유한 세계는 2000년 이후 말라리아 예방 및 치료 프로그램에 대한 국제적 자금 지원을 10배 늘렸으며, 지금까지 620만 명 이상의

17 Jeffrey Sachs, *The Age of Sustainable Development* (New York: Columbia University Press, 2014). 이 책은 국가가 가난한 7가지 이유를 분석한다.

사람들이 말라리아로 인해 사망하는 것을 예방할 수 있었다. 전 세계 말라리아 발병률은 3분의 1 이상 감소했으며, 사망률은 절반 이상 감소했다.

이는 부유한 세계가 행동을 취하고 자원을 제공하기로 결의하면 긍정적인 결과가 빠르게 나타날 수 있다는 것을 의미한다. 풍요로운 세상에서 극심한 빈곤과 예방 가능한 질병은 부도덕한 일이며, 부유한 세계는 이 이 두 가지를 지체 없이 종식시킬 수 있고 또한 종식시켜야 한다. 우리는 인권을 존중하는 지속 가능한 세상에서 모든 사람이 존엄성을 갖고 편안한 삶을 산다는 목표를 달성할 수 있다.

불교경제학에서는 부유한 국가가 가난한 국가에 자원을 제공하는 것은 가난한 국가의 사람들을 고통에서 벗어나게 하는 데 중요한 역할을 한다고 본다. 그러나 일부 전문가들은 가난한 국가에 이전되는 자금이 인간〔가난한 국가의 권력자들〕의 탐욕의 먹이가 될 수 있으며 사람들의 삶을 개선하는 프로그램 개발로 이어지지 않을 수 있다고 주장한다. 적절한 통치(거버넌스) 구조가 부족하고 부정부패로 자원을 빼돌리는 국가에서는 외국의 원조는 문제를 야기하게 된다. 부유한 나라와 가난한 나라 사이의 격차를 줄여야 한다고 주장하는 경제학자 중 많은 사람이 부정부패 때문에 원조를 반대한다. 예를 들어, 뉴욕 대학교의 경제학 교수인 윌리엄 이스털리(William Easterly)는 빈곤국에 대한 하향식 관료주의적 접근 방식은 개인의 권리와 자유를 개선하지 못하고 현지에서 필요한 프로그램을 실현하는 데 도움이 되기보다는 부패를 조장하기 때문에 원조는 효과적이지 않다고 주장한다.[18] 반기문 유엔 사무총장이나 지속 가능한 개발 경제학자 제프리 삭스

(Jeffrey Sachs)와 같은 사람들은 원조가 가난한 나라의 고통을 덜어주고 지속 가능한 경제를 발전시키는 데 필수적인 도구라고 생각하기 때문에, 부유한 국가들이 GDP의 0.7%를 개발도상국에 대한 공적인 원조로 제공할 것을 약속하라고 촉구한다.[19]

부유한 국가들의 원조 자금이 유엔의 새천년 개발 목표를 지원했고 최종 결과는 긍정적이었지만, 원조 결과와 원조 금액은 모두 기대에 미치지 못했다. 원조의 상당 부분이 원조하는 국가의 외교 정책 목표나 상업적 이익을 위해 사용되었다. 원조의 절반 이상이 부채 탕감, 특히 은행의 파산을 피하기 위해 사용되었다. 나머지 대부분은 군사 원조나 자연재해 구호 자금으로 전용되었다.

불교경제학은 원조하는 국가의 이익에 기반하고 종종 탐욕스러운 지도자들의 주머니를 채우는 원조의 중단을 원한다. 건강과 복지, 특히 빈곤층의 건강과 복지를 증진하는 프로젝트에 대한 올바른 종류의 원조, 그리고 이전에 약속했지만 아직 전달되지 않은 더 높은 금액의 자금이 지원된다면, 매년 수백만 명의 생명을 구하고 극심한 빈곤을 종식시킬 수 있다.

지구 온난화의 위기로 돌입

기후변화로 인한 극단적인 날씨와 자연재해는 식량과 에너지 가격에

---

18 William Easterly, *The Tyranny of Experts: Economists, Dictators, and the Forgotten Rights of the Poor* (New York: Basic Books, 2014).

19 UN Millennium Project, "The 0.7% target: An in-depth look," http://www.unmillenniumproject.org/press/07.htm.

압력을 가하고 빈곤 국가에서 사망과 질병을 초래하고 있다. 기후변화에서 비롯된 피해로 인해, 지난 반세기 동안의 경제 발전과 공중 보건 개선의 성과가 사라질 위기에 처해 있다. 가난한 나라의 사람들은 이산화탄소를 거의 배출하지 않지만, 지구 온난화로 인한 피해의 대부분을 고스란히 떠안고 있다.[20] 빈곤층은 삶의 질이 악화되는 것을 견딜 수 있는 능력이 가장 취약하며, 더위, 홍수, 가뭄, 폭풍우에서 비롯된 건강 문제 외에 식량 공급 감소와 물리적인 혼란 등으로 인해 생존을 위협받고 있다.[21]

반면, 부유한 국가들은 화석 연료를 기반으로 한 산업화를 통해 번영을 이어가고 있으며, 화석 연료에서 배출되는 이산화탄소는 수십 년 동안 지구를 계속해서 뜨겁게 달굴 것이다. 결론은 가난한 국가들이 부유한 국가들의 지속적인 경제 성장을 위해 비용을 지불하고 있다는 것이다.

문제를 더욱 복잡하게 만드는 것은 신흥국들이 이제 값싼 에너지를 기반으로 한 경제 성장을 원하고 있다는 사실이다. 중국, 인도, 러시아, 브라질, 인도네시아에서 화석 연료 사용이 증가함에 따라, 막대한 온실가스 배출이 발생하고 있다. (4장을 참조)

여기서 우리는 "선진국이 개발도상국을 도와야 할 의무는 무엇인

---

[20] United Nations Development Programme, *Human Development Report 2007/2008*, UNDP.org.

[21] Nick Watts et al., "Health and climate change: policy responses to protect public health," The Lancet 386 (November 2015). doi: http://dx.doi.org/10.1016/S0140- 6736(15)60854-6.

가?"라는 논쟁적인 질문을 던져야만 한다. 불교경제학은 지금은 부유한 국가가 가난한 국가들과 번영을 공유해야 할 때라고 생각하지만, 부유한 국가들은 많은 부담을 지고 싶어 하지 않는다. 파리에서 열렸던 유엔 기후변화 당사국 총회(UN Climate Change Conference, COP21)에서 부유한 국가들은 기후변화 피해에 대한 책임을 지지 않으려 했고, 가난한 국가들이 청정에너지로 전환하는 것을 돕기 위해 매년 1,000억 달러라는 아주 적은 금액만 제공하기로 합의했다.[22] 중국은 단독으로 2015년에 이보다 더 많은 금액을 재생 에너지에 투자했다.

미국을 필두로 한 부유한 국가들은 자연재해에 대응하고, 재생 에너지에 투자하고, 더 큰 회복력을 갖는 도시를 만들기 위해 높은 GDP를 사용하면서도, 전 세계의 자원을 탐욕스럽게 사용하면서 생태계에 계속 해를 끼치고 있다. 충격적인 수치는 다음과 같다.[23] 미국은 전 세계 인구의 4.4%를 차지하고, 전 세계 GDP의 24%를 생산하며, 전 세계 CO_2 배출량의 15%를 배출하고 있다. 유럽연합은 전 세계 인구의 7%, 전 세계 GDP의 22%, 전 세계 CO_2 배출량의 11%를 차지한다. EU 28개 국가 중 7개 국가가 전체 EU 배출량의

---

22 Luke Mills and Angus McCrone, "Clean Energy Investment by the Numbers — End of Year 2015," https://www.bnef.com/dataview/clean-energy-investment/index.html.

23 탄소배출량(2013년도)은 PBL Netherlands Environmental Assessment Agency, "Trends in Global CO_2 Emissions: 2014 Report," http://edgar.jrc.ec.europa.eu/news_docs/jrc-2014-trends- in-global-co2-emissions-2014-report-93171.pdf; GDP와 인구(2015년도)는 https://en.wikipedia.org/wiki/ World_economy.

77%를 차지할 정도로 EU 내에서도 국가 간 격차가 크다.[24] 탄소 배출의 불평등은 이렇게 요약할 수 있다. 세계 인구의 빈곤한 절반이 배출하는 탄소는 세계의 10%에 불과한 반면에, 부유한 인구 10%가 배출하는 탄소는 세계의 절반에 달한다.

부유한 국가들은 중국과 인도를 필두로 한 개발도상국에게 경제가 성장해도 서구의 생활수준을 모방하지 말라고 요구할 수는 없다. 오히려 부유한 국가들은 에너지와 천연자원의 남용으로 인한 환경 피해를 줄이는 데 앞장서야 하며, 쾌적한 생활수준을 제공하는 지속 가능한 경제 성장을 달성하기 위해 전 세계 국가들과 협력해야 한다.

경제 성장이 구제책인가?

우리는 이미 지난 30년 동안 경제 성장을 활용하여 재생 에너지원에 투자하고 온실가스 배출을 줄일 수 있는 기회를 낭비했다. 이제 부유한 국가들은 막대한 자원을 활용해 청정에너지로 전환하고, 현대적인 교통 시스템을 구축하고, 농약과 너무 많은 물을 사용하지 않는 농법을 사용하고, 에너지 효율적인 건물과 주택을 만들고, 지속 가능한 수도 시스템을 구축하고, 과소비를 막고, 폐기물을 없애고, 천연자원의 착취를 끝내고, 노동 조건을 개선하기 위해 산업 관행을 규제함으로써, 경제 성장과 생태적 피해를 분리해야 한다. 다행히도, 에너지 효율을 높이고 재생 에너지를 더 많이 사용하려는 정부와 기업의 작은 노력으로 많은 국가에서 온실가스 배출량이 GDP 성장과 서서히

---

24 Oxfam Media Briefing, "Extreme Carbon Inequality," December 2, 2015, Oxfam.org.

분리되고 있다.[25] 하지만 부유한 국가들은 아직까지 '많을수록 좋다'라는 사고방식을 바꾸지 않고 있다. 그들의 경제 성장 지상주의는 지속 가능한 세계를 만드는 것을 경제 성장의 기반으로 삼기보다는 계속 증가하는 소비에 초점을 맞추고 있다.

지속 가능한 발전에 관한 전문가인 제프리 삭스(Jeffrey Sachs)는 미국에서 1980년대부터 시작된 자유시장 이데올로기의 부상과 정부 역할 감소가 어떻게 과잉 소비와 강박적인 부의 추구로 이어졌는지 탐구하고 있다. 그의 저서 『문명의 대가』에서는 특히 부유하고 권력을 갖는 엘리트층에서의 시민적 미덕의 쇠퇴가 2008년 이후 미국 경제의 위기를 초래했다고 주장한다. 삭스는 새로운 번영을 위한 길을 제시한다. "과도한 소비주의와 강박적인 부의 추구에 저항하는 것은 힘든 일이다. … 우리는 자기 인식과 절제라는 개인적 미덕과 타인에 대한 자비심이라는 시민적 미덕을 장려하는 사려 깊은 사회를 만듦으로써 현재의 경제적 환상에서 벗어날 수 있다."[26] 불교경제학은 국민의 번영과 행복으로 이끄는 이러한 길을 받아들인다.

부유한 국가의 상당수 사람이 매연을 뿜어내는 자동차, 거의 사용하지 않는 방으로 에너지가 낭비되는 집, 낭비되는 음식, 버려진 물건으로 넘쳐나는 쓰레기 매립지 등 사치스럽고 낭비적인 생활 방식을

---

25 Nate Aden, "The Roads to Decoupling: 21 Countries Are Reducing Carbon Emissions While Growing GDP," World Resources Institute, April 5, 2016, World Resources Institute (blog).

26 Jeffrey D. Sachs, *The Price of Civilization: Reawakening American Virtue and Prosperity* (New York: Random House, 2012), chapter 1, page 10.

유지하는 한, 지구를 구할 희망은 없다. 개발도상국 사람들은 부유한 국가와 같은 생활 방식을 원하기 때문에 우리의 사치스럽고 낭비적인 방식을 모방한다. 그러나 공동 번영을 위해서는 부유한 국가의 상위 60% 정도의 사람들이 삶을 간소화하고 우리 모두가 더 사려 깊게 살아야 한다. 이것이 바로 불교경제학의 핵심이다.

나는 2016년 2월 스리랑카 콜롬보에 도착했을 때 이 딜레마를 분명히 보았다. 거리는 BMW, 아우디, 메르세데스 벤츠 등 값비싼 대형 수입차들로 꽉 막혀 있었고, 부유한 동네에는 넓은 정원을 가진 큰 집들이 즐비했다. 다른 개발도상국과 마찬가지로 스리랑카의 전문직 및 비즈니스 계층은 소득이 증가함에 따라 서구식 생활 방식을 택하고 있으며, 이로 인해 외국산 자동차 및 석유 수입으로 인한 대외 무역수지가 악화되는 것은 물론이고 대기 오염, 불충분한 물 공급, 쓰레기 매립지 범람 등의 문제가 생기고 있다.

반면에, 스리랑카 인구의 하위 80%는 기본적인 생필품도 부족한 삶을 살고 있다. 이들에게 지속 가능한 개발이란 건강한 음식, 수세식 화장실과 상수도를 갖춘 안전한 주택, (재생 에너지를 사용하는) 스토브가 있는 부엌, (역시 지속 가능한 전력원에 의한) 훌륭한 전차, 공공 교육, 의료 서비스, 인터넷 연결, 모든 종교와 인권에 대한 존중을 모두에게 제공하는 것을 의미한다. 개발도상국은 화석 연료에 기반한 낡은 기술을 뛰어넘어 현대적인 '친환경' 기술을 사용하여 에너지, 통신, 교통, 위생을 제공할 수 있다. 이 경우 석유 제품의 수입이 감소함으로써 국가의 무역 수지는 개선될 것이며, 이와 함께 국민의 건강과 역량이 향상될 것이다.

결론은 스리랑카와 전 세계에서 지속 가능한 개발이 이루어지려면 부유한 국가의 사람들 대부분을 비롯한 모든 곳의 부자가 삶을 단순화하고 생태 발자국을 줄여야 한다는 것이다.

유엔은 지속 가능한 소비와 생산(SCP: sustainable consumption and production)이란 목표[27]를 통해 이를 암묵적으로 인정하고 있다. SCP는 '적은 자원으로 더 많이'로 이해되고 있다. 즉 생산과 소비 양면에서 자원 사용, 낭비, 오염을 줄이면서 순복지를 늘리고 전 세계 빈곤을 줄이는 것이다.

우리 모두는 지속 가능한 소비를 실천하고 개인의 탄소 발자국 및 생태 발자국을 줄일 수 있는 방법을 찾아야 하다. 더 이상 무지와 관성이 지구 온난화를 가중시키고 지속 가능하지 않은 생활 방식으로 사는 것에 대한 변명이 되어서는 안 된다. 불교경제학은 지속 가능하고 공평한 경제를 만드는 데 필요한 정책을 제시해 왔다. 우리는 정부에게 이러한 정책을 채택하도록 요구하고 우리 자신의 삶을 이러한 목표를 실현할 수 있도록 변화시켜야 한다.

한편, 우리는 불필요한 인간 고통을 야기하는 두 가지 글로벌 위기, 즉 취약한 그리스 경제와 시리아 난민 위기에서 교훈을 얻을 수 있다. 자유시장 경제학이 아닌 불교경제학에 기반한 정책이 이 두 가지 위기에 대한 더 나은 접근 방식이 될 것이다.

---

27 United Nations, "Sustainable Development Goals: 17 Goals to Transform Our World," UN.org.

글로벌 정책으로서의 긴축 정책을 종식시킬 것

전 세계에는 투자처를 찾는 저축이 넘쳐나지만, 생산적인 투자를 통해 지속 가능한 경제의 인프라와 살기 좋은 도시를 건설하게 되면 좋은 수익을 제공할 수 있는 개발도상국에는 거의 투자되지 않는다. 조지프 스티글리츠는 "저축과 투자 기회 양자를 서로 효율적으로 중개해야 할 세계 금융 시장이 오히려 자본을 잘못 배분하고 리스크를 낳고 있다."며, "(서구 금융 기관들은) 시장 조작과 기타 기만적인 수법들에 능숙한 마법사"[28]라고 말한다.

정부 예산과 국가 생산량의 관계를 이론적으로 구명한 존 메이너드 케인스 이후, 오늘날 노벨 경제학상 수상자인 스티글리츠와 폴 크루그먼을 비롯한 많은 경제학자는 심각한 경기 침체기에 긴축을 실시하면 국가 생산량이 감소하고 실업률이 높아진다고 믿는다. 강제적인 긴축은 국가 경제를 침체로 몰아넣는다. 따라서 부채에 허덕이는 국가에 국제통화기금(IMF)과 민간 은행에 대한 채무 상환을 요구하는 것은 국민의 삶과 국가의 건전성을 희생하면서 금융계의 건전성에만 집중하는 것이다. 우리는 남미와 아시아의 여러 국가에서 이러한 관행이 반복되는 것을 보아 왔지만, 정치 및 금융계의 지도자들은 긴축이 침체된 경제에 도움이 되기는커녕 오히려 해를 끼친다는 사실을 결코 배우려 하지 않는다.

오늘날 그리스에서는 유럽의 트로이카(유럽위원회, 유럽중앙은행,

---

28 Joseph E. Stiglitz, "America in the Way," Columbia University Committee on Global Thought, August 6, 2015, http://cgt.columbia.edu/news/stiglitz-america-in-the-way/.

IMF)가 그리스 부채를 관리 가능한 수준으로 완화시키는 채무 재조정을 거부하면서 긴축의 악몽이 반복되고 있다. 그리스가 취한 긴축 조치로 인해 2009년부터 2013년까지 그리스의 실질 경제 생산량은 20% 이상 감소했고, 청년 실업률은 20%에서 60%로 급증했다.[29] 임금과 소득이 감소하면서 빈곤층이 증가했고 그리스인들은 반란을 시도했다.[30] 저명한 경제학자들은 공개적으로 그리스인들을 지지하면서, 트로이카가 긴축을 요구하는 것을 중단하고 대신 채무를 재조정하고 투자와 지출을 통해 경제 성장을 촉진하며 탈세와 부정부패를 줄이는 것에 집중해야 한다고 주장했다. 그러나 세계 금융에 대한 반란[31]은 IMF 대출에 대한 그리스의 채무 불이행을 초래했고, 그리스는 결국 채무 재조정과 더욱 엄격한 긴축 정책을 강요당했다. 그리스의 경제 위기는 계속되고 있다.

불교경제학은 케인즈주의 경제학자들의 길을 따르면서, 부채 부담을 관리가 가능한 수준으로 재조정하고, 정부 지출을 통해 완전 고용을 회복하며, 탐욕과 부패를 줄이는 정책을 지지한다. 자유시장 경제에 기반한 긴축 정책은 수백만 명의 사람들에게 불필요한 고통을 안겨주고, 경제의 과실을 부유한 채권자들에게 돌아가게 한다. 우리는 더 나은 방법을 알고 있다.

29 Trading Economics online, "Greece Youth Unemployment Rate."

30 Joseph Stiglitz et al., "In the final hour, a plea for economic sanity and humanity," *Financial Times*, Letters, June 5, 2015.

31 Paul Krugman, "Ending Greece's Nightmare," *New York Times*, January 26, 2015; "The Conscience of a Liberal" *New York Times*, July 10, 2015.

전쟁이 낳은 난민들에 대한 지원

최근 수십 년 동안 내전과 다국적군의 침략으로 인해 많은 지역이, 특히 중동 지역이 황폐하게 되었다. 집과 마을에서 쫓겨난 가족들은 생존에 필요한 식량, 물, 주거, 위생 시설, 보호를 제공하지 못하는 난민 캠프로 피난을 떠났다. 열악한 환경에서 죽음에 직면한 가족들은 안전한 거주지를 찾아 캠프를 떠나는 경우가 많다.

현재 시리아 내전[32]으로 인해 약 500만 명의 시리아인이 다른 나라로 피난을 떠났고, 시리아 내에서도 650만 명의 난민이 발생하는 등 끔찍한 규모의 인도주의적 난민 위기가 발생하고 있다.[33] 난민의 절반 이상이 아이들이며 가족과 헤어진 아이들도 많다.

대부분의 시리아 난민은 터키, 레바논, 요르단으로 피난을 떠났는데, 이들 국가에는 대규모 난민을 돌볼 적절한 자금이 부족하다. 유엔은 다른 국가들이 나서서 난민 일부를 수용하고 재정착을 위한 자금을 지원하도록 촉구하고 있다. 독일은 앙겔라 메르켈 총리의 지도력 아래 다른 유럽 국가들과 난민 수용 계획을 세우려고 노력했지만, 유럽의 전반적인 반응은 '유럽에 오지 말라'는 것이었다.[34] 2011년

---

32 Jeffrey D. Sachs, "Ending the Syrian War," *Project Syndicate*, February 29, 2016.

33 국제연합 난민 고등 판무관 사무소(United Nations High Commission for Refugees: UNHCR)의 공식 웹사이트에서 전 세계 난민에 관한 데이터와 분석을 얻을 수 있다. website provides data and analysis of displaced persons around the world: http://www.unhcr.org/pages/5694d22b6.html.

34 James Kanter and Sewell Chan, "Europe, Reeling from Strain, Tells Economic Migrants: Don't Bother," *New York Times*, March 3, 2016.

이후 시리아 난민 1,500명만 받아들인 미국의 반응도 마찬가지로 끔찍했는데, 2015년 11월에는 31개 주지사들이 자신들의 주에 난민을 수용하는 것에 항의하는 시위를 벌이기도 했다.[35] 그 결과는, 난민 가족들이 필사적으로 안전한 피난처를 찾으려 애쓰는 가운데 일어난 국경과 바다에서의 혼란이었다.

억만장자 금융가이자 박애주의자인 조지 소로스(George Soros)는 시리아 난민을 수용하고 돌보기 위한 간단한 계획을 제시했다.[36] 그의 계획에 따르면 유럽 국가들은 일정 수의 난민을 수용해야 하며, 난민 한 명당 첫 2년간의 정착 비용을 충당할 수 있는 충분한 자금을 제공해야 하다. 또한 요르단, 터키, 레바논의 난민들을 돌보기 위해 EU와 미국의 추가 자금이 필요하다.

불교경제학은 전쟁과 기후 변동으로 인한 황폐화를 피해 자신들의 고국을 떠난 난민을 돌보기 위한 유엔의 노력과 조지 소로스 같은 사람들의 운동을 지지한다. 각국은 함께 폭력, 기상이변, 식량 부족으로 인한 강제 이주에 대처할 수 있는 시스템을 구축해야 한다. 공황과 불필요한 인간의 고통은 끝나야 한다.

결론

공동 번영은 우리 사회와 경제를 형성하는 국가 정책에서 비롯된다.

---

35 Ashley Fantz and Ben Brumfield, "More than half the nation's governors say Syrian refugees not welcome," *CNN*, November 19, 2015.

36 George Soros, "Rebuilding the Asylum System," *Project Syndicate*, September 26, 2015.

국내적으로나 전 세계적으로 불평등은 종종 국가가 내린 선택이다. 이러한 선택은 자주 최상위층이 어떻게 시스템을 이용해 자신을 부유하게 하고 자신의 지위를 영속시키는지 이해하지 못한 채 행해진다. 불교경제학에서는 전 세계의 공동 번영은 도덕적 의무다.

6장 삶의 질 측정하기

"긍정적 욕망이나 행동을 부정적 욕망이나 행동과 구분하는 것은
그것이 즉각적인 만족감을 주는지 여부가 아니라 궁극적으로
긍정적 또는 부정적 결과를 초래하는지 여부다. … 탐욕과 관련하
여 한 가지 흥미로운 점은 근본적인 동기는 만족을 추구하는
것이지만, 역설적이게도 욕망의 대상을 얻은 후에도 우리는 여전
히 만족하지 못한다는 것이다."

— 달라이 라마, 『행복의 기술』

경제적 성과를 측정하는 방법은 우리의 가치관을 반영하고 우리가
살아가는 방식을 규정한다. 개인과 국가의 경제적 목표는 우리가
매달 조사하고 공표하는 통계 데이터와 밀접한 관련이 있다. 불교
경제 시스템은 경제가 공동 번영(가족 간의 자원 분배), 지속 가능성(현재
와 미래 세대를 위한 건강한 생태계), 삶의 질(의미 있는 삶을 사는 사람들의
행복)을 얼마나 잘 구현하고 있는지를 평가하는 척도가 필요하다.
　오늘날 전 세계 국가들은 경제적 성과를 국내총생산(GDP)을 기준
으로 하여 평가한다. 국내총생산은 재화와 서비스의 시장 생산량에
해당하며 이는 본래 국민소득과 동일하다. 그러나 GDP는 시장 밖의

모든 활동을 무시하기 때문에 경제적 성과에 대한 일방적이고 불완전한 평가 기준에 불과하다. GDP는 우리의 세 가지 주요 목표를 측정하는 데 실패한 계산법이다.

삶의 질: GDP는 시장에서 팔리는 상품과 서비스의 소비만 계산할 뿐, 삶의 다른 모든 측면은 무시한다.

지속 가능성: GDP는 대기 오염, 수질 오염, 땅에 쏟아지는 화학물질과 같은 환경에 대한 피해를 무시한다.

공동 번영: 1인당 평균 GDP를 사용하여 행복을 평가하는 것은 불평등을 무시한다. 상위 계층의 소득이 증가하면 부유하지 않은 계층의 소득이 정체되어 있어도, 1인당 GDP는 증가한다.

경제 성장의 혜택은 주로 부유층에 돌아가기 때문에, GDP의 성장은 더 이상 '모든 배를 들어 올리는 만조'가 아니다. 또한 경제적 성과를 평가할 때, 우리는 더 이상 환경 파괴와 지구를 뜨겁게 달구고 있는 온실가스 배출을 무시할 수 없다. 공평하고 지속 가능한 세상에서 의미 있는 삶을 살 수 있는 사람들의 능력을 측정하기 위한 척도가 필요하다.

GDP를 넘어서

사회가 우리가 무엇을 사고 소비하는지에 초점을 맞추는 한, 우리의 사고와 행동, 정부 정책은 GDP 성장이라는 물질주의적이고 개인주의적인 측정에 의해 형성되고 강화될 것이다.

경제적 성과가 우리의 가치를 반영하고 우리의 복지가 개선되고 있는지를 보여주려면, 경제적 성과를 어떻게 측정해야 할까? 2장에서 우리는 장기적으로는 국민의 행복도가 국민소득과 함께 증가하지 않는다는 사실(이스터린의 역설)을 살펴보았다. 그렇다면 선진국에 보다 정확한 사회적·경제적 측정치를 적용하면 어떻게 될까? 여기서 우리는 평균 소득과 상대 소득의 동향 사이에 차이가 있음을 알 수 있다. 건강, 교육 및 사회적인 문제들의 전국적 측정치(삶의 질(QOL) 지표라고 불림)는 평균 국민소득의 증대에 따라 개선되지 않는다. 따라서 국민소득(GDP)의 성장이 국민 행복 증진을 의미하지는 않는다. 그러나 소득 불평등이 감소함에 따라 어떤 국가를 막론하고 삶의 질 지표는 전반적으로 개선된다. 하나의 국가 내부를 살펴볼 경우, 소득 분배가 참으로 중요하며 사람들의 소득에 따라 삶의 질 지표가 개선된다. 이러한 사실은 불교경제학적인 접근 방식의 타당성을 입증한다. 불교경제학적인 접근 방식은 저소득 가정들이 기본적인 생필품을 구매할 수 있는 충분한 소득을 확보하고 적절한 보건 의료, 교육, 사회적 네트워크에 접근할 수 있도록 하여, 모든 사람이 자신들의 잠재력을 최대한 발휘할 수 있도록 배려한다.

경제적 성과에는 지속 가능성을 향한 진전도 포함되어야 한다. 지구는 화석 연료 경제에 의존한 경제 성장을 견뎌낼 수 없다. 우리는 이미 기상이변과 해수면 상승으로 인한 전 지구적 문제들을 목격했다. 우리는 부유한 나라와 가난한 나라 모두에서 오염된 물과 토양 그리고 대기로 인해 사람들의 건강이 직접적인 피해를 입는 지역적인 환경 악화도 고려해야 한다.

이러한 사실들을 종합적으로 고려하면, 해결책은 경제 성장을 국민소득뿐만 아니라 형평성, 지속 가능성, 비시장 활동들에서의 개선과 결합하는 것이다. 그렇게 되면 우리는 각국의 경제적 성과를 총체적으로 측정할 수 있게 되며, 선진국은 더 이상 평균 소득 성장률을 올리는 데만 주력하지 않게 될 것이다. 총체적인 척도를 사용하면, 불평등이 감소하고 빈곤층의 소비가 증가하며 CO_2 배출량이 감소하고 재생 에너지원의 사용이 증가할 때 경제적인 성과가 증가하게 된다.

삶의 질을 경제적 성과에 필수적인 요소로 측정하기 시작하면, 소득(특히 소비)을 늘리는 데만 초점을 맞추기보다는 개인과 국가의 복지를 개선하는 목표들을 설정하고 정책들을 개발할 수 있다. 경제적 성과와 복지를 결합하면, 사람들은 생활의 진보와 경제의 진보를 보다 총체적이고 의미 있는 방식으로 측정하게 될 것이다.

삶의 질과 관련하여 경제적 성과를 측정하는 것은 쉬운 것은 아니다. 그러나 다행히도 불교경제학은 경제적 성과를 측정하는 것에 대해 우리가 알고 있는 모든 것을 다시 배울 필요는 없다. 경제학자들은 이미 오염과 환경 피해, 소득 불평등, 행복, 인간의 능력, 무급 활동(유용하고 해로운 활동 모두)을 측정하는 방법을 확보하고 있다. 전 세계적으로 이미 광범위한 웰빙 측정법이 개발되었다. 부탄의 국민총행복지수, 유엔의 인간 개발 지수(HDI), OECD(경제협력개발기구)의 더 나은 삶 지수(BLI), 참진보 지수(GPI), 지구 행복지수(HPI) 등이 대표적인 것들이다. 아래에서는 이러한 지표들을 참고하여 경제적 성과를 측정하는 방법을 생각해 볼 것이다. 그러나 그전에 우리는 먼저 GDP가 우리에게 알려주는 것과 알려주지 않는 것을 더 잘 이해해야 한다.

GDP, 무엇이 문제인가?

GDP는 경제 지표로서 몇 가지 장점을 갖는다.[1] GDP가 어떻게 계산되는지는 (적어도 경제학자들은) 잘 알고 있으며, 전 세계 국가들이 수년 동안 동일한 방식으로 계산해 왔다. 월별 GDP를 통해 국가간, 그리고 한 국가 내의 경제(시장) 성장을 비교할 수 있다. GDP를 개발한 노벨 경제학상 수상자 사이먼 쿠즈네츠(Simon Kuznets)가 1934년 GDP가 국가의 복지를 판단하는 데 사용될 수 없다고 경고했음에도 불구하고, 각국은 국가의 GDP를 측정하는 방식을 개선하기 위해 많은 시간과 돈을 투자해 왔다.

우리는 잘못된 수치를 올바르다고 생각하고 있다.

GDP는 경제 성장을 측정하기 위해 소득만을 사용하기 때문에, 소득이 국가의 주요한 초점이 되었다. 이로 인해 개인은 무엇을 구매할 것인지에 대해서만 관심을 두게 되고 국가는 불평등과 지속 가능성에 거의 관심을 기울이지 않게 된다. 경제적 성과를 평가하는 잘못된 척도는 잘못된 국가 정책으로 이어져 잘못된 방향으로 우리를 이끌 수 있다.

그렇다면 GDP의 성장은 사람들의 행복에 대해 무엇을 말해 주는가? 2008년의 세계금융위기 이후 전 세계적으로 GDP가 회복되는

---

1 Diana Coyle, *GDP: A Brief but Affectionate History* (Princeton: Princeton University Press, 2014); Dirk Philipsen, *The Little Big Number: How GDP Came to Rule the World and What to Do About It* (Princeton: Princeton University Press, 2015); Philipp Lepenies, *The Power of a Single Number* (New York: Columbia University Press, 2016).

과정에서 미국과 유럽의 국민들은 자신들의 생활수준이 개선되었다는 실감을 느끼지 못했다. 임금은 정체되었으며, 고용의 증가는 미미했다.

2005년 허리케인 카트리나가 뉴올리언스와 근교의 멕시코만 연안의 많은 부분을 파괴하고 1,833명의 사망자를 냈을 때, GDP는 1페니도 감소하지 않았다. 오히려 재해가 발생한 후 1,200억 달러가 넘는 구호 비용과 410억 달러의 보험금 지급이 GDP에 가산되었다. 이러한 계산에 따라 자연재해로 인해 경제가 1,610억 달러 성장하게 되었다. 이와 함께 뉴올리언스 주민들과-집과 삶을 재건하려고 하면서 몇 달, 몇 년 동안 고통을 겪은- 수천 명의 삶의 질 하락은 철저하게 무시되었다.

GDP가 어떻게 우리를 오도할 수 있는지를 보여주는 또 다른 예가 있다. 연비가 50마일인 프리우스(Prius)를 모는 사람과 연비가 14마일인 SUV 허머(Hummer)를 모는 이웃을 비교해 보자. 자유시장 경제학에서는 허머가 주행거리 당 프리우스보다 3배 이상 GDP에 기여하기 때문에, 허머가 경제에 더 나은 선택이라고 주장한다. GDP는 가솔린 구입량만 기록하고 CO_2 배출로 인한 피해는 무시하기 때문에, 우리는 비논리적인 결론에 도달하게 되는 것이다.

불교 경제 시스템에서는 오염 비용이 휘발유 가격에 포함되고, 환경에 미치는 부정적인 영향이 경제성과 측정에 포함된다. 따라서 주행거리 당 휘발유 소비가 감소하게 되면, 경제 실적이 좋아진다. 이 시스템은 배출가스에 세금을 부과하고 오염에 대해 경제적 대가를 지불하게 함으로써, 사람들이 연비 효율이 좋은 차량을 구입하도록 인센티브를 제공한다. 또한 자동차 회사가 환경친화적인 차들을 만들고 판매하고, 지방자치단체가 대중교통 선택지들을 공급하고, 혁신가들이 자동차 공유(car sharing)와 같은 창의적인 교통 대안을 마련할 수 있도록 인센티브를 준다.

다음은 불교경제학이 경제 실적을 측정할 때 기준이 되는 항목들이다.

- 기본재의 소비 증가는 경제 실적에 가산되지만, 지위를 과시하는 사치재는 가산되지 않는다.
- 비자발적 실업은 경제 실적에서 차감되고, 시장 외 활동의 시간 증가, 즉 시장 밖에서 무급으로 활동하는 시간의 증가는 경제성과에 가산된다.
- 환경 파괴는 경제 실적에서 차감되고, 청정에너지 소비는 경제 실적에 가산된다.
- 건강의 악화는 마이너스 효과를, 교육의 개선은 플러스 효과를 초래한다.
- 각 개인이 이용할 수 있는 기회를 개선하면 경제에 도움이 되고, 범죄, 폭력, 자연재해는 경제에 도움이 되지 않는다.
- 일, 가족, 커뮤니티를 위해 시간을 신중하게 사용하면 경제 실적이 향상되고, 과로나 유해한 활동은 성장을 감소시킨다.
- 전반적으로 성장은 재화의 원천을 복원하고 육성하는 것을 포함하여 자원을 신중하게 사용하는가를 척도로 하여 측정된다. 유해하고 낭비적인 소비는 성장을 감소시킨다.

이러한 항목들을 척도로 하여 평가하는 것이 경제가 얼마나 잘 운영되고 있으며 우리가 얼마나 잘 살고 있는지를 평가하는 상식적인 방법이다. 따라서 이러한 항목들은 연방준비은행과 의회가 정책을 수립할 때 매월 참고해야 하는 지표가 되어야 한다. 삶의 질은 GDP보다 훨씬 더 광범위하게 측정하고 평가하기 때문에, 모두를 위하고 지속 가능한 번영의 길을 제시한다.

경제 실적을 측정하는 세 가지 전체론적 방법

전체론적 척도에 포함할 필요가 있는 항목들을 확인했으므로, 이제 우리는 실제로 척도를 만드는 어려운 작업으로 넘어갈 수 있다.

경제 실적에 대한 전체론적 계측치計測値는 일반적으로 다음 세 가지 방법으로 계산된다. 즉 정부 데이터를 기반으로 하는 단일의 가치 척도(달러 또는 기타 통화 기준), 일반적으로 설문조사 데이터를 기반으로 하며 퍼센트(%)로 표시되는 경우가 많은 비非화폐 지수, 여러 정보원을 기반으로 하는 (종종 다른 국가들과의 비교 등) 많은 지표를 보여주는 통계 데이터 일람표一覽表라는 세 가지 방법이다. 각 방법에는 장단점이 있으며, 각 방법은 경제 실적의 다양한 측면을 이해하는 데 유용하다.

1. **단일한 가치 척도**는 비시장적 편익(예: 육아, 여가)을 가산하고, 비시장적 비용(예: 환경의 악화, 자연 자본의 고갈)을 차감한 후, 인구 전체의 불평등을 조정하여 GDP를 확장한다. 모든 구성 요소는 화폐 가치로 표시되기 때문에, 그것들을 합산하여 삶의 질에 대한 단일한

화폐 가치를 제공할 수 있다. 이러한 화폐 가치는 시간의 경과에 따른 한 나라의 경제 실적을 나타낸다. 또한 이 측정법을 통해 환경 파괴나 소비 분포와 같은 개별 구성 요소의 추세를 조사할 수 있다. 국가들 사이의 경제 실적을 비교하려면, 모든 국가가 현재 GDP를 측정할 때 동일한 기법을 사용하는 것과 마찬가지로 삶의 질을 측정하는 때에도 동일한 기법을 사용해야 한다. 참진보 지수(Genuine Progress Indicator, GPI)는 가장 일반적으로 사용되는 단일한 가치적도이지만, 국가가 이러한 지표를 채택하는 데 앞장선 적은 없었다. (GPI에 대해서는 나중에 자세히 설명할 것이다.)

2. **비화폐표시 지수**는 달러(또는 다른 통화) 값으로 변환되지 않는 변수들을 집계하는 하나의 총합 지수다. 변수들은 통화표시는 아니고, 동일한 척도(보통 0에서 10까지)로 변환한 다음 특정 방법에 따라 집계하여 총합 지수를 형성한다. 비화폐표시 지수는 다양한 방법을 사용하여 다양한 변수를 집계한다. 비화폐 지수의 잘 알려진 예로는 부탄의 국민총행복(GNH) 지수를 들 수 있다. 이것은 9개의 동등한 영역, 즉 심리적 행복감, 시간 사용, 지역의 활력, 문화의 다양성, 자연환경의 회복력, 생활수준, 보건, 교육, 좋은 통치(거버넌스)를 복합적으로 합산한 것이다. 어떤 개인의 행복도 점수는 0%에서부터 100%까지 다양하다. 각 영역은 총 33개의 지표로 계산되며, 이 33개의 지표들은 주관적인 변수에 더 낮은 가중치를 부여한 124개의 가중치가 부여된 설문조사 변수의 총합이다. 그런 다음 각 영역에 만족도 수준이 할당된다. GNH는 각 영역에서 얼마나 많은 사람이 만족스러운 수준

에 도달했는지를 보여주는 정책 성과의 척도를 제공한다.

부탄은 GNH를 사용하여 2010년에 전체 인구를 대상으로 설문조사를 실시하여 각 개인의 '행복' 점수를 산출한 다음, 2015년에 전국을 대표하는 표본 조사를 실시했다.[2] 이 조사의 목적은 '아직 행복하지 않은' 사람들(전체 인구의 9%)과 '약간 행복한' 사람들(48%)의 삶을 개선하기 위해 교육이나 고용 수준 그리고 지역에 따라 점수가 어떻게 다른지 파악하는 것이었다. 부탄에서는 도시 거주자가 외딴 시골 지역에 사는 사람보다 더 행복하며, 승려와 고학력자가 '매우 행복하다'라고 답한 것으로 나타났다.

변수들을 비화폐 지수로 집계하는 또 다른 방법은 각 구성 요소에 대해 다른 국가들의 값과 비교하여 각 국가의 값을 산출한 다음, 이것들을 단일 지수(0에서 1 사이의 값)로 합산하여 국가의 상대적 순위를 표시하는 것이다. 1990년부터 최대 187개 국가를 대상으로 계산되어 널리 사용되고 있는 인간 개발 지수(HDI)[3]를 예로 들 수

---

2 http://www.grossnationalhappiness.com; see 2010년 설문조사에 관한 상세한 보고는 다음 웹사이트에서 찾아볼 수 있다. http://www.grossnationalhappiness.com/wp-content/uploads/2012/04/Short-GNH-Index-edited.pdf.

3 2010년에 두 가지 불평등 지수가 만들어졌다. IHDI는 한 국가의 세 가지 차원 각각의 불평등 분포에 따라 HDI를 조정하고, 성 불평등 지수(Gender Inequality Index, GII)는 생식 건강(reproductive health[역주: 신체적·정신적·사회적인 면에서의 완전히 건강한 상태]), 권한 부여 및 노동 시장 참여에서 여성과 남성 간에 존재하는 성취 불평등의 정도를 측정한다. 2014년에 대해서는 http://hdr.undp.org/en/data 참조.

있다. 이 지수는 건강(기대 수명), 교육(평균 및 예상 학교 교육 기간), 생활수준(1인당 소득)의 세 가지 차원으로 구성된다. 각 국가에 대한 지수가 계산되고, 절대적인 변화가 아닌 국가의 상대적인 순위를 연도별로 비교할 수 있다. 그러나 HDI는 불평등이나 환경 파괴를 고려하지는 않는다.

3. **통계 데이터 일람표**는 행복에 대한 다양한 지표를 하나의 전체 값으로 집계하지 않고 제공한다. 각 지표는 일반적으로 여러 변수에 기초해 있고, 이러한 변수들에는 행복에 관한 구체적인 목표들을 제공하는 데 필수적인 것으로 간주되는 주관적인 설문조사 데이터와 객관적인 정부 데이터가 포함되어 있다. 각 지표는 개별적으로 표시되기 때문에, 각각의 지표가 시간에 따라 어떤 추세를 보이는지만 확인할 수 있다. 통계 데이터 일람표는 행복에 대한 하나의 전체 측정값으로 집계되지 않기 때문에, 시간이 지남에 따라 국민의 삶의 질이 어떻게 변화하는지는 보여주지 않는다.

통계 데이터 일람표는 종종 하나의 그룹에 속하는 여러 국가를 서로 비교하여 계산된다. 그런 다음 각 지표는 국가들의 순위를 표시한다. 이러한 상대적 접근 방식의 단점은 예를 들어 환경의 질과 같은 단일 지표와 관련하여 하나의 그룹에 속하는 모든 국가가 더 나은 성과를 거두고 있는지 아닌지를 알 수 없다는 것이다. OECD의 '보다 나은 삶 지수(Better Life Index: BLI)는 이러한 유형의 척도다. 이에 대해서는 나중에 더 자세히 살펴보겠다.

올바른 수치 얻기

각 국가와 전문가들은 삶의 질을 측정하는 방법에 대해 합의를 이루지 못하고 있다. 이는 사회적·경제적 목표들의 우선순위를 정하는 방법과 특정한 척도가 이러한 목표들을 얼마나 잘 포착하는지에 대해 의견의 차이가 있기 때문이다. 선택할 만한 측정기준으로서 받아들여진 특정한 방법은 없다. 특정 접근 방식을 사용하는 데 동의하는 사람들조차도, 어떤 변수들을 포함시킬지 그리고 그것들을 어떻게 계산할지에 대해 계속 논쟁을 벌이고 있다.

보건 의료, 빈곤층 또는 환경을 옹호하는 사람들은 삶의 질에 대한 통계 데이터 일람표에서 자신들이 중요하게 생각하는 지표가 누락되어 있다는 이유로, 또한 특정 지표가 단일 척도의 중심이 되지 못한다는 이유로 자주 서로 대립한다. 또한 많은 변수를 측정하는 데 사용되는 데이터가 어떤 것이어야 하는가에 대해서도 의견이 분분하다. 어떤 사람들은 수질, 건강 문제, 범죄 등 실제의 측정 결과를 집계한 객관적인 데이터를 사용해야 한다고 주장한다. 다른 사람들은 행복은 물론이고 수질, 건강, 안전에 대한 사람들의 인식(주관적 데이터)을 사용하길 원한다.

GDP를 넘어 삶의 질을 측정하는 방법에 대한 합의를 도출하기 위해서는 이러한 모든 우려를 해결해야 한다. 우리는 '완벽한' 척도는 존재하지 않는다는 사실을 인정한다. 우리는 앞으로 몇 년 동안 국가 간 삶의 질을 측정하고 비교하기 위해 전 세계적으로 어떤 지표를 사용할지 결정할 것이다. 물론, 불완전한 측정치라도 GDP보다는 더 훌륭할 것이다. 또한 하나의 척도가 전 세계적으로 사용되면,

170

경험을 통해 전문가들이 그 척도를 개선해 나갈 것이다. 이는 GDP 산정 방법도 수십 년에 걸친 개선을 통해 발전해 왔던 것이나 마찬가지다.

가난한 나라와 부유한 나라에서의 진보의 측정

가난한 국가와 부유한 국가 사이에는 생활수준과 필요로 하는 것이 큰 차이가 있기 때문에, 일부 척도는 가난한 국가에 더 적합하고 일부는 부유한 국가에 더 적합하다. 가난한 국가는 식량과 물, 주거, 보건 의료, 교육과 같은 기본적인 필요를 충족시켜야 한다. 이에 반해 부유한 국가는 하층계급의 기본적 욕구를 충족시키고, 특히 생활할 수 있는 급여가 주어지는 일자리를 보장하는 것과 함께, 물질 이외의 측면들에서 모든 사람의 삶의 질을 개선해야 한다. 예를 들어 가족과 친구들을 위한 시간, 스트레스 감소, 식습관과 운동 습관 개선 등 밸런스를 갖춘 생활을 실현해야 한다. 소득에 관계없이 모든 국가는 가장 가난한 사람들의 복지를 개선하고 훼손된 생태계의 건전성을 회복함으로써 삶의 질을 개선할 수 있다.

널리 사용되고 있는 인간 개발 지수(HDI)는 기대 수명, 문해력, 소득의 개선을 바탕으로 빈곤국의 복지를 평가하는 방법으로서 유엔에서 만들었다. 가난한 국가의 HDI는 다른 국가들과 비교하여 이 세 가지 영역에서의 실적을 보여준다. 기대 수명이 길고 교육 수준이 높으며 소득이 높은 부유한 국가가 항상 상위권에 오르기 때문에, HDI는 부유한 국가를 평가하는 데는 유용하지 않다. 이 점은 HDI와 1인당 국민소득을 점그래프로 나타낸 그림 3에서 극명하게 드러난다.

소득이 HDI의 일부이기 때문에 예상대로 양자는 함께 증가한다. 여기서 주목할 만한 점은 부유한 국가는 HDI보다 소득의 편차가 더 큰 반면, 가난한 국가는 소득보다 HDI의 편차가 더 크다는 것이다.

부유한 국가들의 높은 HDI 점수는 그림 3의 그래프 오른쪽에서 위로 올라가고 있는 점들로 표시되어 있으며(그림 3 참조), 이는 그 국가들의 소득 분포를 보여준다. 유엔에서 '매우 높은 인간 개발'(0.80~0.94의 HDI)로 구분한 49개국은 거의 모두 1인당 평균 소득이 2만 달러 이상이다. 가난한 국가들은 그래프 하단을 따라서 분포되어 있으며, 이는 낮은 소득에 따른 HDI 점수의 변화를 보여준다. 빈곤국의 소득이 매우 낮기 때문에, 기대 수명과 교육 수준이 빈곤국의

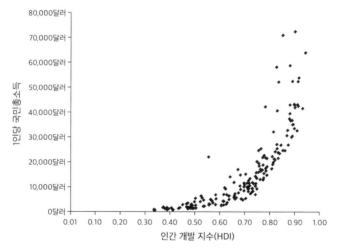

그림 3: GNI(국민총소득)와 HDI 비교(2013년). 2011년 1인당 달러 구매력 평가(PPP)에 의한 1인당 국민총소득. GNI가 8만 달러 이상인 소규모 산유국 3개국(카타르, 쿠웨이트, 리히텐슈타인)은 표시되지 않았다. GNI는 HDI의 구성 요소라는 점에 유의할 필요가 있다. 출처: 2014년 유엔 인간개발보고서로부터 계산, http://hdr.undp.org/en/data.

HDI 점수를 좌우한다. 유엔에서 '낮은 인간 개발'(HDI 0.33~0.55)로 분류한 43개국 대부분은 1인당 평균 소득이 5,000달러 미만이다.

부유한 국가들에서의 삶의 질을 측정하고 비교하기 위해[4], 시장 소비뿐 아니라 소득 불평등·비시장 활동·환경을 포함하는 참진보지수(Genuine Progress Indicator: GPI)와 같은 단일 가치 척도를 사용할 수 있다. GPI는 부유한 국가들의 전체적인 경제 실적이 어떻게 다른지를 보여주는 데는 좋은 척도이기는 하다. 그러나 가난한 국가들의 1인당 소비는 낮기 때문에, 그것들의 GPI는 매우 낮고 비슷한 범위내에 있다. 17개국의 1인당 GPI를 조사한 한 연구에 따르면, 선진국의 1인당 GPI는 1990년과 2005년 사이에 큰 편차를 보였지만(예: 미국, 일본, 영국의 경우 7,500달러에서 17,000달러까지), 가난한 국가의 GPI는 거의 변동이 없었다(예: 중국, 인도는 이 15년 동안 약 2,000달러에 머물렀고, 인도는 1,000달러에 그쳤다).

지금까지 본 것처럼, 부유한 국가와 가난한 국가에 대해서 동일한 방법으로 삶의 질을 측정하는 것은 상당히 신중해야 한다.

행복의 측정

모든 국가에서 널리 사용되는 척도 중 하나는 흔히 행복이라고 불리는 삶의 만족도다. 많은 심리학자와 경제학자는 모든 국가와 민족의 복지를 측정하는 방법을 논의할 때 행복을 최우선으로 꼽는다.

사람들에게 행복하거나 자신의 삶에 만족하는지 물어보면 어떤

---

4 Kubiszewski et al., "Beyond GDP: Measuring and Achieving Global Genuine Progress," *Ecological Economics* September 2013, Sciencedirect.com.

결과가 나오게 될까?

우리는 두 종류의 행복을 떠올릴 수 있다. 그 하나는 쾌락적 행복[5], 즉 고통 없는 쾌락과 삶에 대한 만족감에서 비롯되는 행복이며, 다른 하나는 가치 있는 삶을 사는 데서 비롯되는 에우다이모니아(eudai-monia)적인 행복이다. 자신의 행복에 대한 사람들의 평가에 대한 설문조사는 그들의 쾌락적 행복을 측정한다. 사람들은 단기적인 쾌락 또는 고통의 느낌과 스스로 선택한 기준에 따른 삶의 만족도에 대해 질문을 받는다.

쾌락적 행복 또는 웰빙을 측정하는 데 널리 사용되는 척도로는 150개 이상의 국가에 대해서 매년 갤럽이 수집하는 캔트릴 사다리(Cantril Ladder)가 있다. 사람들은 최하위 단계(0, 최악의 삶)에서 최상위 단계(10, 최상의 삶)로 올라가는 사다리에서 자신이 어디에 있다고 느끼는지 보고한다.

이 행복의 척도가 인간의 복지를 결정하는 기준이 되어야 할까?

캔트릴 사다리는 여기에서 살펴본 다른 지표보다 완벽하지 않기 때문에, 이 질문에 답하기는 쉽지 않다. 음식, 물, 주거지, 의료 서비스, 교육이 충분하지 않은 극빈국 사람들에게 그들이 행복한지를 묻는다고 해서 그것에 대해 유의미한 정보를 얻을 수는 없다. 가난한 사람들은

---

5 여기서 우리는 '쾌락적 행복(hedonic happiness)'이란 용어를 **주관적 행복**이나, 고통이나 쾌감, 삶에 대한 만족감, '가능한 최고의 삶' 또는 '가능한 최악의 삶'과 같이 사람들이 자신의 삶에 대해 느끼는 감정을 의미하는 것으로 사용한다. 주관적 행복에 대해서는 많은 참고문헌이 있다(National Research Council, "Subjective Well-Being," 2013을 참조할 것).

174

인종, 성별, 성적 취향, 가정환경, 태어난 국가에 의해 제약받을지라도
주어진 기회를 이용하여 최선을 다한다. 이들에 대해서는 이들의
소비량과 잠재능력(장래성)을 객관적으로 측정하는 것이 훨씬 큰
의미를 갖는다. 두 연구자가 지적했듯이, 복지를 측정한다는 것은
"비참한 사람들에게는 능력, 만족한 사람들에게는 행복"[6]을 측정하는
것이다.

 캔트릴 행복 사다리는 사람들이 실제로 어떻게 생활하고 서로를
돌보는지를 알려주지 않기 때문에 불교경제학의 관점에서도 많은
아쉬움을 남긴다. 사람들이 의미 있고 즐거운 삶을 살고 있는지에
대한 더 많은 통찰력을 얻으려면 그들이 어떻게 느끼는지뿐만 아니라
어떻게 행동하는지를 알아야 한다. 결국 불교는 불평하지 말고 감사하
는 마음으로 삶의 좋은 측면들을 보라고 가르친다.

 사람들 대부분이 기본적인 필요를 충족하는 자원을 이용할 수
있는 빈곤하지 않은 국가에서는 사람들이 자신의 삶에 대해 얼마나
만족하는지가 주관적인 행복의 척도가 된다. 그러나 이러한 척도는
문화의 영향을 받는다.[7] 예를 들어, 일본에서는 자신이 다른 사람들보
다 더 잘하고 있다고 말하는 것은 나쁜 매너로 간주되는 반면("솟아

---

6 Jose M. Edwards and Sophie Pelle, "Capabilities for the Miserable; Happiness
 for the Satisfied," *Journal of the History of Economic Thought*, 33 (September
 2011). doi: 10.1017/S1053837211000216.

7 James R. Lincoln and Arne L. Kalleberg, *Culture, Control, and Commitment:
 A Study of Work Organization and Work Attitudes in the U.S. and Japan*
 (Cambridge: Cambridge University Press, 1990).

나온 못이 박힌다"), 미국에서는 자신이 다른 사람들보다 더 잘하고
있고 자신의 몫 이상을 하고 있다고 자랑스럽게 말하는 경우가 종종
있다.

그리고 삶의 만족도를 보여주는 캔트릴 사다리에서 어떤 득점,
예를 들어 10점, 6점 또는 0점이 무엇을 의미하는지를 해석하거나
6점과 7점을 어떻게 비교할 것인가라는 문제가 있다. 사람들은 사회적
규범에 근거한 자신의 행복 기준을 사용하는 것은 아닌가.

그러나 캔트릴 사다리는 일정 기간에 걸쳐서 부유한 국가와 가난한
국가를 묻지 않고 많은 나라의 점수를 보여준다.[8] 2013년부터 2015년
까지 157개국의 행복도 점수(평균 캔트릴 사다리 점수)는 부룬디의
2.9점부터 덴마크의 7.5점까지 다양했다. 또한 캔트릴 사다리는 1인
당 소득, 어려울 때 의지할 수 있는 사람, 건강 수명, 사회적 관용(인생에
서 중요한 선택을 할 수 있는 자유의 정도) 등 중요한 변수들을 추적하는
데에도 효과적이다.

불교경제학은 공동 번영을 중요하게 생각하기 때문에 한 국가
내에서 그리고 국가들 사이에 행복이 어떻게 분배되는지[9] 알고자
한다. 캔트릴 사다리와 같은 행복도 지수에서는, 어떤 사람의 행복이
증가한다고 해서 다른 사람의 행복이 감소하는 것은 아니기 때문에
모든 사람이 동일한 점수를 보고할 수 있다. 우리가 앞에서 보았던

---

[8] World Happiness Report 2016, figure 2.2 and table 2.1, http://worldhappiness.
report/ed/2016/.

[9] 중동과 북아프리카 지역만 불평등이 더 심했다(0.26). United Nations online,
World Happiness Report 2013, http://unsdsn.org, fig. 2.8.

불평등의 척도인 지니 계수는 완전한 평등(지니=0)은 모든 사람이 동일한 행복 점수를 보고한다는 것을 의미하기 때문에, 〔그 사람들이 얼마나 행복한지에 대해서〕 많은 것을 알려주지 않는다. 평등은 모든 사람이 완벽하게 행복하거나(10), 모든 사람이 매우 불행하거나(0), 모든 사람이 중간 정도로 행복하다(5)는 것을 의미할 수 있다. 2010년부터 2012년까지 행복의 지니 계수는 0.15에서 0.23 사이로 가처분 소득의 지니 계수보다 더 평등했다(제5장의 그림 2 참조).

빈곤하지 않은 국가에서는 사람들이 스스로 보고하는 행복 점수는 훨씬 더 비슷하며, 따라서 소득이나 건강 정도와 같은 객관적인 측정치보다 불평등의 정도가 덜하다는 사실을 관찰할 수 있다. 이는 사람들에게는 적응력이 있고, 사람들은 자신이 처한 삶의 상황에서 자신이 할 수 있는 최선을 다하는 법을 배우기 때문이다.

예를 들어, OECD 국가들의 평균 행복도 점수와 1인당 평균 소득을 비교해 보자. OECD 34개 선진국들 대부분은 평균 삶의 만족도 점수가 6.5점에서 7.5점 사이이다.[10] 1인당 평균 소득은 2014년 기준 중간 범위(1인당 GDP 3만~4만 달러)에 9개국, 상위 범위(4만~8만 5천 달러)에 14개국, 하위 범위(1만 6천~3만 달러)에 11개국으로 훨씬 더 넓게 분포되어 있다.[11] 각국은 평균 소득보다 평균 행복도에서 훨씬 더

---

10 OECD Better Life Index, http://www.oecdbetterlifeindex.org/ topics/life-satis faction/. 평균 행복지수는 23개국의 경우 6.5~7.5점, 8개국의 경우 5.6~6.1점, 3개국의 경우 4.8~5.1점이었다.

11 2010년 달러 표시의 PPP 소득, http://stats.oecd.org/Index.aspx? DataSet Code=PDB_LV.

평등하다.

캔트릴 사다리를 보편적인 복지 또는 행복의 척도로 사용하는 것을 지지하는 사람들은 캔트릴 사다리 점수의 통계적 변이(표준편차라고 불린다)로 측정한 국가 내 행복의 불평등을 조사했다. 그 결과 행복의 불평등은 삶의 환경에 따라 국가마다 다르며[12], 한 국가의 행복 불평등은 그 국가의 평균 행복에 부정적인 영향을 미친다는 사실이 드러났다.

불교경제학은 또한 모든 사람을 행복하게 하고 고통을 줄이는 것을 중시한다. 우리는 가장 행복하지 않은 사람들(하위 10%)의 행복도 점수와 가장 행복한 사람들(상위 10%)의 행복도 점수를 비교하여 행복의 분포를 측정할 수 있다.[13] 이 비율이 높을수록 모든 사람의 행복이 더 평등하다는 것을 의미한다. 그림 4는 20개국의 행복 불평등을 보여준다. 일반적으로 하위 10%에 속하는 사람들의 행복도 점수는 상위 10%에 속하는 사람들의 행복도 점수에 비해 절반 정도다. 덴마크와 네덜란드의 두 나라는 행복이 상당히 균등하게 분포되어 있는 것으로 나타났는데, 가장 행복하지 않은 사람들의 점수는 가장 행복한 사람들의 60% 수준이다. 행복도가 가장 불균등한 국가는 중국으로, 가장 행복하지 않은 사람들의 점수는 가장 행복한 사람들의 25%에 불과한 것으로 나타났다. 여기서 얻을 수 있는 교훈은 국가별 평균

---

12 World Happiness Report, 2016, Chapter 2, http://worldhappiness.report/ed/2016/.

13 the Economist Online으로부터 계산, "Inequality and happiness: I dream of Gini," October 12, 2011.

178

행복도는 비슷해 보일 수 있지만, 행복이 인구 전체에 분배되는 방식은 국가마다 다르다는 것이다. 그러나 어떤 방식으로 분석하든 행복은 소득보다 훨씬 더 균등하게 분배되는 것으로 보인다.

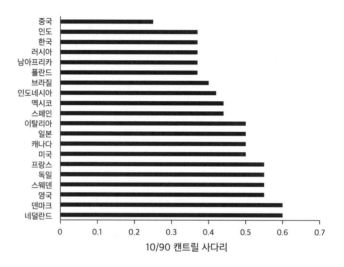

그림 4: 행복의 불평등, 2010년. 10/90 캔트릴 사다리(The 10/90 Cantril Ladder)는 만족도가 가장 낮은 사람(하위 10%)의 점수를 가장 만족도가 높은 사람(90% 이상의 상위 10%)의 점수로 나눈 값을 보여준다. 출처:http://www.economist. com/blogs/dailychart/2011/10/inequality-and-happiness에서 계산.

경제학자들은 사람들이 더 행복해지고 있는지 아닌지를 알기 위해 시간이 지남에 따라 한 국가의 행복도 점수가 어떻게 변화하는지를 조사한다.[14] 행복도 점수는 서서히 변화한다. 자연재해나 전쟁과 같은 위기의 시기에는 한 국가의 행복도 점수가 한동안 하락하지만, 이후에

---

14 Carol Graham, *Happiness Around the World: The Paradox of Happy Peasants and Miserable Millionaires* (Oxford: Oxford University Press, 2012).

는 이전 수준으로 회복되는 경향이 있다.

에우다이모니아적 행복을 행복의 척도로 삼는 것이 도움이 될 것이라고 생각할지 모르지만, 이러한 접근 방식도 다른 행복 척도와 동일한 문제를 갖고 있다. 에우다이모니아적 행복을 지지하는 사람들조차도 그것을 측정하는 방법에 대해서는 확신을 갖지 않고 있다. 일부 설문조사에서는 사람들에게 삶의 목적이나 의미가 있는지, 일상적인 활동이 가치 있다고 생각하는지 묻기도 한다.[15] 사람들 대부분은 에우다이모니아적 행복에 의미 있는 사회적 관계가 포함된다는 데 동의하기 때문에, 설문조사에서는 종종 개인의 사회적 관계가 도움이 되고 보람을 주는지 묻는다. 불교경제학은 타인을 돕고 고통을 덜어주는 것을 강조하기 때문에 '가치 있는 삶'에 대한 설문조사를 확장하는 한 가지 방법은 다른 사람의 행복과 복지에 적극적으로 기여하는지를 묻는 것이다. 그러나 다시 한번 말하지만, 사회적 가치관이 답변에 영향을 미친다. '가치 있는' 삶이라는 개념은 다른 사람들과의 연대를 추구하는 사람들에게는 '자랑'처럼 보일 수 있으며 그들의 자존심을 짓밟는 것처럼 느껴질 수 있다.

행복을 어떻게 측정하고 해석할 것인가라는 문제를 생각하다 보면, 다음과 같은 질문이 생기게 된다. 경제 실적에 대한 우리의 척도들이 정책들을 평가하는 데 사용될 수 있을까? 우리가 사용하는 행복의 측정 단위는 생태계 파괴를 막고 부유한 나라에서 가난한 나라로 번영을 확산하는 데 필요한 경제 시스템의 극적인 변화를 평가할

---

15 Diener's Psychological Well-Being Scale, January 2009에는 두 가지 질문(에우다이모닉적 행복을 측정하기 위한 8가지 질문 중)이 포함되어 있다.

수 있는 것이어야 한다. 캔트릴 사다리와 같은 현재의 행복도 조사는 일상 활동을 재구성하고 변화시키기 위한 정책 하에서 사람들이 삶을 어떻게 느낄지를 예측하는 데는 도움이 되지 않는다. 자연을 사랑하고 쇼핑을 싫어하는 사람들의 행복도는 치솟을지 모르지만, SUV를 좋아하고 전 세계를 비행하는 사람들의 행복도는 급락할 수 있다. 새로운 정책이 시행되면 행복도가 하락할 수 있지만, 새로운 정책이 시행된 지 얼마 지나지 않아 행복도가 이전 수준으로 회복될 것으로 예상해야 한다.

지속 가능성에 대한 고려

캔트릴 사다리는 지속 가능성이란 문제를 무시한다. 이러한 결함을 메우는 것이 지구행복도 지수(Happy Planet Index: HPI)다.[16] 지구행복도 지수는 한 국가의 행복한 생활년수(Happy Life Years: 불평등을 조정한 후의 캔트릴 사다리 점수에 불평등을 조정한 후의 기대 수명을 곱한 값)를 생태 발자국으로 나눈 값이다. 이 지수는 소득을 포함하지 않고 한 국가의 행복, 건강, 지속 가능성, 불평등을 보여주는 단일 척도다. HPI 2016년도 판版은 코스타리카의 최고 44.7점부터 차드의 최저

16 http://www.happyplanetindex.org/about/. "explore the data"을 클릭한 다음, 이 절에서의 설명과 계산을 위해 사용된 HPI 2016 데이터 세트와 방법론을 다운로드하기 바란다. HPI 2016은 2012년 데이터를 기반으로 하며, 앳킨슨 지수를 사용하여 기대 수명과 캔트릴 사다리를 불평등에 맞게 조정하고 있다. HDI 계산에는 특정한 조정 및 배율이 포함되며 최종 HPI는 0에서 100 사이의 범위일 수 있다. 다소 오해의 소지가 있는 브리핑 문서에 의존하지 말기 바란다.

12.8점까지 140개 국가의 순위를 매기고 있다. 그러나 이 모든 점수는 낮으며, 지구가 행복하지 않다는 것[17]을, 즉 현재의 경제 활동이 지속 가능하지 않다는 사실을 말해준다.

지구행복도 지수는 부유한 국가들이 사치스러운 생활 방식을 유지하기 위해 지구 자원을 남용하고 있다는 사실을 보여준다. 부유한 국가들은 국민 대다수에게 길고 행복한 삶을 제공하는 데는 성공했지만, 그 대신 엄청난 환경 비용을 치르고 있다.[18] 부유한 국가들의 생태 발자국은 지속 가능성에 부합하는 1.73 발자국의 3~5배에 달한다. 18개 고소득 국가(1인당 연간 소득 4만 달러)는 기대 수명과 행복도에서는 높은 점수를 받았지만, 영국만이 생태 발자국이 5.0 미만이며 이것도 지속 가능한 수준을 훨씬 넘고 있다. 미국의 HPI는 20.7(140점 만점에 108점)로 낮은데, 그 이유는 미국의 생태 발자국이 8.2(4위)로 높기 때문이다. 미국은 한 명당 8 글로벌 헥타르 이상을 필요로 하며, 이는 지속 가능한 수준의 거의 5배에 해당한다.

가난한 국가일수록 생태 발자국이 훨씬 낮지만, 수명과 행복도 점수도 낮다. 지속 가능한 발자국(1.7 미만)을 가진 국가는 46개국에

---

17 모든 나라의 국가별 데이터는 HPI 2016년 데이터 세트의 "Complete HPI data" 탭과 "Rank Order" 탭에서 얻은 것이다. Jeffrey, K., Wheatley, H., Abdallah, S. (2016). The Happy Planet Index: 2016. A global index of sustainable well-being. London: New Economics Foundation.

18 1인당 지속 가능한 생태 발자국 1.73은 세계 인구가 70억 명이 조금 넘었던 2012년 데이터를 기준으로 한 것이다. 2050년에는 90억 명에 달할 것으로 예상되는 세계 인구의 증가에 따라, 지속 가능한 발자국은 1.73 이하로 떨어진다. https://esa.un.org/unpd/wpp/Graphs/ Probabilistic/POP/TOT/.

182

불과하다. 이들 중 절반은 소득이 매우 낮으며(1인당 연간 소득 1,000달러), 1인당 연간 소득이 3,000달러를 넘는 국가는 5개에 불과하다. 이러한 지속 가능한 경제 시스템은 기대 수명과 행복도 점수에서 다양한 결과를 낳고 있으며, 행복한 생활년수는 토고의 경우 9.0세부터 베트남의 경우 32.8세까지 다양하다.

인도와 중국의 행복지수를 비교해 보면, 지속 가능한 경제 시스템에서 생활수준을 향상시키는 것이 얼마나 어려운지 알 수 있다. 인도의 HPI는 29.2(50위)로, 이것은 낮은 기대 수명(51.1, 100위)과 행복도 점수(4.2, 100위)를 반영한다. 이 두 가지 항목의 수치는 높은 불평등으로 인해 하향 조정되었고, 낮은 지속 가능한 발자국(1.2)으로 인해 상향 조정된 것이다. 중국의 HPI(25.7, 72위)는 인도의 HPI보다 훨씬 낮은데, 이는 중국의 높은 기대 수명(68.6, 48위)과 행복도 점수(4.6, 74위)가 중간 정도의 불평등으로 인해 하향 조정되었고, 이것에 덧붙여 지속 불가능한 발자국(3.4)으로 인해 감점되었기 때문이다. 인도에는 약 4억 명, 중국에는 약 1억 5천만 명에 달하는 극빈층이 있으며, 이들은 교육과 양질의 일자리는 물론 더 많은 식량, 깨끗한 물, 위생, 주택을 절실히 필요로 한다.[19] 인도와 중국이 화석 연료를 사용하지 않고 발전할 수 있도록 돕지 않는다면, 그들의 생태 발자국이 커질수록 그들의 HPI 점수는 하락할 것이다.

지구 행복도 지수는 지속 가능성, 행복, 건강, 불평등을 고려하지만,

---

[19] United Nations Department of Economic and Social Affairs online, "The Millennium Development Goals Report 2014"의 목표 1로부터 계산. 2010년을 위한 데이터.

의미 있는 삶을 창조하는 일상적인 활동은 고려하지 않는다. 불교경제학에서는 복지를 측정하는 방법에 대해 여전히 고민하고 있다.

따라서 현재 사용되고 있는 두 가지 광범위한 척도, 즉 참진보 지수(Genuine Progress Indicator: GPI)[20]와 더 나은 삶 지수(Better Life Index: BLI)를 살펴보겠다. 둘 다 삶의 질을 측정한다.

참진보 지수와 더 나은 삶 지수

선진국과 관련한 삶의 질 측정은 건강, 가족 및 지역사회, 지식과 기술, 일, 개인으로서의 발전, 타인을 돕는 일, 정치 참여, 안전, 생태계 등 우리가 중요하게 여기는 삶의 모든 측면을 결합해야 한다. 이를 위해 참진보 지수는 단일한 가치 척도를 사용하고, 더 나은 삶 지수(BLI)는 지표들의 데이터 일람표를 사용한다. GPI는 소비, 가사, 정치 참여, 환경 보전 등 우리가 중요하게 여기는 것들에 가격을 부여한다. BLI는 사람들의 삶, 건강, 정부에 대한 인식을 묻는 설문조사를 사용한다. 어떤 방법을 사용할지 결정하는 데 도움이 되도록, GPI와 BLI가 어떻게 계산되고 오늘날의 삶의 질을 어떻게 나타내는지를 자세히 살펴보겠다.

참진보 지수는 경제와 사회 그리고 환경 면에서의 복지를 하나의

---

20 GPI는 지속 가능한 경제 복지 지수(Index of Sustainable Economic Welfare: ISEW)에서 사용하는 접근 방식에 따르고 있다. H. Daly and J. Cobb, *For the Common Good* (Boston: Beacon Press, 1989)와 Nordhaus and Tobin에 의한 원래의 연구, "Measurement of Economic Welfare," 1972. 자세한 내용은 http://genuineprogress.net/ genuine-progress-indicator/를 참조할 것.

수치로 측정하기 위해 26개의 지표를 결합한다. 국가별 GPI는 많은 국가에서 측정되어 왔으며, 17개국의 1950년부터 2003년까지의 일관된 GPI 추정치가 존재한다.[21]

GPI는 사람들의 시장 소비에서 출발하면서 그것을 소득 불평등을 고려하여 조정한다. 그런 다음 비시장 활동과 공공재 및 서비스의 가치를 더하고 환경 파괴의 가치를 뺀다. GPI는 다음과 같은 방식으로 24개 이상의 변수를 통해 계산된다.

소득불평등(지니 계수 사용)을 고려하여 조정한 개인 소비.
가산항목: 비시장 노동(육아 및 가사 등)의 가치, 여가의 가치(실업률을 고려하여 조정)와 자원봉사의 가치, 공공재(의료, 교육, 도로 및 공원 등).
감산항목: 방어적 지출(삶의 질을 떨어뜨리는 범죄, 통근 비용과 같은)과 환경 파괴에 의한 손실(자연 자본의 고갈, CO_2 배출, 수질 오염을 포함)을 뺀 값.

GPI는 소득 불평등을 고려하여 소비를 조정하는 방식으로 불평등을 직접적으로 반영함으로써, 우리 경제가 모든 가정에 시장의 재화와 서비스를 얼마나 잘 공급하고 있는지를 알려준다. 소득 불평등을

21 Ida Kubiszewski et al, "Beyond GDP: Measuring and achieving global genuine progress," *Ecological Economics* 93 (2013) 57-68. 미국의 GPI data에 대해서는 http://utpop.transitionsaltlake.org/wp-content/uploads/2014/11/Utah_GPI Report_v74_withabstract.pdf를 참조할 것.

고려하여 소비를 조정할 경우, 소득 불평등이 증가하면 GPI가 감소하므로, GPI는 경제 실적이 악화하였음을 나타낸다.

예를 들어, 소득 불평등을 고려하여 GPI를 조정하지 않으면 1980년부터 2004년까지 25년 동안 미국의 1인당 국민소득(GDP)이 증가함에 따라 미국 GPI는 약간의 기복을 제외하고는 꾸준히 증가해 왔다. 그러나 소득 불평등이 커지면서 가계 소비가 소득 증가를 따라가지 못했으며, 이에 따라 GPI는 GDP보다 적게 증가했다.

한 국가가 재생 불가능한 자원을 사용하고 온실가스를 배출하면 GPI도 감소한다. 모든 선진국의 경우, 환경이 악화되어 있기 때문에 GPI는 GDP보다 낮다. 삶의 질을 측정할 때 환경적 요소에 가치를 부여하는 것은 어려운 일이다. 지구 시스템이 한계치에 가까워지면, 인간 활동이 생태계에 미치는 영향을 평가하는 방법은 (4장에서 본 것처럼) 간단하지 않다. 오늘날 GPI가 자연 자본에 적용하는 가치는 우리가 원하는 대로 자연 자본을 사용할 수 있다고 가정한다(약한 지속 가능성의 입장). 많은 자연 자원에 대해서 한계 수준을 지키려고 경우(강한 지속 가능성의 입장), 한계에 도달한 자연 자원의 실제 가치는 무한대가 된다. 전문가들은 우리의 중요 생태계들이 붕괴되기 전에 얼마나 많은 피해를 견딜 수 있는지에 대해 의견이 분분하다. 그러나 GPI를 계산할 때 생태 발자국을 사용하는 등 강력한 지속 가능성을 포함하는 방법을 고려해야 한다. 이 방법을 통해 우리는 중요 생태계 중 어떤 것이라도 위협받는다면 최소한 빨간불이라도 켜지게 할 수 있다.

참진보 지수는 특히 소비 및 비시장 활동, 평등, 지속 가능성 측면에서 삶의 질이 시간이 지남에 따라 어떻게 상승 또는 하락하고 있는지를 알려준다. GPI는 불평등을 줄이고, 지구 온난화를 완화하고, 자연 자본의 고갈을 막고, 노동시간을 단축하기 위해 고안된 정책들을 평가하는 데 특히 유용하다. 이러한 정책으로 인한 개선이 1~2년 내에 뚜렷하게 나타나지 않을 수도 있지만, GPI를 통해 그 영향을 시뮬레이션하여 10년 후나 더 나중에 어떤 일이 일어날지 확인할 수 있다.

하지만 우리가 인권이나 사회적 지원 시스템 또는 타인에 대한 배려에 관심이 있다면 어떻게 될까? GPI는 여가 시간과 자원봉사 활동, 의료비 지출을 포함하고, 범죄와 출퇴근 시간은 제외한다. 그럼에도 GPI에는 불교경제학에서 중요하게 여기는 삶의 다른 비경제적 측면들은 여전히 빠져 있다.

따라서 우리는 다른 접근법으로서 통계 데이터 일람표의 방법을 고려하게 된다. OECD의 더 나은 삶 지수(BLI)[22]는 국가 간 삶의 질을 비교하기 위해, 소득, 일자리, 지역사회, 교육, 주택, 환경, 거버넌스, 건강, 삶의 만족도, 안전, 일과 삶의 균형 등 11개 지표를 기준으로 국가들의 상대적 순위를 측정한다. 이러한 방법에 의해 우리는 우리에게 중요한 삶의 비시장적 측면들을 평가할 수 있다. 단점은 여러 가지 지표를 사용하면서 그것들 사이의 우선순위를 정해야 하며, 한 번에 한 지표씩 음미하면서 어떤 국가의 복지가 개선되고 있는지

---

22 http://www.oecdbetterlifeindex.org/. 독자는 온라인에서 독자적으로 BKI 집계치를 계산할 수 있다. 각 지표에 대한 중요도 등급을 0(낮음)에서 5(높음)까지 입력하면 프로그램에서 OECD 국가들에 대한 단일값 BLI를 계산해 준다.

여부를 스스로 결정해야 한다는 것이다. 또한 한 국가의 삶의 질이 해마다 개선되는지 평가하는 데에는 BLI은 사용될 수 없다.

더 나은 삶 지수의 11개 지표(0~10 사이의 값)는 객관적인 설문조사 측정치(교육, 실업률 등)과 주관적인 측정치(삶의 만족도 또는 수질에 대한 사람들의 의견)를 모두 포함하는 24개의 변수를 기반으로 한다. BLI는 34개 OECD 국가의 순위를 보여주는 11개 지표로만 표시되고, 지표들을 하나의 수치로 합산하지 않는다.[23] 소득 불평등(지니 계수)은 보조적인 지표로 표시되며, BLI 지표에는 포함되지 않는다.

그림 5는 이제 여러분에게 친숙한 두 가지 BLI 지표, 즉 소득과 삶의 만족도를 보여준다. 여기서 눈에 띄는 것은 선진국에서는 소득과 만족도가 큰 관계가 없다는 점이다. 좋은 소식은 12개 국가(북유럽, 북미, 호주, 뉴질랜드)가 상대적으로 높은 만족도(0.8~1.0)를 보여주고, 3개 국가(그리스, 헝가리, 터키)만이 0.2 미만으로 만족도가 낮다는 것이다. 나쁜 소식은 10개 국가(동유럽 및 남미)의 상대적 소득이 낮고(0.2 미만), 미국은 상대적 소득이 매우 높다는 점(0.8 이상)이다.

BLI와 유사한 데이터를 사용하는 데이터 일람표의 또 하나의 사례는 영국의 '전국복지측정조사'[24]다. 이 데이터 일람표는 OECD 데이터

---

23 BLI는 먼저 표본에 포함된 36개 국가의 최대값과 최소값의 평균값을 구한 다음, 각 국가의 평균값과 최소값의 차이를 최대값과 최소값의 차이로 나누는 방식으로 각 변수를 정규화한다. 개별 변수들을 정규화한 후 BLI는 단순 평균(동일한 가중치)을 사용하여 그것들을 11개 지표로 집계한다. 최소값과 최대값은 연도 및 표본에 따라 달라진다. 지표의 변화를 연도 간에 비교할 수는 없다.

24 The National Archives Office for National Statistics, "Measuring National Well-being," http://www.ons.gov.uk/ons/guide-method/user-guidance/well-bei

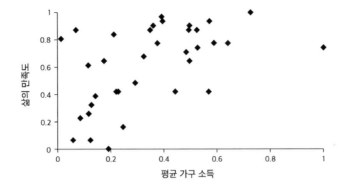

그림 5: 2014년 OECD 국가의 삶의 만족도 및 소득 지표. 삶의 만족도는 캔트릴 사다리이며, 평균 가구 소득은 가처분 소득(세금 및 소득이전 후)과 순 금융 자산을 합한 것이다. 두 지표 모두 국가의 상대적 순위를 나타내기 위해 0에서 1 사이로 조정되었다. 출처: OECD 더 나은 삶 지수로부터 계산, http://www.oecdbetterlifeindex.org.

일람표처럼 지표들을 상대적인 순위로 변환하지 않기 때문에, 영국(또는 어떤 지역)에서 하나의 지표가 시간의 경과에 따라서 어떻게 변하는지를 보여준다. 전국복지측정조사는 시간 경과에 따른 41개의 변수를 추적하는 10개의 지표로 구성되어 있다. 이제 41개의 변수를 어떻게 조합하여 삶의 질을 측정할지 고민해야 한다. 심지어 '개인의 복지'라는 지표에도 다섯 가지 행복의 척도가 있다. 사람들이 어떤 국가의 복지 수준을 알기 위해서 캔트릴 사다리와 같은 단일한 주관적 척도에 의지하는 것은 이상한 일이 아니다.

147개 국가를 대상으로 하나의 국가가 유엔의 지속 가능한 개발

ng/index.html; interactive wheel: http://www.neighbourhood.statistics.gov.uk/HTMLDocs/dvc146/wrapper.html.

목표(Sustainable Development Goals: SDG)를 얼마나 잘 달성했는지를 평가하는 또 다른 측정 시스템이 현재 개발 중이다.[25] 제프리 삭스 (Jeffrey Sachs)가 이끄는 이 프로젝트는 17개 개발 목표에 대한 데이터 일람표를 제시하고, 그다음 그것들을 국가별로 하나의 지표로 통합한다. SDG 지표와 데이터 일람표는 불교 경제 시스템에서 국가가 삶의 질을 얼마나 잘 개선하고 있는지를 평가할 수 있는 유명한 방법으로 보인다.

아쉬운 것은 모든 지표에서 전쟁과 폭력을 편의상 제외했다는 점이다. 전쟁은 사람들을 살상하고 환경을 위험에 빠뜨린다. 전쟁은 사람들의 집과 마을을 파괴하고 안전한 삶의 터전을 필사적으로 찾아 나서는 난민들을 낳는다. 그러나 전쟁으로 인한 환경 파괴는 온실가스 배출량 측정에 포함되지 않으며, 개인의 복지를 돈으로 환산하는 어떠한 지표도 전쟁과 폭력으로 인한 피해와 고통을 적절히 나타낼 수 없다.

결론

경제 실적을 측정하는 방법을 살펴볼 때, 우리의 목표는 지속 가능성 및 공동 번영과 함께 삶의 질을 측정할 수 있는 방법을 찾는 것이다. 완벽한 측정 방법은 존재하지 않는다. 대신 가난한 나라나 부유한

---

25 United Nations Sustainable Development Solutions Network, "Preliminary Sustainable Development Goal Index and Dashboard," http://unsdsn.org/res ources/publications/sdg- index/. 이것은 예비적인 보고서다. 최종 보고서는 온라인에서 확인하기 바란다.

나라의 삶의 질을 평가하거나, 기본적인 소비, 건강, 교육, 인권, 소셜 네트워크와 같은 복지의 특정 측면들을 평가하는 데 효과적인 수많은 측정 지표가 있다. 경제 실적을 총체적으로 측정하기 위해 여러 대체 지표가 서로 경쟁하고 있지만, 전 세계적으로 GDP는 복지를 평가하는 데 계속 사용되고 있다.

불교경제학은 전 세계 사람들과 국가가 GDP를 넘어 더 의미 있고 지속 가능한 삶을 창출하는 데 도움이 되는 방식으로 다른 측정 방법을 사용하기를 원한다. 이를 위해서는 여러 해에 걸친 국가 간 경제 실적을 측정하는 지표로 GDP를 대체할 수 있는 GPI(참진보 지수)와 같은 단일한 가치 척도를 사용할 필요가 있다. 정부 지도자들과 중앙은 행들은 예산 및 통화 정책을 만들기 위해 단일한 척도를 필요로 한다. 미디어는 시청자에게 경제 상황을 알리기 위해 매달 단일한 수치를 보고할 필요가 있다.

GPI와 같이 달러로 환산된 단일한 지표가 인권과 자유, 좋은 거버넌스, 심지어 행복과 같은 의미 있는 삶의 모든 측면을 포함할 수는 없다는 사실을 우리는 잘 알고 있다. 또한 GPI는 시장에서의 소비 수준이 매우 낮은 가난한 국가의 복지를 나타내는 적절한 지표가 아니다. 이러한 이유로 GPI는 다른 지표들을 통해 보완되어야 한다. 개발도상국의 경우, 단일한 가치 척도를 HDI(인간 개발 지수)로 보완하는 것이 좋다. 행복을 포함한 특정한 비시장 목표들을 평가하기 위해서는 더 나은 삶 지수(BLI) 또는 지속 가능한 개발 목표 지수(SDS)와 같은 데이터 일람표를 사용할 수 있다. GPI와 구체적인 측정치들을 함께 사용하면, 정치인과 같은 사람들이 제안하는 정책들을 평가하는 데 유용할 것이다.

우리의 생존을 위해서는 환경이 보호되어야 하므로 지구의 주요 생태계들이 어느 정도 위협받고 있는지도 추적해야 한다. 예를 들어, 한 국가의 생태 발자국은 자원 사용이 지속 가능한지 아닌지를 나타낼 수 있으며, 유엔은 지구가 생태계의 한계치에 가까워지면 적신호를 사용하여 경고하고 모든 국가가 즉각적인 조치를 취하도록 감독할 수 있다.

각국이 경제 실적을 삶의 질로서 측정하기 위해 동일한 단일 가치 척도를 설정하고 사용하는 데 동의하면, 각 국가는 자신에게 가장 중요한 목표들을 평가하기 위해 어떤 데이터 일람표를 사용할지는 개별적으로 결정할 수 있다.

전 세계 국가들이 특정한 사회적·정치적 목표에 대한 지표들와 함께 경제 실적에 대한 총체적인 지표를 사용하게 된다면, 우리는 불교 경제로의 전환을 위해서 필요한 지표들을 갖게 되는 셈이다.

이제 우리는 보다 지속 가능하고 번영하는 미래를 만들기 위한 조치들을 살펴보자. 불교 경제를 향해 도약하자.

7장 불교경제학으로의 도약

"탐욕과 착취, 과소비의 힘은 최근 수십 년 동안 우리 경제를 압도해 온 것 같다. 물질만능주의 사회에서는, 오늘날의 약육강식 세계에서 생존을 위해 착취하고 경쟁하는 것 외에는 선택의 여지가 없다. 그러나 동시에 이러한 힘들이 우리 사회를 손상시키고 환경을 황폐화시키고 있음은 분명하다."

— 파유토(Payutto), 『불교경제학』

물질주의적이고 낭비적인 탄소 기반 세계 경제는, 상위 계층은 호화로운 삶을 즐기고 하위 계층은 절망적인 삶으로 고생하는 엄청난 불평등을 만들어냈다. 경제 성장과 소비에 대한 우리의 끊임없는 추구는 환경을 약탈하고 우리 공동의 집인 지구를 병들게 했다.

지금은 불교 경제로 이행하는 방법에 대한 대화를 시작해야 할 때다. 지구와 우리 자신을 위해 더 이상 지체할 시간이 없다.

불교경제학은 모든 사람에게 의미 있는 삶을 제공하는 지속 가능한 경제를 만드는 방법을 제시한다. 이 장에서는 국가와 개인이 이러한 원대한 목표를 달성하기 위해 취할 수 있는 조치를 간략하게 설명한다. 우리는 함께 지구 온난화를 완화하고 사람과 자연을 위한 세계 복지를 획기적으로 개선하기 위해 개인, 지역사회, 국가, 글로벌 차원에서 다양한 활동을 수행할 수 있다.

인류의 번영과 전 세계적인 안정은 모두 가능하다. 저탄소 경제로의 전환은 실현 가능하고 감당할 수 있는 비용으로 가능하며, 경제 및 건강에서의 광범위한 이점을 가져올 것이다.

지구 온난화를 완화하고 전 세계의 번영을 공유하기 위해 정치적 행동, 경제적 힘, 기술을 사용할 수 있는 무수한 방법을 이해하기 위해, 우리는 지금 세계를 불교 경제로 전환하기 위한 8가지 중요한 조치를 살펴볼 것이다. 나는 이 8가지 조치가 '최선의' 조치들이 아니며 세부 사항이 옳지 않다(실제로 일부는 틀릴 수도 있다)는 독자들의 비판을 듣는다. 중요한 점은 완벽한 조치들을 정하는 것이 아니라, 인간의 파괴로부터 지구와 그 주민들을 구하고 사람들이 서로를 그리고 지구를 배려하면서 행복하게 살기 위해 불교 경제로 이행하는 방법에 대한 대화를 시작하자는 것이다.

이 여덟 개의 조치는 불교의 팔정도를 반영하는 것은 아니다. 그것들은 건강한 지구에서 의미 있는 삶을 만들기 위해 국가, 기업, 사람들이 무엇을 할 수 있는지에 대한 지침을 제공하기 위한 것이다.

8개의 조치는 다음과 같다. 처음 네 개는 국가를 위한 것이고, 다음 두 개는 기업을 위한 것이며, 마지막 두 개는 우리들 각자를 위한 것이다.

1. 세금과 소득이전
2. 지속 가능한 농업

194

3. 측정하고 변혁하는 것

4. 평화와 번영

5. 친환경 생산 및 친환경 제품

6. 생활 임금과 균형 잡힌 삶

7. 사랑, 연민, 지혜로 마음을 챙기면서 생활하기

8. 함께 일하고 행동하기

1. 세금과 소득이전

잘 구축된 시장은 불교경제학에서 중요한 부분이다. 우리는 자유시장
은 존재하지 않으며, 규제되지 않는 시장은 시장을 통제하는 소수의
기업을 제외하고는 수용할 수 없는 결과를 낳을 수 있다는 것을 알고
있다. 기업들과 부자들은 지난 40년 동안 자신들의 권력과 부를 유지하
기 위해 시장 규칙을 만들어 왔다. 이제 각국 정부는 모두에게 이익이
되는 지속 가능한 세계 경제를 만들기 위해 새로운 규제와 세금으로
시장을 재구성해야 한다. 사람들과 기업들이 생태계를 존중하고 자원
을 공평하게 배분하는 결정을 내릴 수 있도록 인센티브를 제공하는
시장이 필요하다.[1]

'세금과 소득이전'이라는 정부의 역할에는 우리의 목표를 달성하기
위해 시장과 경제 활동을 구축하는 정부의 모든 활동이 포함된다.
이것은 불교경제학으로 도약하기 위한 가장 크고 가장 복잡한 조치다.

---

1 Anatole Kaletsky, Capitalism 4.0 (New York: Bloomsbury, 2010).

이 조치에는 지구 온난화와 불평등이라는 중대한 도전에 대처하기 위해 전 세계 국가가 취할 수 있는 네 가지 행동이 포함된다.

(a) 탄소와 소비에 대한 세금 부과 및 규제, (b) 국내에서의 번영을 공유하는 것, (c) 화석 연료 매장량 유지, (d) 전 세계 번영을 위한 녹색〔환경 보존〕 기술 공유.

정부가 변화를 끌어내는 데 주도적인 역할을 하려면 국민들이 정부가 정직하고 국가의 이익을 위해 일할 것이라는 신뢰를 가져야 한다. 정부 지도자들은 비용이 많이 드는 선거 캠페인에 자금을 제공한 재계 지도자들과 금융계의 거물들과 유착해서는 안 된다. 또한, 다가오는 기후 재앙에 대처하기 위해 정부와 중앙은행은 수십 년에 걸쳐 지속될 수 있는 정책을 개발해야 한다. 단기적인 경기변동이나 선거 시기에만 관심을 가져서는 안 된다.[2]

탄소와 소비에 대한 과세 및 규제

지구 온난화와 소득 불평등과 싸우는 방법으로서 탄소와 소비에 대한 과세에서부터 시작하겠다. 지구 온난화는 부유한 사람들보다 가난한 사람들과 가난한 나라에 더 큰 피해를 주며, 불평등을 악화시키고 있다. 오늘날 경제정의와 환경정의는 국내는 물론 전 세계적으로 불가분의 관계에 있게 되었다.

탄소세를 통해서 우리는 화석 연료의 시장 가격에 현재와 미래의 이산화탄소 배출로 인한 피해를 반영하게 한다. 자유시장 경제학자들

---

2 Bank of England online, "Breaking the tragedy of the horizon—climate change and financial stability—speech by Mark Carney," September 29, 2015.

196

과 불교경제학자들을 막론하고 대부분의 경제학자들은 탄소 없는 세상으로의 전환을 가속화하기 위해 탄소세가 필요하다[3]는 데 동의한다. 약 40개 국가 정부와 20개 이상의 주 및 지방 정부가 일부 탄소 공해에 가격을 책정하기 시작했으며, IMF와 세계은행은 각국에 탄소세 도입을 촉구하고 있다. 그럼에도 불구하고 화석 연료 회사들은 여전히 수십억 달러의 정부 보조금을 받아 화석 연료 가격을 낮추고 탐사 및 개발 비용을 낮추면서, 세후 수익을 늘리고 있다.

보조금을 마이너스 세금으로 볼 수 있기 때문에, 사회는 결국 기업의 비용을 보조하는 '세금'을 지불하게 되는 셈이다. 이 경우 사회가 부담하는 세금은 환경 오염과 생태계 파괴이다. 국가는 화석 연료 기업에 세금 감면과 같은 직접적인 보조금을 제공하기도 한다. 이러한 이유로 2009년 OECD 국가들은 화석 연료 보조금을 단계적으로 폐지하기로 합의했다.[4] OECD는 각국의 진행 상황을 추적하고 있다. 실로 보조금은 꾸준히 감소하고 있지만, 그 속도는 너무 느리다.

IMF의 추산에 의하면, 2015년에 모든 국가의 직접적인 화석 연료 보조금은 3,330억 달러였다.[5] 그러나 환경 피해, 건강 문제, 기타

3 Christine Lagarde and Jim Yong Kim, "The Path to Carbon Pricing," Project Syndicate, October 19, 2015.

4 Organisation for Economic Co-operation and Development online, "OECD Companion to the Inventory of Support Measures for Fossil Fuels 2015," September 21, 2015.

5 David Coady et al., "How Large Are Global Energy Subsidies?" IMF Working Papers (May 2015), http://www.imf.org/external/pubs/ft/wp/2015/wp15105.pdf.

사회적 비용을 고려하면 총 보조금은 5조 3,000억 달러, 즉 2015년
전 세계 경제 생산량의 6.5%에 달한다. 아시아 개발도상국의 경우,
이 비용은 대부분 지역 대기 오염, 특히 석탄과 디젤 사용으로 인한
대기 오염으로 인해 발생하며 기후변화로 인한 비용은 4분의 1에
불과하다. 석탄 사용을 중단하면 이들 국가의 삶의 질, 특히 국민
건강이 크게 개선될 수 있다.

석유와 가스의 가격은 항상 변동성이 커서 국가와 소비자의 계획을
방해한다. 석유와 휘발유 가격을 안정적으로 유지하기 위해, 정부는
석유 및 가스 가격과 반비례하는 탄소세를 부과하여 화석 연료의
가격을 인상할 수 있다. 이를 통해 화석 연료 가격에 사회적 비용을
반영하여 가격을 높게 유지하면서, 경제를 계획하는 데 도움이 되도록
가격을 안정적으로 유지할 수 있다.

안타깝게도 탄소세를 통해 거둬들인 세수('세금과 소득이전'의 '이전'
부분)를 어떻게 사용할 것인지에 대해서는 의견들이 크게 나뉘어
있다. 불교경제학에서는 탄소세 수입을 국내와 전 세계의 빈곤층을
돕는 데 사용해야 한다고 주장한다. 탄소세를 가지고 정부는 국민에게
세수를 환급함으로써 높은 연료 가격을 감당할 수 있도록 하거나,
에너지를 덜 사용하는 사람들에게는 장려금의 형태로 보상할 수 있다.
알래스카에서는 이 정책을 이미 시행하고 있다.

기업가이자 작가인 피터 반스(Peter Barnes)가 주창한 '배출권 배당
제도(cap and dividend)'[6]는 포괄적인 프로그램 중 하나다. 이 프로그램

---

6 Peter Barnes, With Liberty and Dividends for All (San Francisco: Berrett-Koehler,
2014); http://dividendsforall.net/.

은 탄소 배출, 증권 거래, 지적 재산권 보호, 전자기 스펙트럼
(electromagnetic spectrum) 사용료 등 공공 자산에서 발생하는 광범위
한 수입원에 세금을 부과하고 그 수익을 모든 사람에게 균등하게
분배하는 것이다. 그는 이 계획이 미국의 모든 성인과 어린이에게
5,000달러의 배당금을 지급하고[7], 탄소세 부분만으로 1인당 약 1,000
달러를 지급할 수 있을 것으로 예상하고 있다. 지구와 인류 모두에게
이익이 되는 것이 분명하다.

독일, 프랑스, 미국을 비롯한 일부 국가에서는 규제를 통해 배출량
을 성공적으로 줄였다. 규제는 탄소세를 보완하는 중요한 수단이기도
하지만, 그것은 단독으로도 시행할 수 있다. 산업의 온실가스 배출
규제, 자동차 연비 기준, 수질 오염에 대한 규제로 인해 공기와 물이
더 깨끗해졌으며, 환경에 대한 기업 전반의 태도가 개선되었다. 미국
전체에 대한 어떤 주요 연구에 따르면, 1990년부터 2008년까지 미국
제조업에서 생산량은 크게 증가했음에도 불구하고, 주요 규제 대상
대기 오염 물질들의 배출량은 60% 감소한 것으로 나타났다. 대기
오염 물질의 이러한 감소는 이 기간에 더욱 엄격해진 환경 규제의
결과였다.[8]

한편 소비세, 특히 사치품에 대한 과세는 불평등을 줄일 수 있다.

---

7 Dividends for All, "Potential Revenue Sources," http://dividendsforall.net/po
tential-revenue-sources/.

8 Joseph S. Shapiro and Reed Walker, "Why is Pollution from U.S. Manufacturing
Declining?" (September 2015), http://faculty.haas.berkeley.edu/rwalker/res
earch/.

구매자가 피할 수 없는 소비세는 아시아와 유럽의 많은 국가에서 부가가치세로 이미 시행되고 있지만, 이러한 세금이 항상 누진적으로 설계된 것은 아니다. 최고 소득자의 소득 및 재산 그리고 사치품 구입에 누진세를 부과하여, 저소득층 가정에게 소득을 이전시킬 수 있다.

탄소세와 소비세는 기업이 재생 에너지에 투자하고 그것을 사용하도록 인센티브를 주고, 사람들이 자신의 지위를 과시하거나 지구를 황폐하게 만들지 않는 생활 방식으로 살도록 인센티브를 제공하는 정부 프로그램이다. 세금 및 소득이전 프로그램은 최하층 사람들의 고통을 줄이고 최상층 사람들이 다른 사람들로부터 고립되지 않도록 하면서 번영을 공유할 수 있는 기회를 제공한다.

국내에서 번영을 나누는 것

부유한 국가에서는 보다 공평한 소득 분배를 위해 선택할 수 있는 다양한 세금 및 소득이전 선택지가 있다. 이러한 프로그램은 광범위하고 실질적인 것이어야 한다. 다음은 오늘날 저명한 경제학자들이 주장하는 소득 재분배 정책들의 간략한 리스트다. (i) 모든 사람에게 안전망을 제공하는 최저 소득 보장: 이 정책은 미국의 보수주의자와 자유주의자 모두에 의해 공격받아 온 오랜 역사를 가지고 있다. 오늘날 나의 동료이자 대중적으로 인기가 있는 로버트 라이히(Robert Reich)는 특허 수익으로 성인에게 최소한의 소득을 지급하는 프로그램을 주창하고 있다.[9] (ii) 성인 급부給付금 제도[10]: 성인이 된 젊은이들에게 자본 기부금을 제공함으로써, 부유한 아이들이 (더 많은 돈을 가지고)

하는 것처럼 교육 자금을 마련하거나 자신들의 미래를 위해 투자할 수 있는 기회를 제공한다. (iii) 종업원 경영참여와 이익 공유 제도: 이것은 오랜 역사를 가진 또 다른 정책으로, 현재 하버드 경제학자 리처드 프리먼(Richard Freeman.)이 주창하고 있다. 그는 근로자가 회사의 자본 수입 중 일부를 받을 수 있는 방법으로 이 프로그램을 선호한다. 그러면 기업은 종업원의 충성심과 보다 높은 생산성의 향상이라는 이점을 얻을 수 있어, 근로자와 기업 모두에게 이익이 된다.[11]

하지만 각국이 국내에서 공동 번영을 창출하는 방법을 찾는다 해도, 지구가 과열되면 공유할 수 있는 번영이 가능하겠는가?

땅속에 남겨두기

환경 운동가들은 화석 연료를 땅속에 남겨두어야 한다는 사실을 상기 시키기 위해 '땅속에 남겨두라(Keep it in the ground)'[12]라는 구호를

9 Robert Reich, *Saving Capitalism* (New York: Knopf, 2015).

10 Atkinson, *Inequality* (Cambridge: Harvard University Press, 2015). Hamilton and Darity propose a similar program for those born into poverty: "Can 'Baby Bonds' Eliminate the Racial Wealth Gap in Putative Post-Racial America?" *The Review of Black Political Economy* 37 (October 2010) doi: 10.1007/s12114-010-9063-1.

11 Joseph Blasi el al., *The Citizen's Share: Putting Ownership Back into Democracy* (New Haven: Yale University Press, 2014).

12 http://www.ecoshiftconsulting.com/blog/ecoshift-study-ending-new-federal-fossil-fuel- leases-would-keep-450-billion-tons-of-carbon-pollution-in-the-ground/.

외친다. 지구 온난화 2℃ 목표를 달성하려면, 현재 석탄 매장량의 80% 이상, 가스 매장량의 절반, 석유 매장량의 3분의 1이 땅속에 남아 있어야 한다. 그러나 미국은 석유와 천연가스 추출을 위해 수압 파쇄법과 수평 시추법를 결합한 방법인 프래킹을 사용함으로써 화석 연료 매장량을 극적으로 증대시켰다. 프래킹의 장점은 중동에 대한 미국의 에너지 의존도가 훨씬 낮아졌고, 소비자들은 휘발유와 가정 난방에 더 낮은 가격을 지불하게 되었으며, 화석 연료 회사의 수익은 감소했고, 석탄 발전소의 단계적 폐지가 더 저렴해지고 실현 가능하게 되었다는 점이다. 단점은 프래킹으로 채굴이 가능하게 된 '새로운' 매장량 대부분은 지구를 과열시키지 않고는 개발할 수 없다는 것이다. 미국은 미국에 남아 있는 화석 연료 매장량의 최대 절반을 차지하고 있는 정부 소유 토지에서 화석 연료 추출을 불법화함으로써, '화석 연료를 땅속에 남겨두는' 운동을 솔선수범할 수 있다.

천연가스 업계가 천연가스를, 석탄에서 재생 에너지로의 전환을 가능하게 하는 가교역할을 할 수 있는 '청정' 화석 연료라고 홍보하는 것에 속아서는 안 된다. 대다수 사람들은 천연가스 대부분이 온실가스인 메탄(CH_4)이라는 사실을 잘 모른다. 천연가스는 유정油井 시설, 파이프라인, 프래킹 과정에서 메탄이 많이 누출되기 때문에 청정에너지가 아니다. 천연가스를 추출하고 운송하는 과정에서 눈에 보이지 않는 막대한 양의 메탄이 대기 중으로 누출된다. 대부분의 메탄 누출은 온실가스 배출량으로 측정되거나 집계되지 않지만, 캘리포니아와 미국 남서부 지역의 대기 중 메탄은 다음 사이트에서 볼 수 있다. http://sanfrancisco.cbslocal.com/2014/10/09/mysterious-sources

-of-methane-viewed-from-space-makes-central-california-2nd-
worst-hot-spot-in-nation-농업-nasa-global-warming-fresno-liv
estock/

적절한 가격 인센티브를 창출하려면 탄소세를 도입하는 것이 중요하다는 사실을 우리는 잘 알고 있다. 그러나 탄소 없는 경제를 위해서는 다음과 같은 세 가지 분야에서도 직접적인 조치가 필요하다.

- 깨끗한 전기를 생산하기 위해 화석 연료를 재생 에너지로 대체한다.
- 차량에 동력을 공급하고 난방을 공급하기 위해 깨끗한 전기를 사용한다.
- 산업, 건물, 기계, 운송 시스템의 에너지 효율을 개선하고 에너지 낭비를 줄인다.

이러한 목표들을 달성하기 위해서는 각국 정부가 공공 인프라에 대규모 투자를 하고 재생 에너지에 보조금을 지급해야 한다.

COP21(파리 회의)에서 대부분의 선진국은 2050년까지 온실가스 배출량을 1990년 수준에서 80%까지 감축하는 이른바 80/50 목표를 채택했다. 80/50 달성은 현재의 기술로도 가능하며, 미국의 경우 GDP의 1%에 불과한 비교적 낮은 비용으로 달성할 수 있다. 그러나 오늘날 80/50을 달성한 국가는 거의 없으며, 미국에서는 2012년부터 2014년까지 화석 연료 사용량과 탄소 배출량이 오히려 증가했다.

부유한 국가들이 탄소 없는 경제를 실현하는 데 앞장서야 한다.

지금까지는 유럽 국가들이 미국보다 더 잘하고 있다. 독일은 원자력 없이 재생 에너지를 거의 전적으로 사용하는 것을 2050년까지 실현하는 것(100/50 목표)을 목표로 하면서 선두를 달리고 있다. 독일 기업들과 주민들의 전기 요금은 약간 증가하겠지만, 친환경 에너지로의 전환은 인프라에 대한 대규모 투자로 인해 경제 성장에 도움이 될 것이다. 독일에서 청정에너지로의 전환, 즉 에너지 전환(Energie-wende)[13]은 2012년부터 2030년까지 매년 GDP를 1%씩 증가시키고 일자리를 창출할 것으로 예상된다.

기후 전문가들은 지구 온난화를 2°C 목표치 이하로 유지하려면 2050년이 아닌 2030년까지 전 세계 탄소 배출량의 80%를 줄여야 한다고 생각한다. 부유한 국가들은 가능한 한 빨리 탄소 배출 제로화를 추진해야 한다. 극단적으로 들릴지 모르지만, 연구에 따르면 2050년까지 100% 재생 에너지를 사용하는 것은 합리적인 사회적 비용으로 현재 사용할 수 있는 기술을 통해서도 가능하다고 한다. 스탠퍼드 대학의 풍력, 수력, 태양광(WWS) 로드맵[14]은, 139개국이 2030년까지 80~85%, 2050년까지 100% 전환을 달성할 수 있는 방법을 보여준다. 이와 유사하게, 유엔이 주도하는 글로벌 협력 이니셔티브인 '심층 탈탄소화 경로 프로젝트(Deep Decarbonization Pathways Project: DDPP)'[15]는 미국, 중국, 인도, 일본, 독일을 포함한 세계 최대 경제

---

13 http://www.claudiakemfert.de/fileadmin/user_upload/pdf/pdf_publikation en/ DIW_kompakt_2015.pdf.

14 http://web.stanford.edu/group/efmh/jacobson/Articles/I/ susenergy2030.h tml.

16개국에서 2°C 제한을 어떻게 달성할 수 있는지를 보여준다. DDPP
는 오늘날 에너지로 인한 CO_2 배출량의 4분의 3에 책임이 있는 16개국
이 2050년까지 CO_2 배출량을 2010년 대비 50%로 줄이는 방법(75/5
0[16]에 해당한다)을 보여준다. 가장 야심찬 목표는 85/50으로서, 이에
비하면 DDPP의 목표는 낮다. 저개발국, 특히 중국은 2020년까지
이산화탄소 배출량을 계속 늘린 다음 2030년까지는 서서히 줄이지만,
2030년부터는 감소세가 훨씬 가파르게 될 것이다. 인도의 2010년
배출량은 낮으며 2030년까지는 약간 증가한 후 2050년까지 거의
같은 수준을 유지할 것이다. 그럼에도 불구하고 2050년 인도의 배출
량은 중국의 절반에도 미치지 못할 것이다. 중국의 배출량은 다른
15개국의 배출량을 모두 합한 것만큼 높을 것이다. DDPP는 배출량
제로를 향한 정치적으로 현실적인 출발점이다.[17]

우리는 할 수 있다!

기술은 처음에는 탄소 기반 경제를 만드는 데, 그리고 오늘날에는
새로운 탄소 없는 경제를 만드는 데 중요한 역할을 해왔다. 화석
연료의 가격을 올바르게 책정하면 더 많은 혁신을 불러일으키고 경쟁
의 힘을 긍정적인 방식으로 활용할 수 있다. 어떤 기술이 광범위하게

---

15 http://deepdecarbonization.org/; conversion from 2010 baseline to 1990
   baseline done with data from http://cdiac.ornl.gov/ftp/ndp030/global.17
   51_2011.ems.

16 [역주] 2050년에 탄소 배출량을 1990년 수준에서 75%까지 줄이는 것을 의미함.

17 Sustainable Development Solutions Network, *Pathways to Deep Decar-
   bonization*, September 2015, figure 1. http://deepdecarbonization.org/wp-
   content/uploads/2015/12/DDPP_EXESUM-1.pdf.

보급되면, 경쟁을 통해 혁신을 촉진하고 가격을 낮출 수 있다. 태양광 전지를 사용하는 태양광 패널(Solar panel)은, 일단 시장이 형성되면 가격이 급격히 하락하고 기술이 향상된다는 사실을 보여주는 좋은 예다. 1979년부터 2015년까지 태양광 패널은 생산량이 두 배로 늘어날 때마다 가격이 22%씩 하락했다. 2010년부터 2014년 사이에는 패널 가격이 20~30% 하락했다.[18]

오늘날 기술적으로 가장 우선되어야 할 것은 더 나은 에너지 저장 기능을 개발하는 것이다. 소비자 차원에서는 더 저렴하고, 주행거리 가 더 길고, 더 빠르게 충전되고, 더 가벼운 전기차용 배터리가 필요하 다. 지역사회 차원에서는 바람이 불지 않고 태양이 비치지 않으며 수력발전기가 돌지 않는 동안 공공 전력업체들이 에너지를 저장할 수 있는 방법이 필요하다. 전기 자동차 배터리와 관련해서 민간 부문에 서 급속한 진보가 이루어지고 있으며, 정부는 공공 전력업체들의 에너지 저장 기능을 개발하고 실용화하기 위해 노력하고 있다.

안타깝게도 탄소 회수 및 저장(CCS)과 같은 신기술을 연구하고 개발하기 위한 정부 보조금이 항상 기대했던 결과를 가져다주지는 않는다.[19] 앞서 설명했듯이 화석 연료의 저렴한 비용보다 높은 비용으 로 인해 CCS에 대한 막대한 투자가 아직 성과를 거두지 못하고 있다. 각국 정부는 지난 10년 동안 CCS 프로젝트에 수십억 달러를 투자했지

---

18 International Renewable Energy Agency online, "Solar Photovoltaics," June 2012, http://www.irena.org/.

19 *Planet Energy News* online, "Carbon capture: Miracle machine or white elephant?" September 13, 2015.

만, 화력 발전소에서 사용하는 것은 비용이 많이 들고 문제가 많다.

원자력 에너지는 과거에 러시아, 미국, 일본에서 발생한 재해로 인해 논란의 여지가 있지만, 많은 기후 과학자는 현재 개발 중인 4세대 원자력 발전[20]이 전 세계 에너지 수요를 충족하는 안전하고 효과적인 방법이 될 수 있다고 본다. 현재 6가지 버전의 4세대 원자로가 개발 중이며, 모두 지속 가능성, 비용, 안전성 면에서 발전된 기술을 제공한다. 특히 고속 원자로는 3세대 발전소가 사용한 우라늄을 재사용하고, 핵폐기물을 생성하지 않으며, 확산 방지(테러리스트나 불량 국가에 의해 무기급 핵 물질을 도난당할 위험의 최소화)가 가능하다.[21] 이러한 연구는 장기적으로 가치가 있지만, 원자력 에너지의 심각한 단점은 4세대 원전 건설이 반대에 부딪히지 않고 진행되더라도 개발과 건설에 20~40년이 걸린다는 점이다. 특히 태양열, 풍력, 수력발전으로 청정에너지를 공급하는 데 필요한 기술을 이미 확보하고 있는 상황에서 80/30 목표를 달성하기까지는 너무 오랜 시간이 걸린다. 그러나 수십억 인구의 쾌적한 삶을 위해 더 많은 에너지를 필요로 하는 개발도상국, 특히 중국과 인도는 2030년 이후 건설되는 4세대 원자력 발전소의 혜택을 받을 수 있다. 이 두 국가는 2050년에 7기가톤의 CO_2를 배출할 것으로 예상되며 이는 2050년 DDPP 16개국 전체

---

20 World Nuclear Association online, "Generation IV Nuclear Reactors," July 2016.

21 James Hansen, *Storms of My Grandchildren: The Truth About the Coming Climate Catastrophe and Our Last Chance to Save Humanity* (New York: Bloomsbury, 2009).

배출량의 70%에 해당한다.

세계 전체의 번영을 위하여 친환경 기술 공유하기

부유한 선진국들은 탄소를 기반으로 한 산업화와 성장으로 지구 온난화를 초래했다. 이제 선진국들은 가난한 국가들이 지속 가능한 성장을 할 수 있도록 도울 자원과 의무가 있다. 한 가지 방법은 개발도상국에 청정에너지 기술을 제공함으로써 지속 가능한 경제를 기반으로 생활 수준을 향상시키는 것을 돕는 것이다. 부유한 국가든 가난한 국가든 지구 온난화를 완화하고 불평등을 줄이는 정책을 함께 시행해야 한다. 이 두 가지 위기는 서로 얽혀 있기 때문이다.

　인구가 많은 중국과 인도를 포함한 부유하지 않은 국가들에서는 모든 국민에게 기본적인 생필품, 의료 서비스, 교육을 제공하기 위해 경제 성장이 필요하다. 또한 이 국가들에서는 화석 연료 기술에서 벗어나 재생 에너지만을 사용할 수 있도록 지속 가능한 경제 성장을 지원하는 친환경 기술에 대한 접근과 자금이 필요하다.

　이 목표를 달성하기 위한 제일보는 선진국들이 2025년까지 매년 1,000억 달러를 모금하여 개발도상국이 재생 에너지로 전환하고 기후 변화에 탄력적으로 적응하도록 지원하겠다는 약속을 이행하는 것이다. 그러나 OECD에 따르면 부유한 국가들이 2014년에 개발도상국에 지원한 금액은 약속한 금액보다 훨씬 적은 618억 달러에 불과했다.[22]

　중국과 인도는 신흥국들이 기후 위기에 어떻게 대응하는지에 대해

---

22 OECD online, "Climate Finance in 2013-14 and the USD 100 billion goal," (2015).

서로 다른 사례를 보여준다. 중국의 고속 성장은 대부분 석탄을 기반으로 하여 이루어졌으며, 이로 인해 참을 수 없는 대기 오염이 발생했다. 그러나 2014년 중국은 석탄 사용 확대를 중단하고 천연가스, 풍력, 태양열 사용을 확대하기로 약속했다. 반면, 1인당 GDP가 5,701달러로 중국의 1인당 GDP 13,206달러에 크게 뒤처지는 인도에서는 화석 연료, 특히 값싼 석탄의 사용을 빠르게 늘리고 있다.[23] 석탄 화력 발전소에 대한 인도의 신규 투자[24]는 재생 에너지 확대를 위한 투자를 훨씬 능가하며, 현재 인도는 세계에서 가장 오염된 공기로 고통받고 있다.

전반적으로 OECD 국가들은 경제 성장을 추구하되 화석 연료 에너지 사용을 줄이려고 한다. 그러나 불교경제학은 더 나아가 이들이 과잉 소비와 과잉 노동을 줄여 사람들이 삶을 즐기고 서로 도울 수 있는 시간을 가질 수 있도록 지속 가능한 생활 방식을 조성하는 데 더욱 힘쓰기를 원한다. 선진국들은 탄소 이후 경제로 빠르게 전환하고 부유층의 총 개인 소비가 증가하지 않도록 부유층에서 빈곤층으로 소비를 재분배할 의무가 있다. 그러면 선진국의 경제 성장은 현대적인 탄소 없는 경제를 향한 인프라 구축을 위한 지출을 기반으로 이루어질 것이다.

이미 19개 유럽 국가와 일본에서 달성한 것처럼, 빈곤국의 생활수준을 향상시키기 위해서는 출산율을 낮춰 인구 증가율을 제로 또는

---

23 http://data.worldbank.org/ indicator/NY.GDP.PCAP.PP.CD.

24 http://www.claudiakemfert.de/fileadmin/user_upload/pdf/pdf_publikation en/Heinrich_Bo ll_Stiftung_decoupling.pdf.

마이너스로 만드는 것이 필요하다.[25] 남아시아와 아프리카에서는 높은 출산율로 인해 산모의 건강이 위태롭게 되고 자녀들 양육이 어렵게 된다. 전 세계 여성에게 의료 서비스와 피임법을 제공하면, 여성은 자립적인 삶을 살고 자녀를 건강하고 교육받은 아이들로 양육할 수 있는 기회를 얻을 수 있다. 또한 가난한 국가에서 인구가 증가하지 않으면, 모든 가정에 기본적인 소비와 의료 서비스를 제공하고 자녀들에게 교육기회를 제공하는 동시에 지속 가능한 경제로 전환하는 것이 훨씬 더 용이하게 된다.

불교경제학의 세금과 소득이전 조치는 인간의 활동으로 인해 위협받고 있는 4대 생태계 중 하나인 지구 온난화에 대처하는 것이다. 다음 조치인 지속 가능한 농업은 현재 위협받고 있는 다른 세 가지 생태계, 즉 농업을 가능하게 하는 인-질소 순환, 산림과 담수원을 갖는 토지 시스템, 생물 다양성(종의 생존 확보)을 포함한다.

2. 지속 가능한 농업

공업형 농업은 전 세계 온실가스의 3분의 1을 배출하며, 물과 비료를 너무 많이 사용하면서 강, 호수, 바다를 황폐하게 만든다. 가축을 방목하고 사료용 대두를 재배하기 위해 숲이 벌목되고 있다. 가축과 가금류는 전 세계 대두의 70% 이상을 소비한다.[26] 삼림 벌채는 종의

---

25 Matt Rosenberg, "Negative Population Growth: 20 Countries Have Negative or Zero Natural Increase," About.com, About Education (blog), July 22, 2016.
26 United Soybean Board online, "U.S. soy farmers poised for growth in global

손실을 초래하고 날씨를 변화시켜 가뭄을 유발한다.

가축을 위한 공업형 농업과 가공식품에 널리 사용되는 팜유 재배는 남아메리카, 남아시아, 아프리카의 열대 우림에서 중요 생태계를 파괴해 왔다. 열대 우림은 강우를 흡수하고 생성하며 이산화탄소를 흡수하여 해당 지역뿐 아니라 전 세계 날씨에 중요한 역할을 한다. 열대 우림은 숲에서 멀리 떨어진 곳에서도 비구름을 생성한다. 또한 산림이 풍부한 많은 개발도상국에서는 삼림 벌채가 이산화탄소 배출에서 비롯되는 공해의 주요한 원인이다. 열대 우림을 한 국가로 합산하면 삼림 벌채는 연간 온실가스 배출의 원천으로서 유럽연합보다 높은 순위를 차지할 것이다. 삼림 벌채를 중단하는 것은 기후변화를 완화하기 위해 우리가 취해야 할 중대한 조치다. 이를 위해 부유한 국가들은 우리가 육류와 팜유를 섭취하는 것이 어떻게 가난한 나라의 산림 벌채를 초래하는지를 이해해야 한다.

모든 국가는 산림 벌채를 중단하고 토종 나무로 목초지를 다시 조성해야 한다. 전 세계 사람들은 이미 나무를 심고 있으며, 각국은 여기서 한 걸음 더 나아가 숲을 조성하고 육성해야 한다. '나무를 심자'에서 '숲을 만들자'로 구호가 바뀌어야 한다.

땅과 물을 현명하게 사용하는 지속 가능한 농법[27]에는 퇴비와 윤작을 통해 토양을 회복하고, 천연 살충제만 사용하며, 호르몬제와 일상적인 항생물질을 사용하지 않고 인도적으로 동물을 사육하는 것이 포함

---

animal-feed industry," January 26, 2011, http://unitedsoybean.org/.

27 http://www.ucsusa.org/our-work/food-agriculture/our-failing-food-system
/industrial-agriculture#.Vjehn_lVikp.

된다. 이러한 지속 가능한 농법은 자연적으로 토양을 회복하고, 토지 생태계의 일부인 꿀벌과 그 외의 종들을 지원한다.

선진국이 빈곤국의 지속 가능한 농업 프로그램에 자금을 지원할 때는, 농촌 공동체의 지속 가능성이 생태계의 건강과 문화에 달려 있다는 점을 염두에 두어야 한다. 개발 프로젝트는 생산성보다는 생태계의 총체적인 성과에 초점을 맞추어야 한다. 이렇게 할 때 지역사회의 생계와 문화를 지탱하는 농촌 생태계의 회복력이 그대로 유지될 수 있다.[28]

전 세계적으로 절박한 문제는 동물(인류를 포함)과 농업에 필요한 담수를 어떻게 공급할 것인가 하는 것이다. 전 세계 인구와 소득이 증가함에 따라 필요한 물의 양은 증가하는 반면에, 지구 온난화로 인해 사용 가능한 물의 양은 감소한다. 특히 소고기를 비롯한 육류 생산에는 많은 양의 물이 사용된다. 오늘날 기후변화로 인해 빙하와 만년설이 녹고 있으며, 가뭄이 악화되면서 손상된 하천은 존속이 어렵게 되고 있다. 강, 개울, 호수의 지표수는 점점 말라가고 있으며, 우리는 점점 더 많은 지하수를 끌어올리고 땅을 더 깊게 파고 있다.

전 세계의 많은 사람이 깨끗한 물을 쉽게 구할 수 없으며, 일부 여성과 소녀들은 하루에도 몇 시간씩 개울과 호수에서 집까지 물통을 나른다. 오염된 물을 마시는 사람들은 벌레, 설사, 장티푸스 등 물과 관련된 질병으로 고통받고 있다. 저렴한 비용으로 식수를 만드는

28 R. M. Aggarwal, "Globalization, Local Ecosystems, and the Rural Poor," *World Development* 34 (August 2006), 1405-18. doi:10.1016/j.worlddev.2005.10.011.

기술은 지역사회 수준이나 시골 가정의 부엌 수준에서 사용할 수 있으며, 현재 아프리카와 인도에서 이러한 기술 중 몇 가지가 사용되고 있다. 내가 속한 대학의 연구원들도 저렴한 식수를 공급하는 기술을 개발했다. 하지만 이것만으로는 충분하지 않다. 전 세계 정부는 깨끗한 물을 누구나 쉽게 확보할 수 있게 해야 한다. 이것이 바로 UN의 지속 가능한 개발 목표(Sustainable Development Goal: SDG)의 여섯 번째 목표다.

국가마다 1인당 물 사용량은 엄청난 차이가 있다. 이러한 사용량은 농업에서 식량을 재배하는 방법, 사람들이 먹는 육류의 양, 잔디와 정원을 유지하는 방법, 사람들이 물을 사용할 때 얼마나 낭비하는지 등을 반영한다. 부유한 국가는 가난한 국가보다 1인당 물 사용량이 훨씬 더 많다. 미국인은 중국인보다 거의 4배, 나이지리아인보다 22배나 많은 물을 사용한다. 심지어 미국은 농업이 발달하고 수익성이 높은 또 다른 선진국 프랑스보다 3배나 많은 물을 사용한다.

세계는 귀중한 깨끗한 물을 훨씬 더 잘 활용할 수 있다. 농업, 공업 그리고 도시는 실제 소비되는 물보다 3배 더 많은 물을 취수한다. 나머지는 종종 오염되어 다시 강으로 방출되거나 낭비된다. 농업은 과잉 관개, 비효율적인 관개, 과도한 물 공급으로 물을 낭비하며, 또한 농약과 비료로 가득 찬 물이 강, 바다, 대양으로 다시 흘러 들어가게 방치함으로써 물을 낭비한다. 최근에는 센서를 사용하여 농작물의 물 공급을 관리하는 새로운 기술이 개발되었다. 이 기술을 사용하면, 필요한 만큼만 식물이나 나무에 물을 공급할 수 있어 물 낭비를 획기적으로 줄일 수 있다. 더 나은 계획과 관리를 통한 물

절약은 전 세계의 물 수요를 충족시키는 데 필수적이다.

기아도 또한 전 세계적인 비극이며, 많은 어린아이가 영양실조와 기아로 인해 고통을 겪고 있다. 전 세계적으로 지속 가능한 농업을 개발하고 어업을 규제하면, 식량 공급을 사람들의 소비량에 맞추고 굶주린 사람들을 먹여 살리는 데 큰 도움이 될 수 있다. 부유한 국가들은 지속 가능한 농업을 구현하고 국내외에서 어업을 규제하는 데 중요한 역할을 할 수 있으며, 또한 해야만 한다.

아무도 굶주린 채로 잠자리에 들지 않도록 하는 가장 확실하고 간단한 또 다른 방법은 쓰레기를 줄이는 것이다. 유엔에 따르면 생산된 식량의 3분의 1 이상이 소비되지 않는다고 한다. 전 세계적으로 매주 500억 파운드(227억 킬로그램)의 음식이 낭비되고 있으며, 이는 8억 명의 굶주린 사람들을 먹여 살릴 수 있는 양보다 많은 양이다. 부유한 국가들은 과도한 식량 낭비를 멈춰야 하며, 모든 국가는 식량 생산을 개선하여 낭비를 줄여야 하다. 식량 손실은 가난한 나라와 부유한 나라 모두에서 수확, 운송 및 가공 단계에서 발생한다. 부유한 국가에서는 상점과 가정에서 흠집이 하나라도 있는 음식을 버리거나 너무 많은 음식을 구입하여 음식을 버릴 때도 음식물 쓰레기가 발생한다. 음식물 쓰레기로 인해 사용되는 물과 토지 그리고 배출되는 온실가스는 생태계를 심각하게 훼손한다. 음식물 쓰레기를 하나의 국가로 본다면, 그것은 미국과 중국에 이어 세계에서 세 번째로 많은 온실가스를 배출하는 국가가 될 것이다.[29] 이는 놀랍고 비도덕적이며 불필요한

---

29 Food and Agriculture Organization of the United Nations, "Cutting food waste to feed the world," May 11, 2011, http://www.fao.org/news/story/en/item/

비용이다.

극빈 지역의 어린아이들이 영양실조로 발육부진을 겪고 있는 반면, 빈곤하지 않은 국가의 어린이들은 비만과 관련된 건강 문제로 고통받고 있다. 미국에서는 어린이의 17%, 성인의 35%가 비만이며, 질병통제예방센터는 "비만의 유행이 미국 국민의 건강에 심각한 위협이 되고 있다."[30]라고 경고했다. 청량음료는 특히 청소년에게 당질糖質 칼로리의 주요 공급원이지만, 지방 및 연방 차원에서 청량음료에 세금을 부과하려는 시도[31]는 음료 회사들의 반대에 부딪히고 있다. 예를 들어, 내 고향인 캘리포니아 리치몬드에는 10만 명의 주민이 살고 있는데, 어린이의 절반 정도가 과체중이거나 비만이다. 2012년에 설탕세가 리치몬드 시 주민 투표에 부쳐졌다. 대형 음료 회사들은 250만 달러를 쏟아부어 소규모 상점주들과 유권자들에게 설탕세가 불공평하고 가격 인상 요인으로 작용할 것이라고 호소하는 캠페인을 벌였다. 결국 대형 음료 회사들이 승리했다.[32]

지방 및 중앙 정부는 세금, 학교 내 판매 제한, 정보 공개를 통해 건강에 해로운 식품을 규제할 수 있다. 사람들의 식단이 건강 문제를

74192/icode/.

30 William H. Dietz, "The Response of the US Centers for Disease Control and Prevention to the Obesity Epidemic," *Annual Review of Public Health* 36 (March 2015): 575-96. doi: 10.1146/annurev- publhealth-031914-122415.

31 Press Association, "'Sugar tax' needed to curb childhood obesity, say experts," *The Guardian*, June 22, 2014.

32 Matt Drange, "Soda Industry Pours Millions into Campaign to Defeat Richmond Tax," *NBC Bay Area* online, November 2, 2012.

일으킨다면, 정부는 공중 보건을 보호하기 위한 조치를 취해야 한다.

3. 측정과 혁신

각국은 자국 경제가 더 지속 가능하고 평등해지고 있는지를 어떻게 알 수 있을까? 경제 실적을 측정하는 것에 의해서다. 수십 년 동안 국내총생산(GDP)이 이러한 측정의 척도로 사용되어 왔다. 그러나 오늘날 많은 경제학자와 정치 지도자는 GDP를 넘어 더 폭넓은 복지의 척도가 필요하다는 점에 동의한다.

6장에서 설명한 대로 단일값 측정값을 사용하여 한 국가 내에서의 경제 발전 및 국가 간 경제 발전의 추이를 추적하고, 특정 목표들에 대해서는 지표들의 데이터 일람표로 보완할 수 있다. 경제 실적 척도와 특정 목표들의 척도 모두는 미래 세대의 복지를 고려할 수 있다. 이 경우 미래 세대는 인류뿐 아니라 발언권이 없어서 우리 인간이 대신해서 관심을 갖고 행동해야 하는 다른 종들까지 포함한다.

유엔은 지속 가능성을 증진하고 빈곤을 완화하는 것과 관련하여 글로벌 리더의 역할을 하고 있다. 유엔은 데이터를 수집하고 분석하며, 지속 가능한 개발과 기후변화에 대응하기 위해 국가들을 하나로 모으는 데 수십 년의 경험을 가지고 있다. 이러한 주제들에 대한 깊은 지식과 193개 회원국의 구체적인 지식을 결합함으로써 유엔은 모든 국가에 대해서 참진보 지수(GPI)처럼 경제 실적을 평가하는 단일한 가치 척도와 보완적인 특정 지표들의 데이터 일람표를 개발하고 실현할 수 있는 독보적인 자격을 갖추고 있다. 이러한 가상의 단일한 가치 실적 척도를 UN-GPI라고 부르자.

UN-GPI는 다음과 같은 세 가지 통계수치를 통합한다.

- 유엔의 인간 개발 지수(HDI): 불평등과 여성의 권리에 대해 조정할 필요가 있다.
- 유엔의 지속 가능개발 목표지수(Sustainable Development Goals Index: SDGI): 종합 지수와 데이터 일람표로 구성되어 있다.
- 유엔의 환경·경제 회계시스템(System of Environmental-Economic Accounting: SEEA): 지구의 에너지, 물, 토지 자원, 생태계에 관한 광범위한 통계와 지표.

이러한 수치들은 OECD의 더 '나은 삶 지수(BLI)'와 전 세계에서 이미 사용되고 있는 다른 척도들과 함께 UN-GPI의 구성 요소들로서 입력되어 하나의 값으로 집계된다. 이를 통해서 우리는 경제 실적을 추적할 수 있다. 이러한 노력을 위해서는 세계은행, IMF, OECD와 같은 다른 글로벌 기관들과의 파트너십이 필요하다. 세계은행은 이미 국가와 기업이 SEEA에 기반한 자연자본 회계를 실시할 수 있도록 지원하기 위해 '생태계의 부富 회계 및 가치 평가 서비스[33](Wealth Accounting and Valuation of Ecosystem Services: WAVES)'라는 국제협조 그룹을 설립했다.

UN-GPI 단일한 가치 척도의 강점은 그 폭이 넓고 선진국과 개발도

---

33 http://www.wavespartnership.org/en/about-us.

상국 모두의 경제 실적을 포괄할 수 있다는 것이다. 부유한 국가의 경제 실적은 부유층의 지위 과시 소비를 소득이전에 의해 빈곤층의 기본 소비로 전환하고, 주당 근무 시간을 줄여 가족 및 지역사회 활동을 위한 시간을 확보하고, 낭비성 지출을 줄이면 성장한다. 모든 사람을 위한 기본 소비, 교육, 의료 서비스가 개선될 때, 가난한 국가의 경제 실적이 증가한다. 자연자본의 고갈이 감소하고 생태계가 회복될 때 모든 국가의 실적이 향상한다.

UN-GPI와 함께 사용되는 보조적인 데이터 일람표의 지수들에는 삶의 만족도(행복도)를 측정하는 캔트릴 사다리와 같은 중요한 비시장 지표들을 표시할 수 있다. 데이터 일람표에는 국가들이 특정 목표들을 얼마나 잘 달성하고 있는지를 측정하는 데이터도 포함될 수 있다. 예를 들어, 지속 가능한 개발 목표(SDGs)에 관한 데이터 일람표는 UN-GPI의 단일 척도에는 포함되지 않는 항목들, 즉 인권, 기회들, 안보 및 삶의 질에서 측정하기 어려운 항목들에서 국가들이 얼마나 잘하고 있는지를 측정하는 과제의 실현에서 중요한 일보를 디딘 것이다.

물론, 현명하고 선의에 찬 사람들도 사람들과 국가들에 무엇이 중요한지, 심지어 유의미한 경제 목표들이 무엇인지에 대해서도 합의를 보지 못하고 있다. 일부 전문가들은 지표들을 단일한 가치 척도로 통합하는 것에 반대하지만, 나는 이러한 통합을 통해 그것이 갖는 문제점들 이상으로 많은 것을 배울 수 있다고 주장한다. 유엔은 과제를 처리하는 방법과 앞으로 나아가기 위해 타협하는 방법을 알고 있다. 우리는 일을 진행하면서 배울 수 있으며, 경험을 통해 단일한 가치 척도와 데이터 일람표를 확장하고 개선할 수 있다.

사실, 삶의 질을 측정하는 단일한 가치 척도가 없다면, 부유한 국가들이 자연과 조화를 이루는 의미 있는 관계와 활동에 기반한 지속 가능한 세상으로 전환하기보다는 계속해서 소비의 향연을 즐길까 우려된다. 변혁을 위해 중요한 것 중 하나는 우리의 생각, 습관, 일상생활을 바꾸는 데 있다. 편안한 생활 방식을 달성하고 행복이 부보다는 건강, 좋은 인간관계, 안전, 타인을 돕는 것에 달려 있다는 것을 깨닫게 될 때, 좋은 삶에 대한 사람들의 생각이 진화한다. 돈을 좇는 것은 행복 대신 고통을 가져다준다. GDP가 아닌 삶의 질로 경제 실적을 측정하게 되면 논의방식이 바뀌게 되고, 국가와 국민 모두를 위한 의미 있는 삶을 만드는 데 집중할 수 있다. 이것은 불교경제학을 구현하기 위한 핵심적인 일보다.

4. 평화와 번영

오늘날 인류의 안녕은 전쟁과 폭력으로 인해 도처에서 위협받고 있다. 여러 국가에서 내전이 벌어지고 있고, 미국과 러시아를 중심으로 한 강대국들이 전쟁을 벌이고 있으며, 전 세계적으로 악랄한 테러가 발생하고 있다. 현재 유럽에서 진행 중인 시리아 난민 위기는 전쟁과 폭력으로 인한 최고의 비극 중 하나에 불과하다.

미국과 그 동맹국들은 15년 동안 테러와의 전쟁을 벌여 왔다. 그러나 그 결과 오히려 더 많은 테러리즘과 폭력, 증오가 생겨난 것 같다. 불교경제학은 전쟁을 인도주의적 지원과 정치, 경제, 사회 발전을 위한 장기적인 지원으로 대체하는 다른 접근법을 제안한다.

이 접근법은 '평화와 안전 보장을 위한 경제학자들'(Economists for Peace and Security: EPS)[34]의 접근법과 유사하다. 즉 이러한 접근법은 "세계 문제들에 대한 비군사적 해결을 장려하고, 더 넓게는 모든 사람이 공포와 결핍으로부터 자유롭게 될 수 있도록 노력하는 것"이다. 이 학회의 표어는 소말리아 속담인 "전쟁과 기근. 평화와 우유"(War and famine. Peace and milk)다. 세계적으로 유명한 학자들의 훌륭한 연구[35]를 통해 나는 전쟁과 평화의 경제학에 대해 배울 수 있었다.

폭력을 근절하는 데 도움이 되는 중요한 방법의 하나는 수익성이 매우 높은 글로벌 무기 거래를 제한하는 것이다. 무기를 쉽게 구매할 수 있다는 사실이 전 세계적으로 내전과 테러리즘이 발생하는 이유 중의 하나이며, 그 때문에 더 많은 정치적 억압과 인권 침해 그리고 수많은 죽음과 인명 피해가 발생했다.

전 세계 무기 거래는 높은 수준에 있던 1980년대 초부터 2000년대 초까지는 감소했다가 다시 증가하기 시작했다.[36] 2010년부터 2014년 까지 5대 무기 수출국은 미국(31%)과 러시아(27%)였으며, 중국,

---

34 http://www.epsusa.org. http://www.epsusa.org/publications/newsletter/n ewsletter.htm.의 무료 뉴스레터에서 짧은 논문을 읽을 수 있다.

35 같은 경제학자 중 일부는 분쟁과 기후변화에 건설적으로 대처하는 방법에 대한 연구를 www.project-syndicate.org, "the world's opinion page."에 발표하고 있다. 이슈들의 다양한 측면이 제시되고 있지만, 불교경제학을 반영하는 측면들은 쉽게 발견할 수 있다.

36 Stockholm International Peace Research Institute online, "International arms transfers," http://www.sipri.org/.

독일, 프랑스(각각 5%)가 그 뒤를 이었다. 이 5개 국가가 전체 무기 판매량의 약 75%를 차지했다.

2010년부터 2014년까지 6대 무기 수입국은 인도(15%), 사우디아라비아와 중국(각 5%), 아랍에미리트, 파키스탄, 호주(각 4%)였다. 각국의 무기 거래액은 전쟁 동향에 따라서 변동이 심하다. 2014년에는 사우디아라비아가 무기 수입을 크게 늘려, 인도를 제치고 세계 최대 무기 수입국이 되었다.[37]

거래되는 무기가 분쟁과 인권 탄압에 사용되는 것을 억제하기 위해, 유엔은 2014년에 소형 무기부터 군함까지 모든 재래식 무기를 대상으로 하는 획기적인 '무기 무역 조약'(Arms Trade Treaty: ATT)의 체결을 성사시켰다.[38] 77개국이 무기 판매가 분쟁에 사용되거나 인권 침해를 야기할 위험을 평가함으로써, 그 위험이 극도로 높아지면 국경을 넘는 무기 이전을 중단하기로 합의했다. 이 조약은 또한 유엔 무기 금수 조치를 위반하는 무기 이전을 금지한다. 미국, 독일, 프랑스를 포함한 주요 무기 수출국들은 이 조약에 서명했지만, 러시아와 중국은 서명하지 않았다. 상위 6대 무기 수입국 중 호주와 아랍에미리트만이 이 조약에 서명했다. 한 국가만으로는 세계 평화를 보장할 수 없다. 특정 분쟁에 대한 지역 협상과 함께 결합된 유엔 주도의 전 세계적인 공동 노력만이 분쟁과 억압에 대한 비군사적 해결책을

---

37 Niall McCarthy, "Saudi Arabia Has Become The World's Biggest Arms Importer," *Forbes*, March 10, 2015.

38 United Nations Office for Disarmament Affairs Treaties Database Home, "Arms Trade Treaty," http://disarmament.un.org/treaties/t/att.

실행할 수 있는 길을 개척할 수 있다. 그러나 자국 내에서 일어나는 일에 대한 책임은 각국 정부에 있다. 한 국가의 정부만이 국경 내 모든 국민의 기본 인권을 보장하고, 내부 부패와 폭력을 근절하며, 정부 내의 상하 모든 수준에 대한 신뢰를 심어줄 수 있다.

지금까지 불교경제학은 기업이 경제에서 하는 역할에 대해 대부분 침묵해 왔다. 자유시장 경제학 모델은 기업이 이윤을 극대화하는 동시에 이윤을 감소시키는 다른 목표를 최소화하도록 요구한다. 자유시장 모델을 고수하는 대기업은 일반적으로 더 높은 최저 임금 또는 생활 임금, 누진세, 공해 제한, 근무 시간 규제, 유급 가족 휴가 등 불교경제학의 초석에 해당되는 정책들에 반대한다. 대기업은 이러한 정책들에 대항하는 로비 활동과 자신들의 힘과 이익을 증대시키는 보조금 및 규제를 요구하는 로비 활동을 위해 자원을 사용해 왔다. 그 사이 중소기업은 대기업이 얻어내는 보조금과 규제에 편승해 왔다.

하지만 대기업 사이에도 노동자를 대하는 방식과 그들의 경영과 제품이 세상에 미치는 영향 면에서 엄청난 차이가 존재한다. 많은 기업이 단순히 이익을 추구할 뿐만 아니라, 사업 운영을 개선하기 위해 '기업의 사회적 책임' 또는 '친환경 이니셔티브'의 준수를 서약해 왔다. 이러한 이니셔티브 중 일부는 긍정적인 영향을 미쳤지만, 다른 이니셔티브들은 마케팅 목적으로 냉소적으로 시행되기도 했다. '그린워시'(greenwash)라는 경멸적인 용어는, 자신들의 제품이 환경친화적이라고 자랑하지만 사실은 대규모로 환경을 훼손하는 기업에 붙는 별명이다.

근로자, 사회, 환경 등 모든 이해관계자를 공정하게 대하는 기업을

222

찾는 것은 쉽지 않다. 하지만 1985년 신용카드 및 전화 서비스를 제공하기 위해 창립되어 수익의 일부를 사회적 목적에 기부하는 미국의 워킹 에셋(Working Assets, 현 크레도(Credo))[39]과 같은 기업이 몇 군데 있다. 현재까지 8천만 달러 이상이 비영리 단체, 특히 인권 및 환경정의를 지원하는 단체들에 기부되었다. 또 다른 사례로는 석유 집약적인 카펫 제조업체인 인터페이스사(Interface)[40]가 있다. 이 회사는 1994년에 "지구를 약탈하는 자에서 지구를 복원하는 자로" 방향을 크게 전환했다. 재생 가능한 재료와 에너지를 사용하고 폐기물과 유해한 배출물을 줄이는 새로운 기술과 시스템을 사용하도록 생산 공정과 제품을 재설계했다.

하나의 주요 문제를 해결하는 사명이나 사회적 목표를 실현하려는 사명을 가진 소규모 기업들, 즉 사회적 기업들도 주목할 만하다. 이러한 기업들은 영리 또는 비영리일 수 있고, 주로 개발도상국에서 운영되며, 새로운 기술이나 혁신적인 접근 방식을 통해 사람들에게 일자리와 서비스를 제공한다. 나는 특히 아프리카와 인도 등 빈곤 지역의 생활수준을 개선하기 위해 새로운 기술을 개발하고 효율적으로 사용하는 버클리 대학원생들[41]과 함께 일한 적이 있다. 모든 주요 비즈니스 스쿨에는 사회적 기업가 프로그램[42]이 있으며, 누구라도

39 http://workingassets.com/Recipients.aspx.

40 http://www.interface.com/US/en-US/about/mission/Our-Mission.

41 http://deveng.berkeley.edu/.

42 예를 들어, Brent Freeman, "5 Great Companies That Make Money & Do Good," *Inc.*, August 16, 2012; Social Enterprise World Forum 2015, "Social

현지 또는 온라인에서 사회적 기업을 찾아 지원할 수 있다.

공평하고 지속 가능한 세상을 만드는 데 대기업들이 해야 할 역할이 있다. 다음 두 단계는 불교 경제로의 도약을 위해 기업이 어떤 역할을 할 수 있는지에 초점을 맞춘다. 첫 번째 단계는 대기업이나 조직이 내부적으로(공급망을 따라) 그리고 외부적으로(제품과 서비스를 통해) 어떻게 더 공평하고 지속 가능한 방향으로 나아갈 수 있는지에 관한 것이다. 두 번째 단계는 기업이 근로자에게 의미 있는 삶을 살 수 있는 시간적인 여유를 제공하는 근무 시간을 보장하는 것과 함께 생활 임금을 지급함으로써 불교 경제를 만드는 데 어떻게 기여할 수 있는지에 초점을 맞춘다.

5. 친환경 생산 및 친환경 제품

전 세계 기업들은 환경에 미치는 악영향과 탄소 발자국을 줄이기 위해 기업 운영 방식을 바꿀 수 있다. 탄소 배출이 없는 운영을 위한 투자를 통해서 기업들은 온실가스 배출을 크게 줄이면서도 기업 이익을 보존할 수 있다. 하버드 경영대학원의 연구[43]에 따르면, 1993년부터

Enterprises from the World: A Deep and Enduring Social Impact," http://sewf
2015.org/social-enterprises-a-deep-and-enduring-social-impact/.

43 Robert G. Eccles et al., "The Impact of Corporate Sustainability on
Organizational Processes and Performance," http://www.hbs.edu/faculty/
Publication%20Files/SSRN- id1964011_6791edac-7daa-4603-a220-4a0c6c
7a3f7a.pdf.

2009년까지 주식 시장에서 지속 가능성이 높은 90개 기업이 지속 가능성이 낮은 기업보다 더 높은 성과를 거둔 것으로 나타났다. 하지만 전반적으로 기업들은 지속 가능성 절차를 도입하는 데 느렸다.

화석 연료 매장량의 가치가 하락할 때 가장 크게 손해를 입게 될 기업들은 석유회사 등 화석 연료 기업들 자신이며, 이어서 자동차 제조업체, 공업형 농업 및 기타 화석 연료 에너지를 대량으로 사용하는 기업들이다. 이러한 기업들은 [탈탄소를 통해] 얻을 수 있는 것이 많기 때문에, 탄소 없는 재편을 추진하기에 가장 적합하다.

기후변화로 인한 리스크의 관리는 모든 기업에게 점점 더 큰 문제가 되고 있으며, 기업들은 기후변화, 에너지 가격, 탄소 오염 감소가 향후 수년간 수익에 어떤 영향을 미칠지 파악해야 한다. 그러나 기업이 운영과 제품들에 환경 지속 가능성을 결합할 태세가 되어 있다면, 에너지와 물의 사용을 더 잘 관리하는 데 도움이 되는 정보와 방법들[44]을 멀리서 찾을 필요가 없다.

대기업에 보험을 제공하는 회사들은 엄청난 위험에 직면해 있다. 영국은행 총재 마크 카니(Mark Carney)는 보험업계에 다음과 같이 경고했다. 즉 기후변화가 "홍수나 폭풍으로 인한 보험금 청구와 같은 물리적 위험, 기후변화로 인해 손해를 입은 사람들이 책임이 있는 사람들에게 보상을 요구할 경우 발생할 수 있는 배상 책임 리스크, 저탄소 경제로의 조정으로 인한 자산[화석 연료 매장 자원]의 재평가로 인한 전환 리스크"[45]를 통해 국가의 금융 안정을 뒤흔들게 된다는

44 World Resources Institute, "Business," http://www.wri.org/our-work/topics/business.

것이다.

런던 경제대학(London School of Economics)의 또 다른 연구[46]에 따르면, 온실가스 배출을 줄이는 조치를 취하지 않으면 기후변화로 인해 세계 금융 자산의 가치가 감소할 수 있다고 추정된다. 금세기 말까지 2조 5,000억 달러의 손실이 예상되지만, 최악의 시나리오에서는 손실이 24조 달러, 즉 전 세계 금융 자산의 17%에 달할 수 있다. 배출량을 줄여 2°C 목표를 유지하면, 이러한 손실을 1/3에서 1/2로 줄일 수 있다.

보험 업계의 대부분은 기업이 수십억 달러를 잃을 수 있다는 사실을 잘 알고 있다. 대형 보험사들은 고객사들과 정부들에 회복력 있는 탄소 없는 세상으로의 전환을 위한 계획을 세우고 당장 행동할 것을 촉구하고 있다.[47] 민간 부문도 이에 호응했다.[48] 영국에 본사를 둔 비영리단체 CDP는 글로벌 기업들의 환경 영향 데이터를 수집하여 공개하고, 기후변화 완화를 위한 경영 수행과 수익율 간의 연관에 대해 보고하고 있다. CDP는 국제환경 NGO인 클라이메이트 그룹 (Climate Group: 기후 그룹)과 협력하여, 유럽, 미국, 중국, 인도의

[45] Larry Elliott, "Carney warns of risks from climate change 'tragedy of the horizon,'" *The Guardian*, September 29, 2015.

[46] Simon Dietz et al., "'Climate value at risk' of global financial assets," *Nature Climate Change* (April 2016). doi:10.1038/nclimate2972.

[47] "Rift Widening Between Energy and Insurance Industries Over Climate Chance," *Forbes*, May 18, 2014.

[48] CDP North America online, "Climate Action and Profitability: CDP S&P 500 Climate Change Report 2014," https://www.cdp.net/.

50개 이상의 대기업들이 자신들이 정한 날짜까지 100% 재생 에너지를 사용하기로 약속한 RE100[49]이라는 글로벌 이니셔티브를 출범시켰다. 백악관은 80개 이상의 다국적 대기업을 모아, 이들이 기후변화에 대처하고 파리에서 열린 제21차 유엔 기후변화 협약 당사국 총회(COP21)에서의 약속을 지지한다는 서약서에 서명하는 일을 주도했다.[50] 찬동하는 기업들은 자신들이 취하고 있는 조치들에 대해 보고하고 자체적인 목표를 정했다.

기업들이 불교경제학을 회사 경영의 지침으로 삼고자 한다면, 이를 위한 풍부한 자료들이 존재한다.[51] 이 분야의 오랜 선구자 중 한 명은 유럽의 경제학자 라즐로 졸나이(Laszlo Zsolnai)다. 그의 저서는 기업이 이해 관계자들과 협력하여 생태적·사회적 제약들을 존중하는 인본주의적이고 지속 가능한 방식으로 운영될 수 있는지에 대해 많은 것을 가르쳐준다. 전체론적인 기업 경영을 위한 또 다른 훌륭한 자료는 미국 경제학자 크리스 라즐로(Chris Laszlo)의 저서다. 그는 기업이 지속 가능한 발전된 기술을 어떻게 활용할 수 있는지에 대해 가르치는 지도자다.

그는 기업이 최적의 사회 및 환경의 지속 가능성을 위해 경영자원을

---

49 http://there100.org/companies.

50 The White House Office of the Press Secretary, "FACT SHEET: White House Announces Commitments to the American Business Act on Climate Pledge," Whitehouse.gov., October 19, 2015.

51 http://laszlo-zsolnai.net/content/frontiers-business-ethics; http://www.sustainablevaluepartners.com/.

어떻게 활용할지에 대해 최신의 방법을 가르쳐 주는 지도자다.

 기업의 사회적 책임[52](Corporate social responsibility: CSR)은 주류 비즈니스 모델에 오래전에 추가된 것으로서, 과거에 기업들이 근로자, 고객, 주주, 지역사회 및 세계에 미치는 영향을 개선하면서 사회 문제의 해결을 돕기 위해 이용해 온 접근 방식 중 하나다. 반세기 이상 사용되어 온 CSR은 기업이 보다 책임감 있게 행동할 수 있는 다양한 방법을 제공한다. CSR이 기업의 수익과 평판에 미치는 영향에 대한 다양한 연구에 따르면, 그 결과는 엇갈리는 것으로 나타났다.

 하지만 오늘날 우리가 지구 온난화를 막고 위협받는 생태계를 재건하는 데 초점을 맞춘다면, CSR은 21세기 기업이 탄소 없는 세상으로 전환하는 과정에서 리스크를 관리하는 데 필요한 방법들을 제공하지 못한다. 지속 가능한 생산에 대한 보다 현실적이면서도 도전적인 접근 방식은 폐기물을 줄이는 것과 동시에 재생 에너지를 사용하고 환경을 동시에 지원하는 '순환 생산'[53]이다. '순환 생산(circular production)'이란, 모든 생산은 재생 가능한 자원을 사용하고 모든 소비는 다시 시스템에 재활용되어 재사용되어야 한다는 아이디어다. 제조업체는 환경 친화적이고 오염을 일으키지 않도록 제품들을 재설계하고,

52 Geoffrey M. Heal, "Corporate Social Responsibility—An Economic and Financial Framework," (December 2004). doi: 10.2139/ssrn.642762; Amy J. Hillman et al., "Shareholder Value, Stakeholder Management, and Social Issues: What's the Bottom Line?" *Strategic Maangement Journal*, 22 (February 2001), 125-139.

53 William McDonough et al., *The Upcycle* (New York: North Point Press, 2013).

이러한 제품들은 환경을 재생하는 자연 순환의 일부가 된다.

학자들과 활동가들은 기업이 사회적 책임을 다하고 지속 가능한 운영을 할 수 있는 여러 가지 방법을 제안했지만, 이를 실천하는 기업은 거의 없다. 소송을 당하기 전까지는 환경 파괴에 대한 직접적인 비용을 지불하지 않아도 되고 정부가 현명하지 못한 에너지 사용조차도 즉각적으로 규제하지 않는 상황에서, 기업은 환경 파괴에 대해서는 신경 쓰지 않고 높은 이윤을 추구할 수 있다. 대기업이 윤리적이고 지속 가능한 길을 걷기 위해서는 정부의 규제와 과세라는 강한 지도수단이 필요하다.

민간 투자의 결정에 환경, 사회, 거버넌스(environmental, social, and governance: ESG)라는 요소들을 통합함으로써 얻을 수 있는 수익 개선 효과가 명확해짐에 따라, 민간 부문의 역할이 더 커질 것이다. '유엔환경계획 금융 이니셔티브'(UN Environment Programme Finance Initiative)는 책임 투자를 위한 6가지 원칙을 장려하기 위해 200개 이상의 은행, 보험, 투자 기관과 협력하여 ESG 요소들과 재무 실적 사이의 관계를 분석하고 있다. 이러한 노력의 한 예로 장기 투자자들로 구성된 투자 컨소시엄이 있으며, 이 컨소시엄의 목표는 ESG를 고려하는 기업들과 프로젝트들을 발굴하고 그것들에 투자하는 것이다.

또한 기업들은 고객과 사회로부터 환경 오염을 중단하고 탄소 배출이 없는 에너지를 사용하도록 압력을 받을 필요가 있다. 화석 연료에 의존하는 기업들에 압력을 가하는 한 가지 방법은 화석 연료에 의존하는 그들의 주식을 매각하는 것이다. 오늘날의 주식 투자 철회 운동[54]은 대학 캠퍼스에서 시작되어 미국과 유럽 전역의 교회와 시민

단체로 확산되었다. 대규모 연금 및 기부 기금을 보유한 조직은 투자 철회를 통해 화석 연료 관련 산업이 탄소를 땅에 남겨두고 재생 에너지로 전환하게 하는 데 큰 역할을 할 수 있다.

하지만 안타깝게도 많은 조직이 천연가스 업계가 내세우는 선전, 즉 천연가스가 깨끗하며 석탄에서 재생 에너지로 전환하는 데 필수적인 것이라는 사기를 믿어 왔다. 내가 가르치고 있는 캘리포니아 대학교와 스탠퍼드 대학교는 석탄과 타르 샌드(tar sands, 油砂) 주식은 모두 매각했지만 다른 화석 연료 관련 주식은 매각하지 않았다. 이것은 대단한 첫걸음이기는 하지만, 그것만으로는 충분하지 않다.

규제, 탄소세, 대중의 행동을 통해, 화석 연료 회사들이 청정에너지 회사로 전환하고 화석 연료 매장자원을 땅속에 남겨두게 할 수 있다.

6. 생활이 가능한 임금과 균형 잡힌 삶

모든 사람을 위한 지속 가능하고 의미 있는 삶을 만들기 위한 전환에는 일자리에 대한 논의가 반드시 포함되어야 한다. 인간성을 파괴하지 않고, 안락하고 지속 가능한 생활에 필요한 임금을 보장하며, 가족 및 지역사회 활동을 위한 시간을 허용하는 일자리가 누구에게나 필요하다. 노예 수준의 임금을 지급하거나, 노동자의 체력을 고갈시키거나, 장시간의 과로를 요구하는 일자리는 행복과 양립할 수 없다. 행복을 실현하기 위해서는 최저 임금, 초과 근무 수당, 가족 돌봄을

---

54 http://gofossilfree.org/; http://divestinvest.org/.

위한 유급 휴가를 의무화하는 정부 정책이 필요하다.

노동 경제학이 나의 전공 분야이기 때문에, 나는 수년 동안 노동 시장을 연구하고 강의해 왔다. 내가 연구한 주제 중에는 고용, 소득, 복지 후생, 차별, 실업, 생활수준 등이 있다. 불교경제학자들은 기업이 도약하기 위해 필요한 3가지 항목을 가르친다.

- 경영자(CEO)와 회사 임원들의 과도한 보수를 삭감하는 것.
- 모든 근로자가 생활이 가능한 임금을 받을 수 있도록 근로자의 급여를 인상하는 것.
- 초과 근무 수당을 받는 근로자뿐만 아니라 모든 근로자의 근무 시간을 단축하는 것.

대기업의 경우 CEO의 급여가 부가 가치나 회사 실적과 관련이 없다는 연구 결과를 우리는 앞에서 이미 언급했다.[55] 더 심각한 문제는 임원과 일반 종업원의 소득 격차[56]는 기업의 권력을 반영한다는 점이다. 지난 40년 동안 노동자의 권력이 급감하면서 부유한 경영진과 모든 노동자 간의 임금 격차는 역사적인 불평등을 낳을 정도로까지 커졌다.

노동자들의 사기와 공정을 회복하기 위해 기업은 상위 0.1%의 소득을 하위 40%의 근로자에게 이전하고 소득 격차를 합리적인

---

55 〔역주〕제3장 「소득과 행복」 마지막 문단을 참조할 것.

56 Natalie Sabadish and Lawrence Mishel, "CEO pay and the top 1%," *Economic Policy Institute* online, May 2, 2012.

수준으로 되돌리기 위해 소득 체계를 재구성해야 한다. 2014년 MIT의 한 연구에 따르면, 생활이 가능한 임금과 함께 좋은 일자리를 제공하고 종업원들에게 자기 일에 필요한 권한을 부여하는 인간 중심 전략을 사용하는 기업의 성과가 더 우수하다는 사실이 밝혀져 주목받았다.[57]

생활 임금을 지원하는 다른 정책들, 즉 근로자의 협상력을 높이고 최저 임금을 인상하며, 아동 및 노예 노동, 장시간 노동, 안전하지 않은 환경과 같은 열악한 노동 관행 하에서 생산된 제품들의 수입을 금지하는 것과 같은 것들에 대해서는 이미 언급했다.

북유럽, 프랑스, 독일 기업들에서 이미 확인된 바와 같이 유급 휴가 확대와 탄력적인 가족 휴가 정책은 수익성과 양립할 수 있다. 그러나 이러한 국가들에서는 여름에 유급 휴가를 제공하는 것 외에도 주당 노동시간을 더 단축할 수 있다. 과로한 직원들은 탈진하며 건강이 위험해진다. 미국과 일본에서 볼 수 있듯이, 빈약한 유급 휴가와 장시간 노동이 직업인의 생활 방식이 되어서는 안 된다.

불교경제학은 국가와 산업계가 공동 번영을 위한 지속 가능한 경제를 만드는 데 앞장설 것을 촉구한다. 기업들은 이 책에 소개된 연구 간행물들과 단체들을 통해 지침과 지원을 받음으로써 그렇게 할 수 있다. 이제는 기업들이 정부와 국민과 함께 생태계 파괴를 멈추고 모두의 삶의 질을 높이는 데 동참해야 할 때다.

우리 각자는 개인적 차원에서도 불교 경제로 도약할 수 있다. 다음은 개인이 먼저 자신의 삶에서, 그리고 다른 사람들과 협력하여 취할

---

57 Zeynep Ton, *The Good Job Strategy* (Amazon Publishing, 2014). http://zeynep ton.com/book/.

수 있는 두 가지 조치다.

7. 사랑, 연민, 지혜와 함께 마음 챙기며 살기

우리 모두는 자신과 지역사회를 위해 의미 있고 행복한 삶을 만드는 데 일조할 수 있다. 그 지침은 다음과 같다.

- 사랑과 연민으로 마음 챙기며 살기
- 다른 사람을 배려하고 고통을 덜어주기
- 지구를 즐기고 재생시키기

이러한 지침들은 간단하게 보일지 모르지만, 일상생활에서 그것들을 지키는 것은 쉽지 않다. 우리는 이것도 사고 저것도 사라고 유혹하는 물질주의 문화에 둘러싸여 있다. 돈에 대한 욕망과 사회적 역할들은 우리의 시간을 끝없이 요구하지만, 우리는 이러한 요구를 결코 완전히 만족시킬 수는 없다. 우리는 대부분의 시간 동안 압도당하고 좌절하며 삶의 요구를 제대로 충족시키지 못한다고 느낀다.

불교경제학에서는 이렇게 말한다.

멈추라. 조용히 앉아 지금 이 순간의 경이로움을 음미하라. 숨을 쉬면서, 지난 주말 가족이나 친구들과 함께한 나들이, 오늘 먹은 맛있는 음식, 창밖의 아름다운 나무, 아픈 친구를 도운 일, 후원하는 자선 단체 등 삶의 모든 좋은 부분에 대해 생각해 보라. 여러분의 삶을 풍요롭게 해주는 사람들과 여러분을 지탱해 주는 지구에 대해 감사하라. 정신적인 투사投射[58]에 의해서 그대의 현실을 규정하고 정신적 습관으로 일상을 지배하는 자아를 내려놓아라. 사랑과 자비라는 그대의 불성에 귀를 기울이라.

조용히 앉아 순간을 음미하는 것은 마음챙김과 의미 있는 삶의 실천을 시작하는 중요한 방법이다.

기후변화에 관한 불교도 선언[59]은 우리에게 다음과 같은 사실을 상기시킨다. "'개인으로서나 종으로서나 우리는 다른 사람들뿐만 아니라 지구 자체와도 단절되어 있다고 느끼는 자아에 대한 의식으로 고통받고 있다. 틱낫한 스님은 '우리는 분리되어 있다는 환상에서 깨어나기 위해 여기에 있다'고 말했다. 우리는 깨어나 지구가 우리의 어머니이자 우리의 집이며 지구와 우리를 묶는 탯줄은 끊어질 수 없다는 사실을 깨달아야 한다. 지구가 아프면 우리도 아프게 된다. 왜냐하면 우리는 지구의 일부이기 때문이다.'"

우리는 서로 의존적이라는 사실을 기억하라. 소셜 미디어에서의 초超 연결성을 인간의 정신적 상호 연결성과 혼동해서는 안 된다. 아이폰(iPhone)을 내려놓으라. 가족, 친구, 낯선 사람 등 주변 사람들과 소통할 수 있는 방법을 찾아보라. 자신의 삶에 가해지는 모든

---

58 〔역주〕 우리는 현실을 있는 그대로 보지 못하고 우리의 욕망이나 소망을 현실에 투사하여 보는 경우가 많다. 예를 들어 상당한 물질적 재산을 소유하고 있지만, 탐욕 때문에 자신을 항상 자신보다 부유한 사람과 비교하면서 자신을 빈곤한 인간으로 생각할 수 있다.

59 Ecological Buddhism, "A Buddhist Declaration on Climate Change," http://www.ecobuddhism.org/bcp/all_content/buddhist_declaration, 2015.

요구로 인해 불행하다고 느낄 때는 지인을 도와주라. 자신에게 무엇이 중요한지, 당신이 무엇을 진정으로 소중히 여기는지, 무엇이 삶을 의미 있게 만드는지를 생각해 보라. 다른 일들은 당신이 해야 할 일의 리스트에서 제외하라.

쇼핑 대신 가족과 더 많은 시간을 보내거나 친구를 도우라. 쇼핑할 때 또 하나의 도구나 신발을 사기 전에 먼저 물어보라. 이것이 정말 필요한가?

친구들과 어울리기, 아이들과 놀기, 일기 쓰기, 예술 작품 만들기, 정원 가꾸기, 농산물 직거래 장터에서 구입한 재료로 요리하기 등 즐거움을 주는 활동에 시간을 할애할 수 있도록 단순하게 사는 연습을 하라. 인생을 즐기는 것은 돈을 어떻게 쓰느냐가 아니라 시간을 어떻게 보내느냐에 달려 있다.

의미 있는 삶을 살기 위해서는 근무 시간을 줄이고 일과 가족 활동, 의무의 균형을 맞춰야 한다. 이를 위해서는 직장과 가정에서 사람들과 진지하게 고민하고, 창조적인 집단적 사고를 해야 한다. 수입보다는 행복에 집중하라. 업무 시간을 얼마나 통제할 수 있는지, 얼마나 일하기를 원하는지, 얼마나 일해야 하는지를 파악하라. 직장에서 보내는 시간을 줄인다면, 다른 사람을 돌보고, 지역사회를 돕고, 정원에서 일하고, 집안일을 하고, 창의력을 발휘하고, 친구들과 어울리고 삶을 즐기는 데 더 많은 시간을 할애할 수 있다.

우리 모두는 지구의 일부이지만, 인간의 활동은 지구를 돌이킬 수 없을 정도로 훼손하고 있다. 자연과 조화를 이루는 삶을 살기 위해서는 우리의 활동이 생태계와 다른 사람들에게 어떤 해를 끼치는

지를 깨닫는 것이 중요하다. 여러분은 이미 탄소 발자국과 물 발자국을 계산해 보았을 수도 있고, 지구를 보호하기 위해 일상적인 행동을 바꾸고 있을 수도 있다. 하지만 우리 중 많은 사람이 커다란 탄소 발자국을 줄이는 데 소극적이다. 우리는 다음과 같은 이유들을 들어 우리의 행동을 정당화하곤 한다. 우리는 선한 의도를 가지고 있으며 업무 및 기타 활동을 통해 다른 사람들을 돕고 있다든가, 우리의 시간은 소중하며 우리는 해야 할 일들로 이미 과부하가 걸려 있다고.

2006년 다큐멘터리 『불편한 진실』을 보기 전까지는 나도 그렇게 생각하고 있었다. 나는 온라인으로 탄소 발자국을 계산하고 친환경적인 답변으로 문제들을 풀면서 자기만족에 빠져 있었다. 그런데 불현듯 내 항공 여행 횟수를 세어보니 부족하다는 생각이 들었다. 반도체 산업을 연구하기 위해 미국과 일본을 여행했는데, 항공 여행으로 인한 탄소 발자국이 놀라울 정도로 그리고 부끄러울 정도로 많았기 때문이다. 나는 비행기를 덜 타고 현장 조사를 할 수 있는 방법에 대해 연구팀과 함께 논의했고, 직접 만나지 않고 스카이프로 인터뷰를 하기 시작했다. 지금은 가능한 한 비행기를 타지 않고, 인터넷과 모바일 연결을 통해 업무 회의를 하고 멀리 떨어져 있는 가족 및 친구들과 연락을 주고받는다.

우리 가족이 탄소 배출량을 줄인 몇 가지 방법은 다음과 같다. 차 운전을 줄이고 소형 전기차를 빌리며, 장거리 여행 시에만 우리의 구형 프리우스를 운전한다. 모든 종이, 플라스틱, 캔을 재활용한다. 퇴비를 만들고, 벌레 양식장을 운영하며, 정원에 천연 살충제(살충 비누와 님(Neem) 오일)만 사용한다. 쓰레기 매립장 쓰레기통에는

거의 아무것도 없다. 바다에서는 자외선 차단제 대신 잠수복을 입는다
(자외선 차단제는 산호를 죽인다). 작은 잔디밭을 토종 식물로 교체했다.
남편은 계속해서 우리 집을 단열재를 사용하여 보온을 한다.

날씨가 쌀쌀할 때는 옷을 더 껴입거나 무릎 담요를 덮어서 온도
조절기를 낮은 온도로 유지한다. 날씨가 더울 때는 에어컨을 켜기
전에 창문을 열거나 작은 선풍기를 사용해 바람을 쐰다. 시내를 주행할
때는 차창을 열고 에어컨을 최대한 적게 사용하며 온도를 22도에
설정한다. 퇴근 후 집에 돌아가거나 친구를 만날 때는 세탁과 드라이클
리닝을 줄이기 위해 [정장이 아니라] '집에서 입고 돌아다닐 수 있는'
옷들을 입는다. 샤워기와 주방 싱크대에서 나오는 배수물을 모아서
문밖에 있는 화분에 물을 준다. 식기 세척기를 자주 돌리지 않는다.
만화책이나 달력 페이지 또는 모아놓은 종이로 선물을 포장한다.

일상생활에서 불교경제학은 '소를 먹지 말라'라는 말과 함께 외부
사건에 대응할 때뿐만 아니라 먹을 때도 마음챙김을 하도록 가르친다!
이 말은 문자 그대로 '소고기(또는 양고기)를 먹지 말라'는 뜻이며,
비유적으로는 '마음을 편안하게 하라'[미국의 속담]는 의미다.

소고기나 양고기를 먹지 않는 것은 지구를 구하는 데 큰 의미를
갖는다. 소고기와 양고기의 탄소 발자국과 물 발자국은 다른 동물의
발자국보다 훨씬 크다(제4장 참조). 우리 가족은 소고기와 양고기
외의 다른 축산물도 조금만 먹는다(또는 전혀 먹지 않는다). 또한 구입한
음식은 모두 먹고, 남은 음식 찌꺼기는 벌레들에게 주고, 지역 농산물
직거래 장터에서 장을 본다.

하루를 보내면서 나는 종종 잠시 멈춰서 "우리가 자신을 치유하듯

대지를 치유할 수 있기를"이라는 불교 기도를 반복한다. 이 기도는
가능한 한 환경을 보호하고 고통을 줄여야 한다는 것을 상기시켜
줌으로써, 나 자신과 주변을 돌아보게 한다.

옷장 속을 가득 채우는 생활 방식에서 마음 챙기는 생활 방식으로
전환하게 되면서, 당신은 여기에 언급했던 리스트에 다른 것들을
더 추가할 수 있을 것이다. 우리는 지구에 해를 끼치고 싶지 않으며,
삶을 즐기고 지구를 소중히 하면서 전 세계의 고통을 줄이기를 원한다.

8. 함께 일하고 행동하기

틱낫한 스님은 "우리 몸과 마음의 치유는 지구의 치유와 함께 행해져야
한다. … 함께 하면, 우리 자신과 세계를 위한 진정한 변화를 실현할
수 있다. … 우리는 어머니인 지구와 함께 생존하고 번영하지 않으면,
전혀 살아남지 못할 것이다."라고 가르친다.[60]

우리는 한 사람의 힘만으로는 큰 변화를 만들 수 없지만, 함께
하면 많은 것을 할 수 있다는 사실을 알고 있다. 2015년 파리 기후변화
회의가 열리기 전에 세계 전역에서 열린 집회는, 각국 정부가 지구
온난화를 2°C 이하로 유지하기 위한 협약에 서명하게 만드는 데
도움이 되었다. 파리 회의 이후 환경 운동가들은 고국으로 돌아가
석탄 화력 발전소 폐쇄, 공유지에서의 새로운 화석 연료 채굴의 저지,
미국에서의 수압 파쇄법에 의한 천연가스 채굴의 저지, 브라질 열대우

---

60 Thich Nhat Hanh, *Love Letter to the Earth* (Berkeley, CA: Parallax Press, 2013), 240, 572, 627.

림에서의 연료 채굴의 중단, 독일의 노천 석탄 채굴 중단 등 주로 지역 현안에 집중했다.

나의 영웅 중 한 명은 국제 환경 비정부조직인 350.org의 설립자인 빌 맥키벤(Bill McKibben)이다. 그는 자신이 인류가 지구에서의 삶의 방식을 파괴하는 행태에 대해 낙담할 때면, 다른 사람들과 함께 변화를 일으키기 위해 밖으로 나간다고 말한다. 캠페인과 집회가 변화를 만들 수 있다. 오바마 대통령은 수개월에 걸친 끈질기고 대중적인 반대 캠페인[61]에 직면한 후, 기후에 대한 (부정적인) 영향을 이유로 키스톤 파이프라인 프로젝트(Keystone Pipeline project)를 인가하지 않았다.

환경정의正義 캠페인은 엄격하게 지역 단위로 행해질 수도 있고, 비교적 대규모의 전국 캠페인의 일부일 수도 있으며, '그린피스'나 '지구의 벗들'(Friends of the Earth)과 같은 단체가 주도하는 글로벌 캠페인의 일부일 수도 있다. 미국과 캐나다에서는 350.org, 환경보호기금(Environmental Defense Fund), 자연보호협회(Nature Conservancy), 시에라 클럽(Sierra Club)과 같은 단체에서 소셜 미디어를 사용하여 지역 및 주 단위의 캠페인을 조직한다. 기후행동네트워크[62](Climate Action Network: CAN)는 전 세계적인 행사들에서 1,000여 개의 기후행동 그룹을 조율하고 있다. 2016년 5월에 열렸던 화석 연료로부터의 '브레이크 프리'(Break Free: 해방) 대회가 하나의 예이며, 이 대회에서

---

61 Bill McKibben, "Exxon, Keystone, and the Turn Against Fossil Fuels," *New Yorker*, November 6, 2015.

62 http://www.climatenetwork.org/campaigns.

는 화석 연료 사용 중단과 100% 재생 에너지로의 전환을 가속화할 것을 요구했다. 기후 위기에서 비롯된 긍정적인 유산은 공동 대응을 통해 서로를 더욱 배려하는 커뮤니티를 구축하고, 공공 행동을 통해 시민으로서의 역할을 강화하며, 환경 단체 및 무공해 운동에 대한 참여와 기부를 확대하고 있다는 점이다.

기후변화에 대응하기 위해 함께 노력할 때, 우리는 부유한 화석 연료 에너지 기업들과 이들이 자금을 지원하는 조직들과 정치인들의 반발에 대비해야 한다. 거대 석유회사는 석탄, 석유, 가스 사용을 줄이기 위한 규제들을 막기 위해 싸울 것이다. 우리는 그들이 탄소 배출을 줄이라는 요구에 맞서 싸우기 위해 수백만 달러를 사용하고, 기후변화와 그 원인에 대해 사람들(과 유권자들)을 혼란스럽게 하기 위해 거짓말과 잘못된 정보를 퍼뜨리는 방법을 이미 알고 있다.[63] 거대 석유회사는 재생 에너지 회사로 자신을 재편할 수 있는 자원들을 보유하고 있다. 그러나 그들은 재생 에너지에 대해서는 소액만 투자하고, 자신들의 자원을 '땅속에 남겨두라' 운동에 맞서 싸우는 데 사용하기로 결정했다. 그들은 자신들이 지구 온난화와 기후변화를 일으키고 있다는 사실을 부인한다. 안타깝게도, 화석 연료 업계는 기후변화가 사기이거나 입증되지 않았다고 많은 사람을 설득하는 데 성공했다.

이미 1970년대 초에 엑손(Exxon)사의 과학자들은 화석 연료가 대기를 위험한 수준까지 덥게 만든다는 증거를 가지고 있었다. 이후 수십 년 동안 엑손사는 이 연구를 은폐하고 다른 화석 연료 회사들 및

---

63 Robert Brulle, "America has been duped on climate change," *Washington Post*, January 6, 2016.

그들이 지원하는 재단들과 함께 지구 온난화가 일어나고 있다는 사실을 부인하고 기후 과학의 연구 성과에 대해 의문을 제기했다. 화석 연료 산업은 담배가 인체에 치명적이라는 자체 연구를 능란하게 은폐하고 부정했던 담배 회사들이 걸어온 길[64]을 따랐다. 대중의 분노(#exxonknew 참조)가 압력을 행사함으로써, 뉴욕주와 매사추세츠주는 엑손사가 기후변화에 대한 연구를 은폐함으로써 주주들에게 피해를 입히고 법을 위반했는지를 조사하는 데 착수했다.[65]

기후변화에 대응하는 것에 덧붙여, 우리는 또한 지역사회가 지속 가능하고 살기 좋은 곳이 될 수 있도록 돕고 싶다. 지역 차원에서 지원할 만한 가치가 있는 많은 일이 일어나고 있다. 도시들은 더 나은 대중교통을 구축하고 있으며, 자전거 타기와 걷기를 자동차를 운전하는 것에 대한 안전하고 즐거운 대안으로 만들기 위해 정비가 진행되고 있다. 도시 지역에서는 고밀도 지역의 사람들이 일상적인 습관의 일부로 재활용과 퇴비화를 할 수 있도록 폐기물 관리 시스템을 구축하고 있다. 또한 도시들은 기업과 주민들이 건물의 에너지 효율을 높일 수 있도록 돕고 있다. 건물 꼭대기에 옥상 정원이 생겨나고 있다.

---

64 Oreskes and Conway, *Merchants of Doubt* (New York: Bloomsbury, 2011).

65 John Schwartz, "Pressure on Exxon Over Climate Change Intensifies with New Documents," *New York Times*, April 14, 2016; Kate Sheppard, "DOJ Sends Request for Exxon Probe to the FBI," *Huffington Post*, March 3, 2016; Bob Simison, "New York Attorney General Subpoenas Exxon on Climate Research," *Inside Climate News*, November 5, 2015.

당신은 친구들, 이웃들, 단체들과 협력하여 다양한 방법으로 사람들, 특히 노인들과 어린이들의 고통을 줄이기 위해 노력할 수 있다. 자원봉사자들이 변화를 가져올 수 있는 한 가지 영역은 아직 집에서 생활하는 노인들과 돌봄을 받는 시니어 레지던스로 이사한 노인 모두를 위한 지원 서비스를 제공하는 것이다. 우리는 도움이 필요할 때 지원을 받는 것이 행복감을 느끼는 것에 매우 중요하다는 사실을 잘 알고 있다. 자원봉사자들은 노인들이 약국이나 병원에 가거나, 우편물을 처리하는 것을 돕거나, 함께 차 한 잔을 마시거나, 전화로 안부를 묻는다. 자원봉사자가 변화를 가져올 수 있는 또 다른 영역은 어려움을 겪는 학생들을 위한 방과 후 교사, 스포츠팀의 보조 코치, 저학년 교사의 보조 교사 등으로서 학생들과 함께 일하는 것이다. 자원봉사자와 노인 또는 학생은 모든 사람을 풍요롭게 하는 관계를 구축한다.

우리가 불교 경제에서 우리의 생활 방식과 기대하는 것들을 바꾸게 되면, 새로운 습관과 새로운 가치관이 생겨난다. 우리는 함께 힘을 모아 대기업이 경제를 지배하고 엘리트들이 부를 독점하고 이를 이용해 사회 시스템을 조종하는 것에 종지부를 찍을 수 있다. 정부는 모두를 위해 작동하는 공정하고 정의로운 경제를 실현한다는 본래의 역할을 하게 된다. 우리는 소득보다는 복지에 초점을 맞춰 노동시간과 실업률을 줄이고, 자연자본과 사회적 자본을 회복하며, 자원 배분을 개선하고, 다른 사람들을 돌보고 삶을 즐길 수 있는 시간을 더 많이 확보함으로써 국민 전체의 행복을 증대시킬 수 있다.

불교경제학을 수용하고 실천하려면 용기가 필요하다. 변화할 용기,

환경을 보호할 용기, 정의를 관철할 용기, 기쁨으로 살아갈 용기가
필요하다. 개인적 차원에서는 더 많은 돈을 벌기 위해 과로하는 쥐잡기
경쟁을 그만둘 용기, 다른 사람을 도우면서 따뜻한 마음으로 살아갈
용기, 단조롭게 반복되는 생활에서 벗어나 삶을 즐길 용기가 필요하
다. 국가적 차원에서는, 환경을 보호하고 탄소 배출을 줄이는 경제,
경제 성장을 소득증대가 아닌 복지 개선으로 정의하는 경제를 위해
필요한 기반 정비를 하도록 정부에 요구할 수 있는 용기가 필요하다.
또한 모든 종과 미래 세대를 위해 우리 자신이 행동을 취할 수 있는
정치적 의지와 용기가 필요하다.

불교경제학에 관한 책에는 종결이 없다. 왜냐하면 그것은 평생에
걸친 노력과 과정이기 때문이다. 우리 모두가 함께 여정을 계속 이어
가자.

"사회적 동물로서 우리는 사랑과 연민이 필요하다. 이것들이 인간
의 가장 좋은 자질들이다.
이것들을 통해서 우리는 우리 사회를 돌볼 수 있다."[66]

달라이 라마, 2015

66 Dalailama.com, "Basic Human Nature is Compassion: His Holiness the Dalai
Lama Talks to Students at Kalindi College," January 29, 2015.

감사의 말

이 책이 출간되기까지 지난 5년 동안 친구들과 알지 못하는 분들이 보내준 의견과 지원에 감사드린다. 2012년 심리학 교수 크리스티나 마슬라흐(Christina Maslach)는 점심 식사 자리에서 내가 불교경제학에 대해 이야기하는 것을 듣고는, 2학년 세미나에서 강의해 보라고 제안했다. 이듬해 2013년 봄, 마슬라흐 교수가 부총장으로 재직할 때 만든 UC 버클리 2학년 세미나 프로그램의 일환으로 나의 불교경제학 세미나가 시작되었다. 나는 특히 지난 수년 동안 세미나에 참여하여 창의적이고 심도 있는 분석을 했던 학부생들과 대학원생들에 감사한다. 이들의 분석은 나의 사고를 확장시키는 데 도움이 되었다.

나는 버클리와 그 밖의 여러 대학 동료들과의 토론과 세미나에서 많은 것을 배웠다. 특히 다음 분들에게서 많은 것을 배웠다. Alice Agogino, George Akerlof, Bob Anderson, David Anthoff, Max Auffhammer, Pranab Bardhan, Eric Brewer, Jenna Burrell, David Card, Karen Chapple, Jack Colford, Stefano Dellavigna, Troy Duster, Barry Eichengreen, Marion Foucade, Gillian Hart, Arlie Hochschild, Dave Hodges, Herma Hill Kay, Dan Kammen, Dacher Keltner, George Lakoff, David Levine, Jim Lincoln, Joseph Lough, Mary Ann Mason, David Matza, Sanjyot Mehendale, Dick Norgaard, Tappan Parikh, Jeff Perloff, Matthew Potts, Steve Raphael, Isha

Ray, Michael Reich, Lee Riley, Steve Roach, Emmanuel Saez, Robert Sharf, Jesse Rothstein, AnnaLee Saxenian, Margaret Taylor, Laura Tyson, David Vogel, Kim Voss, Janet Yellen, Shelly Zedeck, Gabriel Zucman, 그리고 나의 은사인 고故 Lloyd Ulman.

초고草稿에 대해 귀중한 의견을 준 친한 친구들에게 감사한다. Sanford Jacoby, Betsy Partridge, Pauline Sortor, Myra Strober, and Alison Taylor가 바로 그들이다. 마지막에 내가 더 이상 명료하게 수정할 수 없었을 때, Daniel Matza-Brown이 세심하고 통찰력 있는 독해로 나를 구해 주었다.

경제 실적 측정에 관한 나의 연구를 위해 UC 버클리의 노동 및 고용 연구소(Institute for Research on Labor and Employment: IRLE)에서 재정적·행정적 지원을 아끼지 않은 것에 감사드린다. IRLE는 노사관계연구소(the Institute for Industrial Relations: IIR)라고 불렸을 때부터 지난 수년 동안 나에게는 제2의 집과도 같은 곳이었다. Ken Jacobs, Katie Quan, Carol Zabin, and many others pushed my thinking. Andrew Chong, Eli Lazarus, and Maria Oldiges를 비롯한 많은 분과의 수많은 토론을 통해 나는 내 생각을 발전시켰다. Andrew Chong, Eli Lazarus, and Maria Oldiges는 훌륭하게 연구를 보조했으며 독창적인 공헌을 했다.

불교경제학에 대한 나의 연구는 주요 인사들이 관심을 갖고 소문을 퍼뜨리면서 발전했다. 『버클리 뉴스 Berkeley News』에 실린 내 강의에 대한 캐슬린 맥클레이(Kathleen Maclay)의 통찰력 있는 기사를 통해 나는 전 세계의 학자들과 연락을 주고받게 되었다. 그 후 오랜 동료들과 새로운 동료들과의 활발한 토론을 통해 이 책은 알찬 내용을 갖게 되었다. 내가 특히 도움을 받은 분들을 거론하자면 다음과 같다. Rosemary Batt, Joanne and Kurt Bayer, Gunseli Berik, Sam Bowles, Tania Burchardt, Wendy Carlin, Dav Clark, Diana Coyle, Peter Coyote, Peter Daniels, Bill Easterly, Joe Engelberg, Robert Frank, Daniel Goleman, Ian Gough, Ursula Huws, Mary Rose Kaczorowski, Kathy Ketchum, Nicola Lacey, Julia Lane, Jeff Madrick, Julie Matthaei, Bill McKibben, Dan Nixon, Phil Oreopoulis, Yong Paik, Achuthan Palat, Eleni Pallas, Thinlay Penjore, Thomas Piketty, Natalie Popovich, Andrew Ross, Gale Ryan, Paul Ryan, Jeffrey Sachs, Sonia Sachs, Amartya Sen, David Soskice, Kirsten Spalding, and Joe Stiglitz, Tim Sturgeon, and Laszlo Zsolnai. 시간을 내어 각자의 조직에서 하고 있는 중요한 일에 대해 알려주신 다음 분들께 감사드린다. UN-ONS의 Glenn Everett, 국가 행복지수 측정에 관해서 벅민스터 풀러 연구소(Buckminster Fuller Institute)의 Pablo Freund, OECD의 Catherine Mann, 영국 신경제학재단(New Economics Foundation)의 Charles Seaford.

　뉴스쿨의 슈워츠 경제정책 분석 센터(Schwartz Center for Economic Policy Analysis) 소장 Teresa Ghilarducci는 불교경제학을 반영하는 세계관을 가진 학자들로부터 배울 수 있는 기회를 이틀 동안 마련해 주었다. 이들은 다음과 같은 분들이다. Lopa Banerjee, Raphaele Chappe, Duncan Foley, David Howell, Rick McGahey, and Anwar Shaikh.

246

스리랑카 대통령 비서실의 Harindra B. Dassanayake는 불교적 관점에서 지속 가능한 개발을 위해 일해 달라고 나를 초청했다. 2016년 2월 남편과 함께 했던 스리랑카 여행은 잊을 수 없다. 이 여행에서 Harindra, Iraj De Alwis, Karin Fernando, Saman Kelegama, Mohan Muasinghe, Ven. Vajiraramaye Nanasiha, Arjuna Seneviratne, Ven. Wimalarathana를 비롯한 다양한 분들과의 대화를 통해 많은 것을 배웠다.

인도의 사르나트 국제 닝마 연구소(Sarnath International Nyingma Institute)에서 진행되었던 일주일간의 심도 있는 대화식 토론도 특기할 만하다. 이 연구소의 Tsering Gellek 소장은 내가 도착하기 전에 인도와 네팔의 학승 20명을 모아 Andy Francis, Patricia Farland, and Todd Shaw를 강사로 하여 2주 동안 지구 온난화에 대해 공부하게 했다. 내가 도착했을 때, 우리는 이틀 동안 기후 과학에 대해 심도 있게 공부한 후 나의 최대의 관심사 "불교의 법이 지구 온난화를 해결하는 데 도움이 될 수 있을까?"를 정식 의제로 삼아 토론했다.

신중하고 활기차고 계몽적인 토론은 4시간 동안 계속되었다. 나는 토론의 심사위원이었지만 그 경험으로부터 여전히 배우고 있다. 존경하는 두 분의 스님, 즉 Khenpo Kunsang 스님과 Khenpo Dorje 스님이 특히 인상에 남아 있다.

다람살라(Dharamsala)에서는 티베트인 Lhakpa Kyizom과 Lobsang Tenzin 덕분에 즐겁게 배울 수 있었다. 망명 티베트 정부가 있는 티베트정부센터(Center for Tibetan Authority: CTA)를 방문했을 때, Naga Saugyas는 우리에게 티베트어와 철학에 대해 가르쳐 주었다.

또한 그의 안내로 CTA의 역할을 생생하게 알 수 있었다. 또한 힌두교 사원과 차밭을 보여준 Rohitash Jaikaria에게 감사드리며, 대기 오염 및 소음 공해 속에서도 인도에 대해서 각별한 인상을 갖게 해준 Deepak Gupta와 Rakesh Gupta에게 경의를 표한다.

2011년 가을 네팔과 티베트의 신성한 카일라쉬(Kailash) 산 주변을 트레킹하면서 불교 신자인 친구들 Linnea and Rick Christiani, Janet Ewing, and Bob Hoffman과 우리의 리더였던 Joe Pilaar와 함께 오랜 시간 나누었던 대화는 나의 생각과 행복의 양식이 되었다.

가르침과 지혜를 주신 Anam Thubten Rinpoche와 지식과 사랑을 나눠준 우리 승가 구성원들에게 감사드린다. 이들의 이름은 다음과 같다. Sharon과 Jeff Roe 부부, Diane Schneider, Weegi와 George Ryan 부부, Ken White, Brooke Deterline, Paul Hawken, Sarah Laitinen, Jacob Archuletta, Tom Petersen, Laura Duggan, Deborah Henderson, Bing Budiarto, Catherine Hollander, Cynthia Barbaccia, Sandra Hansen, Kunzang Roesler, JB Colson.

지구를 치유하고 지구 온난화를 막는 데 도움을 주는 불교 스승들은 나에게 특히 중요한 분들이다. Ayya Santussika와 불교 기후행동 네트워크(Buddhist Climate Action Network), 스피릿 락(Spirit Rock) 명상 센터의 James Baraz과 Scoop Nisker 그리고 Khyentse Rinpoche가 그런 분들이다. 그린 어스 승가(Green Earth Sangha)의 Nan Parks, Sean Munding, Sheila Tarbert, Shine Garg로부터는 용기를 얻었다. 기후변화에 대해 열심히 토론해 주신 Haebong 스님과 Kilung Rinpoche 스님들에게 모실 기회를 주셔서 감사한다.

명상을 위한 나의 오두막은 내가 홀로 있기 위한 장소다. 2012년에 그것을 설계하고 건축해준 Tom Ratcliff, Andrew Butt, Humphrey Ratcliff, Richard Katz에게 감사한다.

리치몬드 아트센터(Richmond Art Center)는 창의력을 낳는 장소다. 많은 재능 있고 친절한 도예가들과 함께 나는 불교와 대지로부터 영감을 얻으면서 점토로 조각품을 만들고 있다. 내가 만든 작품들은 우리 정원과 오두막 밖 울타리에서 볼 수 있다.

메사(Mesa) 피난처[1]에서 거주하던 2주 동안, 지구의 아름다움을 감상하고 다른 작가들, 특히 Peter Barnes, Susan Tillet, Christian McEwen, Nicole Perlroth의 지적인 호기심과 친절을 즐기면서 원고를 완성했던 기억이 생생하다.

다른 환경 운동가들과 함께 일하면서 지구 온난화를 막기 위해 끊임없이 일할 수 있는 용기를 얻었다. 특히 Amy Allen, Kathy Dervin, Jack Fleck, Richard Gray, Ken Jones, Judy Pope, Carla West 등 정치적인 식견과 에너지를 공유하는 350 이스트 베이(East Bay)[2] 활동가들에게 감사드린다. 우리는 함께 "땅속에 남겨두라" 운동을 할 것이다.

이웃들 덕분에 나는 명랑하고 즐거운 삶을 살고 있다. 이들의 이름을 특별히 거론하면 다음과 같다. Sandra와 Bruce Beyaert 부부, Michael Couzens와 Adi Givens, Ilza와 Don Lewis 부부, Lesli Handmacher, Carol과 Roger Craine 부부, Kate Harps와 Dale Roberts, Donna

---

1 〔역주〕 샌프란시스코 근교의 문화촌.
2 〔역주〕 350 East Bay는 캘리포니아주의 환경 단체.

Stoneham와 Julie Nestingen, Steve Schaffran, Judy Canfield, and Karen과 Andy Fisher 부부. 먼 곳에 살지만, 절친한 친구들인 Melissa Appleyard, Peter Rappoport, Marcia Marley, Diane와 Phil Brumder 부부의 응원을 여전히 느끼고 있다.

아들들, Daniel과 Jason은 내 삶을 풍요롭게 해주었고, 친절과 기쁨으로 내가 마음챙김을 하면서 사는 길을 찾도록 도와주었다. 손자들 Max와 Timmy, 그리고 그들의 어머니 Maura는 내가 나의 불성을 잃지 않게 해주고 매 순간을 소중하게 즐기도록 가르쳐 준다. 오빠 Norman, 여동생 Eileen, Taylor와 Jaja, 그리고 버몬트(그리고 그 너머)의 카츠(Katz)家 친척들에게 사랑과 영광스러운 삶을 선물해 준 것에 대해 감사하는 마음을 전한다.

독자 여러분도 나와 함께 나의 대리인 가라몬드(Garamond)사의 Lisa Adams와 블룸즈베리(Bloomsbury) 출판사의 편집자인 Nancy Miller에게 감사를 표하고 싶을 것이다. 두 사람은 서로 협력하면서 이 책의 초기 비전을 제시했다. 그들의 재능과 노력, 인내가 없었더라면 이 책은 세상에 나오지 못했을 것이다. George Gibson, Sara Kitchen, Cristina Gilbert, Marie Coolman, Laura Keefe로 이루어진 블룸즈버리 팀은 참으로 훌륭했다.

항상 내 곁에서 불교의 여정을 함께 하고, 기분이 우울할 때 나를 일으켜 세워주며, 바른 말을 해주는 남편 Richard Katz에게 영원한 감사를 표한다.

내가 감사하는 것을 잊은 모든 분도, 우리 모두는 서로 연결되어 있기 때문에 여러분의 공헌은 결코 잊히지 않을 것이라는 사실을 알기 바란다.

　이 책을 읽어주신 여러분께 감사드린다. 우리 모두를 위해, 우리가 우리 자신을 치유하듯 어머니 지구를 치유할 수 있기를 기원한다.

찾아보기

지은이 **클레어 브라운**(Clair Brown, 1946~)

버클리 주립대학 경제학 명예 교수이자 노동·기술·사회 연구센터 소장이다. 주요 연구 분야는 노동경제학이며, 노동과 경제정의 문제를 중점적으로 다루어 왔다. 저서로는 이 책『불교경제학』외에도『미국인의 생활 수준 *American Standards of Living*』,『칩과 변화: 위기가 반도체 산업을 재편하는 법 *Chips and Change: How crisis reshapes the semiconductor industry*』등이 있다. 브라운의 연구팀은 50개국의 경제정책을 환경보호(지속 가능성), 사회적 목표 달성을 위한 시장 구조(형평성), 기본적인 서비스 및 기회 제공(복지) 정도에 따라 평가하는 지속 가능한 공유 번영 정책 지수(Sustainable Share-prosperity Policy Index)를 개발했다. 오랜 기간 명상 수행을 하면서 불교의 가르침을 경제학에 적용하는 것에 깊은 관심을 가져왔다.

옮긴이 **박찬국**

서울대학교 철학과 교수.

서울대학교 철학과를 졸업하고 동대학원에서 석사학위를, 독일 뷔르츠부르크 대학교에서 철학박사학위를 받았다. 니체와 하이데거의 철학을 비롯한 실존철학이 주요 연구 분야이며 최근에는 불교와 서양철학 비교를 중요한 연구과제 중 하나로 삼고 있다.『원효와 하이데거의 비교연구』,『니체와 불교』,『에리히 프롬과 불교』,『내재적 목적론』,『하이데거의《존재와 시간》강독』,『니체와 하이데거』등이 있고, 주요 역서로는『니체 I, II』,『아침놀』,『비극의 탄생』,『안티크리스트』,『우상의 황혼』,『선악의 저편』,『도덕의 계보』,『이 사람을 보라』,『상징형식의 철학 I, II, III』등 다수가 있다.

대원불교 학술총서 17 **불교경제학**

초판 1쇄 인쇄 2024년 6월 14일 | **초판 1쇄 발행** 2024년 6월 21일
지은이 클레어 브라운 | **옮긴이** 박찬국 | **펴낸이** 김시열
펴낸곳 도서출판 운주사

　　　(02832) 서울시 성북구 동소문로 67-1 성심빌딩 3층

　　　전화 (02) 926-8361 | 팩스 0505-115-8361

ISBN 978-89-5746-779-4 93220　값 18,000원

http://cafe.daum.net/unjubooks 〈다음카페: 도서출판 운주사〉